AF291915

LA TRANSFORMATION INTÉGRALE

Jan Janssen

INTEGRAL PRESENCE ®

ISBN 978-9-08-279603-2

NUR 770 / 728

MMXX

Jan Janssen • www.janjanssen.be

illustrations • Maryse Deswert, Friede Feron & Jan Janssen
mots-clefs • transformation intégrale, coaching
design graphique • Eva Craenhals

Sommaire

Préface de Thierry Janssen

Écrire un livre à propos de l'invisible. Voilà un défi bien audacieux. Comment décrire la trame subtile de la réalité? Comment faire voir ce qui n'est pas vu d'ordinaire? Comment aider à percevoir la dimension extraordinaire qui se cache derrière ce qui nous est familier? Quelles images proposer? Quels mots utiliser?

Perception, représentation et communication sont les trois mots clés de ce défi.

La perception tout d'abord: chacun de nous a développé des canaux préférentiels pour percevoir la réalité. Certains privilégient la vision, d'autres l'ouïe, l'odorat, la proprioception via les sensations de leur corps ou encore la connaissance directe qui s'impose au-delà des doutes créés par le mental.

La représentation que nous avons de nos perceptions ensuite: chacun de nous utilise des images, des symboles et des métaphores qui dépendent de ses références personnelles et des conventions de la culture dans laquelle il évolue. De façon paradoxale, cela jette un voile sur nos perceptions tout en les rendant plus tangibles et communicables.

La communication enfin: chacun de nous a une sensibilité et un langage qui lui est propre. Cela jette un deuxième voile sur nos perceptions. On peut donc se demander s'il est possible de partager avec autrui ce que nous percevons. On peut même se demander si c'est utile car les images, les symboles et les métaphores que nous utilisons sont des écrans sur lesquels autrui peut avoir tendance à projeter des attentes qui l'empêchent de percevoir ce qui s'offre à ses sens. Projection n'est pas perception.

De toute évidence Jan Janssen perçoit la trame subtile de la réalité. Son canal de perception préférentiel semble être visuel. Mais il n'est pas dénué de sensibilité proprioceptive non plus. Je reconnais dans les représentations de ses perceptions des références qui me sont familières car, comme lui, j'ai fréquenté la Barbara Brennan School of Healing aux États-Unis - un lieu où il est question de chakras, de champs énergétiques et de cordes relationnelles, un extraordinaire terrain d'expériences propice à l'éveil de la conscience. C'est là que nous nous sommes rencontrés pour la première fois, il y a vingt ans déjà. Depuis nous avons nourri un lien de coeur à coeur, d'âme à âme, bien au-delà des mots et des concepts. l'attente de percevoir les mêmes images et nous incitent à utiliser les mêmes

On pourrait craindre que les représentations utilisées par Jan nous plongent dans l'attente de percevoir les mêmes images et nous incitent à utiliser les mêmes métaphores pour parler de ce qui ne serait dès lors que des projections issues de notre imagination. Nous emmener dans une telle impasse n'est certainement pas l'intention de Jan. Au contraire, il nous invite à explorer la réalité avec curiosité, à l'aide de notre propre sensibilité et de notre propre créativité. Le chemin qu'il propose est un chemin de liberté, d'autonomie et de responsabilité.

C'est un honneur pour moi de préfacer le livre que vous tenez dans vos mains car cet ouvrage est précieux dans le sens où il nous enseigne qu'il y a des choses à percevoir dans une dimension non ordinaire de la réalité. Les images et les métaphores que l'on y trouve peuvent constituer des repères très utiles dans notre exploration. À nous de développer suffisamment de présence à ce qui est. Faire taire notre mental toujours prêt à commenter, interpréter et imaginer, et écouter la subtilité de réalité à travers nos canaux de perception, dans une posture méditative, le coeur ouvert, la conscience éveillée, dans l'émerveillement de chaque instant.

Ce livre est d'autant plus précieux qu'il fait le pont entre les perceptions de la dimension invisible et énergétique de la réalité et les manifestations psychologiques qui en découlent. Le mot énergie vient du grec energeia: la potentialité d'une action, la potentialité d'un travail. C'est bien de ce travail dont nous parle Jan. Tout d'abord il y a la révélation que permet notre perception de la dimension invisible et énergétique de la réalité. Ensuite il y a la transformation qui devient possible dès que l'on comprend comment agir dans l'invisible. Cette transformation se manifeste alors dans toutes les dimensions du vivant, elle est profonde, véritablement intégrale.

Quelle aventure! Quel voyage! Tout commence par une intention. L'intention d'être là, présent à ce qui est, sans a priori, sans jugement, avec curiosité et amour, tout simplement. Puisse ce livre vous donner l'envie de cheminer, d'explorer, de révéler et de transformer, vers toujours plus de paix et d'amour. Amour pour vous-même, amour pour autrui, amour pour tout ce qui est. Gratitude à Jan de l'avoir écrit.

Thierry Janssen
Chirurgien devenu psychothérapeute, Thierry Janssen est l'auteur de plusieurs livres consacrés à une approche globale de l'être humain, au développement de ce que l'on appelle la « médecine intégrative ».

Préambule

Ce livre est né d'une tentative de ranger et de catégoriser mes propres pensées. Peu à peu, le nombre de pages a augmenté, me faisant penser qu'il pourrait peut-être intéresser d'autres personnes. Après avoir reçu des réactions enthousiastes de patients et d'étudiants et les encouragements de mes amis, j'ai envoyé le manuscrit à plusieurs maisons d'édition.

Comment condenser l'essence de ce livre en une seule phrase ? Comment donner un sous-titre qui couvre un vaste domaine, mais qui ne dévoile pas immédiatement ses secrets ?

Le terme « authentique » parle de lui-même : véritable, pur, non imposé par l'extérieur, mais germé à l'intérieur et mûri. Le contact, ou la présence, est aussi bien la méthode que le fruit de la transformation intégrale. Ce contact n'est pas forcément passif, il comprend l'action et la présence. Une plénitude consciente qui est toujours présente dans la pensée, dans le ressenti et dans l'action. Le point de départ est le « soi ». Sans les réalisations du soi, il n'y a pas grand-chose à réaliser hors de soi et dans le contact avec l'autre. La transformation intégrale se fait avec, malgré et grâce aux autres.

L'interaction complexe de l'interdépendance est expliquée dans la théorie des « cordes relationnelles ». La conscience du réseau de cordes relationnelles avec lequel nous sommes liés vingt-quatre heures par jour, sept jours sur sept nous fait comprendre que nous ne pouvons pas nous séparer du monde extérieur. Quand j'ai commencé à pratiquer la méditation, je pensais et espérais pouvoir atteindre un bonheur individuel. Au bout de plus de dix mille heures de pratique, tant en groupe que seul, la séparation entre « moi » et « le monde » n'a fait que diminuer. Bien que je sois plus conscient que jamais, je sais que « mon » bonheur est avant tout lié au bonheur de mon environnement et au bien-être dans le monde. C'est avec joie que je vous offre mon regard sur la philosophie de la transformation intégrale. Je ne doute pas que vous y puiserez ce qui peut vous être utile et que vous mettrez de côté ce dont vous n'avez pas besoin. Ensuite, vous accorderez cet enseignement à votre propre sagesse.

La philosophie de la transformation intégrale

Dans la philosophie de la transformation intégrale, la vie est une succession de cycles d'apprentissage déjà bien avant la naissance. Ces cycles se déroulent aux différents niveaux de l'être humain : la croissance biologique et physique, la nourriture émotionnelle, l'éducation mentale, l'intégration sociale et le développement psychique. Il s'agit toujours de laisser derrière soi une structure ancienne au profit d'une structure nouvelle bien plus favorable, qui englobe toutes les expériences et l'intelligence de celle qui a précédé, en la transcendant, à la forme plus raffinée, plus avancée, plus intelligente. C'est ainsi que nous avons évolué biologiquement du stade unicellulaire au stade du mammifère en passant par le stade de l'amphibie, et en tant qu'espèce humaine, nous vivons une évolution générale, étape par étape, qui s'opère de façon organique. Vivre ce courant évolutif de manière consciente est une aventure fascinante et place tous les défis, toutes les difficultés et toutes les crises dans une perspective positive et stimulante.

Sans reprocher quoi que ce soit aux anciennes structures d'éducation, de formation politique, religieuse et culturelle, cette philosophie de la transformation intégrale part du principe que nous, en tant qu'êtres humains, vivons un anoblissement biologique et psychique continu qui se déroule en même temps à tous les niveaux : de la transformation de l'ADN à la croissance émotionnelle, au développement mental et à l'enrichissement spirituel. Dans le respect de ceux qui nous ont précédés, nous acceptons notre héritage biologique et psychique avec gratitude et nous nous laissons guider par une conscience d'unité intelligente qui, par essence, n'est pas différente de nous. Bien que, parfois, elle nous confronte et nous transforme radicalement, cette intelligence nous est bénéfique dans son essence.

Selon le contexte, nous nommons parfois ces cycles d'apprentissage « cycles de transformation », « cycles de guérison », « cycles d'évolution » ou encore « processus de la transformation ». Lors d'un cycle d'apprentissage, l'accent se trouve surtout mis sur l'aspect éducatif de l'évolution. Il peut s'agir d'acquérir des connaissances ou des compétences. Lors d'un cycle de guérison, l'attention sera plutôt dirigée vers la guérison de blessures physiques ou psychiques. J'utilise délibérément le mot « cycle », car la manière naturelle dont un corps se construit et se maintient suit une succession continue de cycles de pulsation de vie. Le battement du cœur est un cycle, c'est le moteur qui permet au sang de circuler dans le corps, selon des cycles réguliers. Le métabolisme des cellules suit des schémas répétitifs réguliers et irréguliers. La respiration est un autre exemple de schéma rythmique répétitif, tout comme le sommeil. Notre fonctionnement biologique répond à la coopération ingénieuse d'innombrables schémas répétitifs, ayant chacun leur rythme et leur tempo. Par « répétitif », j'entends qui se renouvelle dans des pulsations nouvelles, tout en sachant que chaque pulsation ou nouveau cycle est différent, un peu ou tout à fait, de la pulsation précédente. Il n'y a pas deux pulsations, deux cycles identiques. Dans certains cas, les différences peuvent être infimes ; dans d'autres, deux cycles ne présenteront que très peu de ressemblances.

La raison pour laquelle je mets ici l'accent sur le caractère rythmique des cycles de vie est qu'il est important d'en avoir une bonne compréhension afin de bien intégrer la philosophie de la transformation intégrale. C'est une manière de vivre, le mieux possible, la réalité telle qu'elle est, d'apprécier la vie, de la contempler et de la savourer. Bien comprendre cette approche peut prendre un peu de temps, puisqu'elle est tout à fait différente de la pensée cartésienne que nous avons apprise à l'école. Non pas que celle-ci serait mauvaise, mais dans la philosophie de la transformation intégrale, nous cherchons à intégrer le rationnel ainsi que le vécu intuitif de la réalité. La pensée linéaire n'est plus possible dans ce modèle. Concrètement, cela veut dire que dans la philosophie de la transformation intégrale, nous ne regardons pas l'évolution comme un processus linéaire (comme on pourrait se l'imaginer dans un graphique), mais plutôt comme un mouvement giratoire, comme une spirale. Le jeune enfant n'apprend pas à marcher selon une ligne droite ; il s'agit plutôt d'un processus d'essais-erreurs : se lever, tomber, se relever, rester debout un petit peu plus longtemps, retomber, réessayer, etc. Ce serait une évolution linéaire si elle s'établissait comme suit : l'enfant essaye, il marche debout pendant 25 %, puis 50 %, puis 75 % du temps et finalement sans plus jamais tomber, s'asseoir ni se coucher. Dans une évolution favorable, chaque spirale correspond à une expérience un peu plus large que la précédente.

Le processus mental d'apprentissage suit également des mouvements cycliques. De manière générale, le cerveau n'assimile pas les informations de façon linéaire, mais par étapes. À chaque étape, un cycle d'apprentissage se termine, ce qui a pour conséquence que l'image holographique de la connaissance évolue de plus en plus tout en s'affinant, en se corrigeant et en s'adaptant.

On retrouve également ce mouvement croissant et décroissant dans la prolifération de l'espèce. La vie humaine se constitue, atteint un sommet, commence à dégénérer et finit par s'éteindre. Vers le milieu du cycle, la vie est transmise et de nouveaux êtres humains naissent. Ils reçoivent la vie, continuent le cycle et meurent à leur tour. Du point de vue de la vie humaine, ce n'est qu'un cycle, mais du point de vue de la vie qui est transmise, c'est une succession de cycles répétitifs mais non identiques. Cette description doit vous permettre de percevoir l'évolution comme une suite de cycles. Cette approche aide à comprendre et même à apprécier la vie d'une manière intégrale.

Dans la pensée cartésienne, comme on l'a appris à l'école, l'évolution et le progrès sont souvent placés de façon linéaire dans le temps. Une succession de générations dans le temps pourrait être représentée comme dans la figure 1. Mais dans la vision intégrale, la succession des générations se traduit plutôt comme dans la figure 2.

FIGURE 1 · généalogie linéaire

FIGURE 2 · généalogie intégrale

Alci, nous voyons aussi bien le chevauchement partiel dans le temps que l'apparition et l'effondrement de chaque chemin de vie, tout comme le mouvement giratoire dans l'évolution : comme si différentes générations traversaient un mouvement cyclique déterminé, non identique au précédent, mais malgré tout dans le prolongement de celui qui le précède immédiatement et même dans un retour à celui qui le précédait. On ne revient pas si loin dans les générations passées, mais il y a un renversement de tendance semblable à celui de l'histoire. On peut voir dans cette image l'illustration du dicton « L'histoire se répète », bien que celle-ci ne soit jamais totalement identique à ce qui a précédé. Dans cette représentation en spirale, nous pouvons également ressentir un sentiment d'appartenance, de connexion à un système de familles et de générations. Il est difficile de définir la notion de « sentiment intégral », mais j'espère que la combinaison de différents mots et d'images éveillera une représentation de celle-ci dans la conscience du lecteur.

Pour en revenir aux cycles de guérison : dans la philosophie de la transformation intégrale, la guérison est perçue comme un retour à la collaboration harmonieuse des cycles de vie tels que le rythme cardiaque, celui de la respiration, le cycle de la digestion, le métabolisme des cellules, les cycles hormonaux, etc. Le retour à l'homéostasie lors d'un traumatisme ou d'une maladie peut survenir de manière cyclique également : approcher l'homéostasie, rechuter, s'en rapprocher encore un peu, refaire un pas en arrière, puis atteindre enfin l'homéostasie.

Dans les cycles de transformation, on considère plutôt le spectre des conditions de travail, d'habitation et de vie, tout comme la santé, la famille, les relations, les peurs, les ambitions, le deuil, etc. Si nous souhaitons améliorer ces différents domaines de notre vie, nous pouvons nous engager dans un processus de transformation. Vous apprendrez ultérieurement les premières étapes d'un tel processus. Les méthodes d'observation et le cadre référentiel décrits dans ce livre vous aideront à cadrer votre processus de transformation individuel et serviront aussi à aider ceux qui entament une telle démarche.

Pendant le cycle de transformation, l'accent est mis sur le lâcher-prise, voire sur la rupture avec les anciens modèles restrictifs afin de les transformer en de nouvelles structures qui servent mieux l'individu ou la société. Si nous comparons cela à un cycle d'évolution, ce dernier a une nature bien plus profonde et complète. Ceci est lié au destin évolutif de la population et de l'espèce. Cependant, il n'entre pas dans le cadre de ce travail de nous étendre plus profondément ou plus en détail sur ce sujet.

Qu'il s'agisse de processus d'apprentissage, de guérison, de changement, de transformation ou d'évolution, tous passent par des phases ou des stades similaires. Le contenu, la portée et la durée de chacun peuvent varier énormément, mais les stades sont de nature semblable et présentent des parallèles puissants. Dès lors que nous sommes familiarisés avec le fonctionnement de ces processus et que nous commençons à les comprendre, nous disposons d'une clef essentielle. Non seulement pour comprendre ce que l'on vit, mais aussi pour pouvoir gérer au mieux toutes les transformations et tous les défis rencontrés.

La transformation intégrale: la carte géographique

Que veut dire exactement « transformation intégrale » ? Répondre pleinement à cette question nécessiterait un ouvrage à part entière, je vais donc tâcher de donner un aperçu de la trajectoire et des méthodes de travail. Ici, le mot « intégral » signifie « exhaustif » et « global ». Ceci peut sembler quelque peu présomptueux, et paradoxalement, il nous faut adopter une attitude de plus en plus humble pour accéder à cette approche exhaustive et globale. Dans la transformation intégrale, nous visons surtout l'être humain et son soi supérieur, dans tous les aspects constitutifs de son être. Ces aspects sont ceux de la vie humaine : social, familial, professionnel, du développement personnel, de la psychologie, de la détente, de la vie publique, des finances, de la santé, de la formation, culturel, politique, économique, du sens de la vie, du bien-être, etc. Ce sont les différentes dimensions dont la conscience humaine est constituée, à savoir les dimensions physique, énergétique, intentionnelle, puis l'essence profonde de l'être. Ces quatre dimensions pénètrent tous les autres aspects de la vie et sont constamment en interaction. Ceci peut sembler un peu compliqué et là encore, paradoxalement, il s'avère que lorsque nous approchons l'être humain dans son intégralité, une simplicité se développe qui, étrangement, unit harmonieusement la gigantesque complexité de la vie humaine en un tout. Ceci est typique de l'approche intégrale.

Le secret de ce travail réside dans la force vitale innée de l'homme. Comment déclencher cette force dans la personne qui porte en elle tous les gènes du développement – les gènes de la santé, du bien-être, de l'évolution, du développement et de la guérison naturelle ? Tous ces gènes possèdent une intelligence intrinsèque qui dirige notre croissance et notre transformation. Pour le dire de façon plus simple, la transformation intégrale stimule les personnes à devenir elles-mêmes ou à se réaliser, à s'accomplir, sachant que c'est là que se trouvent la sagesse et la force nécessaires à la santé, au bien-être, à un développement optimal du soi et à l'intégration dans l'environnement. Cela résonne comme une gigantesque promesse, n'est-ce pas ? Où trouver alors ce potentiel immense que nous avons en nous ? Comment le déclencher ? Comment le stimuler ? Ce potentiel se trouve au cœur même de notre être. Son fonctionnement dépasse notre entendement, en tout cas certainement le mien. Néanmoins, phénoménologiquement, j'ai déjà constaté des milliers de fois que ce potentiel fonctionne de façon extraordinaire. Comment le déclencher fera donc l'objet de ce chapitre. Il existe une approche très efficace pour le libérer. Le cadre théorique de cette approche peut être décrit, mais sa réalisation doit se transmettre d'une personne à l'autre, parce que la force de l'approche du travail de la transformation intégrale se trouve à un niveau bien plus profond que celui auquel notre intellect peut accéder. Notre pensée, aussi géniale qu'elle puisse être, n'est simplement pas assez profonde. Notre intellect n'est qu'une petite partie de ce qu'est l'être en réalité, il n'a donc qu'une portée limitée pour pouvoir transformer l'être. La transformation intégrale inclut l'intellect. Elle l'imprègne et l'affine pour qu'il fonctionne de manière plus lucide, plus intelligente et surtout plus réaliste.

Voilà à nouveau une lourde promesse ! Ces promesses sont basées sur une expérience de plusieurs années dans l'accompagnement de centaines de clients, d'étudiants et de professionnels dans des dizaines de pays, tous différents sur leur chemin personnel de transformation. Ces promesses ne sont pas un conte de fées. Et pourtant, le chemin de la transformation intégrale est l'une des choses les plus difficiles et courageuses qu'un être humain puisse entreprendre. J'espère que ceci ne vous freinera pas. Il me semble utile de connaître l'engagement que cela nécessite. Chacun, sur son chemin de la transformation intégrale, rencontre tôt ou tard des résistances, des peurs, des illusions et des forces antagonistes. Une fois de plus, j'espère ne pas vous décourager. Par souci d'authenticité et de franchise, je préfère parler au guerrier téméraire en vous plutôt que vous exposer à une désillusion. Avec une bonne motivation et un bon accompagnement, ceci peut devenir un voyage d'accomplissement profond vers l'émancipation du soi.

Les outils

Par essence, le voyage personnel de la transformation intégrale ne se force pas ni ne se contrôle. La force responsable de la transformation est plus profonde et plus vaste que celle qui mène à la connaissance et à la compréhension de l'être humain. Ce que nous pouvons faire, c'est inviter, stimuler et accompagner la trajectoire de la transformation. Comparons-la à l'entretien d'un jardin.
Tout comme les graines poussent jusqu'à devenir des plantes, le voyage de la transformation intégrale fait évoluer la personne jusqu'au potentiel ultime auquel elle est destinée. La transformation intégrale n'amène pas la personne à un produit qui répond à une image idéale. Si c'est le cas, cela mène toujours à une mutilation du véritable potentiel. Mais tout comme nous soignons notre jardin, où nous veillons à créer les circonstances idéales pour les plantes – choisir la juste place pour chaque plante afin qu'elle bénéficie d'une terre et d'une lumière parfaites, d'une irrigation favorable, enlever les mauvaises herbes, couper, enrichir le sol, etc., ce sont des activités périphériques nécessaires que nous devons assurer afin d'aider les plantes à fleurir dans le jardin. De la même façon, les techniques et les outils de la transformation intégrale sont des instruments qui stimulent et harmonisent. Ils font appel à l'émancipation de la personne, tandis que l'émancipation elle-même est dirigée et accomplie par la force innée de l'individu.

Peut-être que ce point de vue diffère de celui de l'apprentissage traditionnel dans lequel nous formons les personnes selon un modèle prédéterminé. Dans ce cadre-ci, l'approche part du principe que la destination optimale est déjà implémentée dans la force innée de l'individu et se révèle au fur et à mesure au cours du processus de la transformation. Cette approche est une horreur pour le phénomène contrôle qui se trouve en nous. Celui qui veut nous contrôler, guider, modeler et former selon ce qu'il pense être le mieux pour nous. Malheureusement, les connaissances et l'intuition de ce phénomène sont très restreintes, ce qui fait qu'il ne nous laisse qu'un espace minime pour laisser fleurir le potentiel inné de notre soi supérieur. Comprenez-moi : ce n'est pas que notre essence intérieure est un véritable anarchiste qui va à l'encontre de toutes les conventions et règles en faisant ce qui lui plaît. C'est justement souvent l'argument du contrôleur pour justifier sa supériorité sur les mouvements spontanés. Cette peur est injustifiée. La réalité prouve que les mouvements de notre soi supérieur, tout en étant spontanés, libres et non manipulables, sont par nature harmonieux et à la recherche d'une synergie avec l'environnement, cette quête créant un échange optimal entre le soi supérieur et l'environnement. L'intention de notre essence sert le bien du soi ainsi que de l'autre. Il est évident qu'il s'agit là de tout autre chose que d'une personne qui se bat et qui amasse le plus possible pour sa propre existence, ses possessions et son bonheur. Ce n'est pas non plus un code moraliste que nous devons adopter. Bien au contraire : il s'agit d'une force libre, spontanée qui s'exprime sous de nombreuses formes. Nous en reparlerons plus loin.

La trajectoire d'une transformation intégrale ne se dirige donc pas, nous avons à l'accompagner. Et pour nous guider, nous, ainsi que d'autres sur ce voyage, il existe à la fois des outils (ou des aides) et une carte géographique. Nous pourrions qualifier cette carte de « géographique psychologique », mais ce serait réducteur, parce que cette carte va plus en profondeur que la psyché. « Mappemonde du soi » est un meilleur terme.
Les trois outils principaux sur ce voyage de la transformation sont l'observateur neutre, l'intention et la conscience. Nous nous servons de ces trois outils quotidiennement à de multiples reprises, aussi bien consciemment qu'inconsciemment, mais leur pouvoir, leur force et leur profondeur sont généralement largement sous-estimés.

• L'observateur neutre

L'observateur neutre (ON) est une faculté de notre esprit qui observe ce qui se passe dans le monde intérieur et extérieur perceptible, sans poser de jugement. Il enregistre simplement tous les stimuli, sans colorer ses observations, sensations et expériences de préférence ou de dégoût. Vous verrez rapidement que cela se réalise très facilement dans certains domaines, mais bien plus difficilement dans d'autres. Dans les domaines où tout se passe bien dans notre vie, où nos besoins sont assouvis et où règnent paix et harmonie, il est assez facile d'observer tout cela sans y porter trop de charge émotionnelle. Cependant, dans les domaines où la réalisation de nos besoins et de nos intérêts est source de peurs et d'incertitudes, nous ajoutons facilement une charge émotionnelle aux observations. S'il s'agit de notre salaire, de notre survie, de notre droit à l'existence, de notre liberté d'expression, de l'amour, du droit de partage, de la sexualité, de la dignité, etc., il est bien souvent plus difficile de rester neutre en observant les scènes qui se déroulent à l'intérieur et à l'extérieur de nous. Pourquoi le serions-nous, d'ailleurs ?

Il ne s'agit pas ici de réprimer nos émotions et nos observations. Ce serait très dangereux, car le refoulement des sentiments peut mener à des explosions violentes ou à des maladies graves et dégénératives. Observer de façon neutre ne veut donc pas dire refouler. Observer de façon neutre veut dire développer un endroit dans l'esprit qui, malgré les difficultés, les émotions et les défis, enregistre objectivement ce qui se passe, aussi bien les faits que les émotions. Pourquoi en avons-nous besoin et ne pouvons-nous pas simplement exprimer ce que nous ressentons ? En réalité, l'un n'exclut pas l'autre. Nous pouvons nous exprimer tout en observant de façon neutre ce qui se passe en nous. L'observateur neutre ne vient pas remplacer quelque chose. Il est un témoin supplémentaire dans notre esprit qui regarde simplement, qui écoute et ressent ce qui se passe. En fait, il enregistre simplement. Qu'est-ce que l'ON nous apporte ? Pourquoi nous en servirions-nous ? Lorsque l'ON est bien cultivé et devient un complément quotidien à notre manière de vivre et à nos actions, il peut nous apporter de multiples choses. C'est exactement la raison pour laquelle nous devons lui accorder une place dans notre vie.

Mais qu'est-ce que cela nous apporte exactement ? Tout d'abord, nous devenons plus honnêtes envers nous-mêmes et envers le monde dans lequel nous vivons. Nous nous plaçons plus dans la réalité. Et lorsque nous sommes plus en contact avec la réalité, notre capacité à prendre notre vie en main grandit. Si nous ne sommes pas en contact avec la réalité, par exemple quand nous sommes aveuglés par une émotion comme la haine, la jalousie, la tristesse ou par des illusions telles que des fixations, de fausses idées ou de l'ignorance, nous sommes comme des aveugles qui cherchons notre chemin à tâtons dans une forêt. Par aveuglement, nous perdons tout pouvoir et devenons impuissants. Qui donc désire être impuissant et faible ? Il serait d'autant plus déraisonnable d'utiliser l'ON pour être en contact total avec la réalité afin d'obtenir un contrôle et un pouvoir tout-puissant sur la vie et le monde. Il s'agit là d'une idée extrême qui ne résiste pas. Mais revenir dans la réalité à l'aide de l'ON fera une grande différence dans la mesure où nous serons capables de prendre notre vie en main et de lui donner un tournant constructif. Ce n'est pas de la magie, mais plutôt un moyen à notre portée qui portera ses fruits.

Si nous utilisons l'ON continuellement, il deviendra, avec le temps, un mécanisme presque automatique et demandera de moins en moins d'efforts. Puis, l'ON deviendra plus vaste, plus fin et plus précis. Cela nous mettra plus en contact avec la vie. Notre spectre d'observation s'élargira également, notre champ de vision s'agrandira, nous reconnaîtrons les choses plus rapidement, nous apprendrons à mieux apprécier la vie, pour nous-même, et aussi pour les autres. L'ON élargit et approfondit alors notre conscience. Outre l'avantage direct d'avoir plus d'espace pour prendre sa vie en main, l'élargissement de la conscience a des avantages bien plus profonds. Il y a d'abord le côté libérateur. Comment ça, me demanderez-vous ? Lorsque la conscience s'élargit, l'identification du soi s'élargit. Nous nous sentons plus grands et plus larges qu'avant. Cela donne immédiatement un sentiment de plus grande liberté en nous libérant de certains problèmes. Par exemple, si nous ressentons des sentiments de haine, nous pouvons nous perdre dans cette haine, qui devient plus forte que nous (notre soi). Au fur et à mesure que notre identification du soi s'élargit, cette haine que nous ressentions devient moins importante, simplement parce que notre sens du soi s'est élargi. Logique, n'est-ce pas ? Et puisque notre sens du soi est plus large, la haine (ou quelle que soit l'émotion) s'emparera moins de nous qu'auparavant. Nous saurons plus facilement nous contenir, notre maîtrise de nous-mêmes augmentera.

Je vous invite à différencier contenance et refoulement. Refouler une émotion veut dire « se battre contre ». La pression de l'émotion ne s'en va pas, au contraire, elle continue à croître, comme la pression dans une cocotte-minute. Tôt ou tard, nous en payons le prix, que ce soit dans le monde extérieur, dans notre vécu intérieur ou dans le domaine de la santé. Il ne s'agit pas là d'une expansion de la conscience, au contraire, il y a rétrécissement de la conscience. Une partie de notre conscience est restreinte, refoulée. Nous faisons un effort pour ne plus voir et ne plus ressentir. Nous rétrécissons donc notre conscience. Ce processus nous rend de plus en plus vulnérable et impuissant. Une conscience étroite est bien plus vite surprise par l'émotion qu'une conscience élargie ; la conscience étroite sera donc bien plus vite le jouet impuissant des émotions (qu'il s'agisse des nôtres ou de celles d'autrui) qu'une conscience élargie. Le processus de répression a donc un effet affaiblissant sur notre esprit et sur notre force.

En pratiquant l'ON, rien n'est supprimé, au contraire. Toutes les émotions, les idées, les pensées et les convictions auront de l'espace. Elles ne seront ni nourries ni supprimées. Elles auront le droit d'exister, ni plus ni moins. Elles ne seront pas forcément vécues, mais simplement observées telles quelles, sans addition, sans censure. Avec le temps, cela rendra notre conscience plus vaste et plus stable. Dans notre vie pratique, cela se manifestera par le fait que nous deviendrons plus stables émotionnellement et que notre pensée sera plus lucide. Pratique ! Et si nous continuons à pratiquer l'ON de façon systématique, cet instrument approfondira notre conscience. Avec le temps, nous pourrons voir au plus profond de nous, ce qui nous permettra une compréhension du soi. De cette manière, nous connaîtrons les motivations derrière nos réactions. Nous comprendrons notre comportement. Nous reconnaîtrons plus rapidement nos besoins. Nous verrons mieux l'origine de ce que nous ressentons. Nous comprendrons mieux nos relations. Voilà tous les fruits de cet outil puissant qu'est l'observateur neutre.

• L'intention

L'intention est également un concept profond dans le travail de la transformation intégrale, je vous en donne ici une introduction concise. C'est un concept assez difficile à expliquer ; nous l'apprendrons mieux en faisant des exercices qui nous en donnent l'expérience directe. L'étude et surtout l'application des exercices du hara (Karl Durkheim) vous mettront en contact avec le niveau de l'intention. La méditation zen, le tai-chi et les arts martiaux sont des voies idéales dans la pratique du hara.
Je voudrais mettre ici l'accent sur la différence entre la volonté et l'intention, car c'est là que naît la première confusion. Quand je parle de la notion d'« intention » à mes étudiants, ils la confondent souvent avec la force de la volonté. Comparée à la volonté, l'intention est plus forte. L'intention vient d'un niveau de conscience bien plus profond et elle est bien plus large. L'intention comprend donc la force de la volonté, mais elle va bien au-delà. La volonté n'est qu'une forme d'intention. L'intention active les forces créatrices et l'une d'entre elles est la volonté. L'intention active également la sagesse et le ressenti, tandis que la volonté en elle-même est isolée du ressenti et de la connaissance. Quoique la volonté fasse partie intégrante d'un tout, elle est plus restreinte et plus étroite que l'intention. Quand l'intention est visée de façon pure, elle engendre la coopération cohérente

des forces de la volonté, de la sagesse et du ressenti. Lorsque l'intention est assez forte, elle portera tôt ou tard ses fruits. Notre vie actuelle et ce que nous ressentons véritablement sont le fruit de nos intentions collectives conscientes et inconscientes du passé.

L'intention est donc une force puissante et en termes de transformation, nous devons utiliser pleinement cet outil si nous voulons obtenir des résultats efficaces. L'intention est l'élément de choix que nous avons à notre disposition pour nous guider dans la vie. Nous avons tous une certaine liberté de choix. Nous pouvons choisir de façon arbitraire de bouger notre bras vers la droite ou vers la gauche. Nous pouvons choisir quels habits porter aujourd'hui, etc. Il y a également les intentions inconscientes, dont nous ne nous rendons pas compte. Nos poumons ont l'intention de continuer à respirer, même si nous n'en sommes pas conscients. Notre cœur a l'intention de battre, même si nous n'en avons pas le contrôle direct. Ensuite, nous avons parfois des désirs dont nous ne connaissons pas l'origine. Ce sont des exemples d'intentions inconscientes. Il y a aussi les intentions collectives. La grève organisée dans une entreprise est un exemple d'intention collective : un groupe d'employés décide consciemment d'arrêter le travail collectivement pendant une journée. D'innombrables intentions collectives déterminent notre vie, comme l'évolution de l'ADN chez une certaine espèce. C'est là une intention collective inconsciente qui travaille au niveau du mystère de la vie et qui détermine alors la direction de l'évolution biologique des espèces. Une autre description du mot « intention » pourrait donc être « force invisible qui mène à certaines manifestations ». La vie est un jeu complexe de milliards de forces invisibles qui agissent les unes sur les autres, qui se font obstacle ou bien qui coopèrent. C'est là le jeu des intentions. Chaque intention donne une direction au déploiement et à la manifestation de la vie. La somme de toutes ces forces nous donne la vie et construit le monde tel qu'il est aujourd'hui.

Vous avez probablement déjà compris que notre volonté personnelle est assez limitée. Oui, on peut bouger notre bras comme on veut, on peut choisir les habits qu'on veut dans notre armoire (sauf si nous avons abandonné notre autonomie à quelqu'un d'autre), nous pouvons avoir une certaine influence (limitée) sur notre mode de vie, mais nous n'avons que peu d'influence directe sur notre santé et notre destin.

Quand nous avons la grippe, la profondeur de notre conscience ne va pas assez loin pour que notre intention nous permette de guérir de la grippe immédiatement. Certes, on peut utiliser notre intention pour la traiter de façon positive ou négative, ce qui influencera le processus de guérison. Notre conscience est donc assez profonde pour contrôler l'intention superficielle de la pensée positive ou négative, mais elle n'est pas assez profonde pour contrôler l'intention de la santé ou de la maladie. Cependant, il y a un échange entre les intentions superficielles et profondes, ce qui a comme conséquence d'avoir une influence indirecte sur notre santé, en utilisant la force restreinte de l'influence que nous avons. Et là encore, règne la loi qui dit : « C'est en forgeant qu'on devient forgeron ». En nous servant au mieux du domaine d'influence que nous avons à notre disposition, nous pouvons élargir le territoire dont nous disposons. Dans l'exemple de la grippe, les pensées positives de quelqu'un qui a élargi sa conscience, en pratiquant par exemple l'observateur neutre, auront bien plus d'impact sur la rapidité de la guérison que les pensées positives de celui qui n'a pas élargi sa conscience. C'est aussi simple. Il va donc de soi que l'approche de la transformation intégrale vise à élargir le plus possible le domaine de notre influence afin d'agir sur notre santé, sur notre bien-être et sur notre destinée tout en sachant et en acceptant que notre territoire d'influence est limité. Cependant, nous désirons élargir ce territoire et l'utiliser de façon optimale. Nous apprenons aussi qu'il y a un échange entre la force intentionnelle limitée dont nous nous servons individuellement et les forces bien plus grandes, plus puissantes qui déterminent nos vies, afin de ne pas nous sentir totalement impuissants. C'est un art de pouvoir déchiffrer l'échange de ces lois, et puis de nous servir de ces forces intentionnelles plus vastes pour le bien de tous. Un peu plus loin dans le livre, dans le passage consacré à la carte géographique de la trajectoire de la transformation, vous apprendrez comment utiliser l'intention individuelle de manière optimale.

• La conscience

La conscience est un phénomène particulier. Elle n'est certes pas matérielle, bien qu'elle puisse se lier fortement au domaine matériel et échanger avec lui. Dans le cas du domaine physique matériel, l'échange n'est pas très compliqué. Plus nous prenons soin de notre corps, meilleure sera notre santé et plus lucides seront nos pensées et nos observations, ce qui accroîtra notre conscience et l'affinera. Dans l'autre direction également, la conscience agit sur notre bien-être physique. Plus nos actions seront faites de manière consciente, plus elles deviendront précises. Quand notre conscience s'incarnera totalement dans notre corps, elle deviendra plus énergique, plus souple et plus saine. Le corps et la conscience peuvent très bien fonder un couple, ce qui engendrera une spirale croissante de bien-être et de santé.

Pour ceux qui ne s'en préoccupent pas trop, la conscience est une notion abstraite. Ces personnes confondent presque toujours la conscience avec la connaissance, alors que la conscience va bien au-delà de la connaissance.

Il existe différents niveaux de connaissance : la mémoire, la capacité de comprendre et la capacité d'interpréter. La mémoire est l'accumulation et la mémorisation de faits, de données et d'informations. La capacité de comprendre est la compréhension et l'application de formules, de procédures, de lois, de processus, etc. La capacité d'interprétation est la compréhension de lois et de processus. Quand on va un peu plus loin, nous atteignons la sagesse. Dans la sagesse, la compréhension de la vie est assimilée et intégrée dans la personne. L'expérience de la réalité d'une personne sage correspond pleinement à la réalité telle qu'elle est. Dans ce cas, la conscience de cette personne s'est élargie et s'est identifiée à la réalité. Voilà une manière de parler du mot « conscience ». Mais la conscience comprend bien plus que cela. C'est pour cela que dans la langue tibétaine, il existe 53 mots pour un phénomène que nous résumons à un seul mot, « conscience » : le tibétain propose tellement plus de nuances, d'aspects et de niveaux ! En français, nous devons nous contenter de ce mot simple, et je vais faire de mon mieux pour vous présenter quelques aspects de ce phénomène.

La conscience est une donnée vivante. Elle vit, c'est-à-dire qu'elle est toujours en mouvement. Elle peut croître et elle peut rétrécir. Elle peut se développer, s'approfondir, s'affiner, et elle peut dégénérer, faner et retomber. Lorsqu'on la cultive, elle pousse. Lorsqu'on la néglige, elle s'éteint. On peut la transmettre d'esprit à esprit, tout comme on peut transmettre le feu de bougie à bougie. Elle est intimement liée à l'essence même de la vie. Quand elle est là, elle a une influence purifiante sur tout ce dont elle a conscience. Tout ce qui vit a une matrice intelligente innée dans laquelle le développement optimal est compris. La conscience est comme l'eau et le soleil qui font se déployer toutes les formes de vie selon leur matrice inhérente optimale. Cette émancipation est la plus grande extase que nous puissions atteindre.

La conscience se développe parfois de manière progressive, parfois par de grands bonds. La conscience est un phénomène subtil qui peut pénétrer tout ce qui l'est moins. Tout ce qui s'imbibe de conscience se dirige alors vers son intention originale qui porte en elle la plus profonde extase. Cette extase est accompagnée d'un sentiment de liberté immense parce qu'il n'y a pas de contrôle ou de manipulation de l'extérieur vers l'intérieur. Ne reste qu'une énergie stimulante qui fait prospérer l'accomplissement de l'intérieur, tel qu'il est appelé dans toute sa profondeur. Voilà l'effet de la conscience.

La conscience est bien plus riche et vaste que la connaissance, la compréhension et la sagesse. Mais lorsque ces dernières sont imprégnées de conscience, elles sont élevées à leur capacité la plus lucide et la plus intelligente. La conscience peut faire encore bien plus que cela. Elle peut pénétrer notre corps, nos organes, nos artères et nos cellules. Là aussi, la conscience a cet effet purifiant. Elle remet nos organes et nos cellules dans cet état harmonieux dans lequel ils fonctionnent de façon optimale. Toute maladie est une anomalie des forces intentionnelles des cellules et des organes telles qu'elles ont été prévues au départ. L'état originel n'est pas celui de la naissance, ni même celui de la conception. L'état originel est une matrice de conscience disponible collectivement pour tout organisme vivant, et qui comprend le développement naturel, harmonieux et sain de la force et de l'information. Ceci peut sembler abstrait mais à ce stade, il n'est pas aisé d'en donner une explication plus pratique.

La conscience peut pénétrer notre psyché, nous révélant à nous-mêmes avec nos qualités comme nos défauts. Nos côtés ordinaires et extraordinaires. Nos côtés constructifs et destructeurs. Nos sentiments agréables et désagréables et tout ce qui se trouve au milieu. Nos ambitions et nos résistances. Nos désirs et nos peurs. Nos motivations et nos buts. Nos valeurs et notre sens de la vie. Tout cela et bien plus nous sera dévoilé progressivement, au fur et à mesure que nous développerons notre conscience. Et là aussi, la conscience aura un effet purifiant. La destruction sera adoucie et au bout d'un certain temps, elle sera neutralisée ou même modifiée vers un déploiement naturel. Les manques et faiblesses seront corrigés et renforcés dans un rythme naturel. Les désirs malsains s'effaceront lentement mais sûrement, alors que les désirs sains trouveront leur connexion vers d'autres et se réaliseront petit à petit. Les causes des sentiments désagréables se clarifieront et pourront être transformées. Des sentiments agréables pourront être cultivés. Les motivations et les objectifs négatifs s'effaceront lentement, alors que ceux plus authentiques s'épanouiront. Les valeurs et motivations moralistes deviendront intenables. La valeur et le sens réels de la vie se révéleront. Voilà ce qui arrive lorsque la conscience pénètre plus pleinement dans notre psyché.

La conscience peut également trouver son chemin dans nos relations, les effets sont similaires. Nous en parlerons plus spécifiquement dans le chapitre portant sur l'application de la carte géographique dans les cordes relationnelles, mais nous devons d'abord étudier la carte de la transformation intégrale.

La carte géographique

La carte géographique de la transformation intégrale contient quelques points d'orientation spécifiques :

1. Le critique aveugle / la croûte de l'ego / le super ego
2. Le masque
3. Les mécanismes de l'autodéfense / les mécanismes de survie
4. Le soi inférieur
5. La blessure
6. Le conditionnement
7. L'image
8. Le soi supérieur / la réalité

FIGURE 3 · la transformation intégrale · la carte géographique

Voilà une façon d'identifier les différents domaines de la conscience humaine
qui sont particulièrement adaptés pour une orientation efficace sur le chemin
de l'accomplissement du soi. L'accomplissement du soi est un autre terme pour
désigner l'émancipation totale de notre potentiel intérieur. La transformation
intégrale n'est pas du tout une tâche facile, le plus difficile étant que la conscience
doit le réaliser d'elle-même. En d'autres mots, ce qui se transforme est en même
temps ce qui doit aider à faire évoluer la transformation. Si nous comparons
notre conscience au viseur par lequel on regarde, c'est en fait le viseur lui-même
qui se transforme durant le processus de la transformation. Ce qui change est
aussi la chose avec laquelle nous regardons, c'est-à-dire notre conscience. Voilà
un nouveau défi pour notre capacité d'observer clairement et honnêtement.
C'est pour cette raison que l'outil de l'observateur neutre est d'une importance
inestimable. C'est l'observateur neutre en nous qui nous permet d'avoir assez de
conscience pour pouvoir tolérer le processus de la transformation, tandis que
d'autres domaines de notre conscience traversent des changements profonds. Les
autres domaines qui traversent les changements sont les huit domaines de notre
conscience : le critique aveugle ou croûte de l'ego, le masque, les mécanismes
de l'autodéfense ou mécanismes de survie, le soi inférieur, la blessure, le
conditionnement, l'image, le soi supérieur ou réalité. Ces domaines sont les
mêmes, à quelques différences près, que les concepts décrits par Eva Pierrakos
dans ses livres portant sur le chemin de la transformation.

L'utilisation de cette carte géographique est le travail d'une vie. Dès que vous
avez compris cette carte, vous pouvez l'appliquer tout au long de votre vie.
La compréhension de la carte est l'affaire d'une vie, car elle est composée de
maintes couches ayant chacune une profondeur bien spécifique à percer. En lisant
l'information qui suit, vous comprendrez d'abord la technique des couches. Vous
apprendrez les dénominations et assimilerez le contexte de ces termes. Au stade
suivant, vous développerez une compréhension cognitive de ces termes. Vous
reconnaîtrez leurs liens et leurs différences. Vous pourrez imaginer comment
les échanges entre ces différents domaines se font et vous en comprendrez la
logique. Voilà la compréhension cognitive. Dans les milieux académiques, la
compréhension cognitive d'une notion donnée est suffisante pour réussir un
examen avec mention. Or, dans le domaine de la transformation intégrale, la
compréhension cognitive de ces termes n'est que le point de départ. Puisqu'il ne
s'agit pas ici d'informations techniques, l'effort intellectuel nécessaire pour la
transformation intégrale est nettement moindre que celui qui est nécessaire pour
réussir des études, mais cela ne veut pas dire que la transformation intégrale est
plus facile. Elle demande un effort différent. Certains intellectuels ne trouveront
pas cela difficile, alors que d'autres connaîtront des blocages énormes à chaque
pas de la transformation intégrale. Certaines personnes, moins douées sur le plan

intellectuel, auront un peu plus de difficultés à comprendre les informations, alors que d'autres les intégreront très vite et les utiliseront facilement en les reliant à des situations de la vie quotidienne. Une grande intelligence n'est pas nécessaire pour la transformation intégrale, mais jouir d'une bonne dose de bon sens est certainement un atout.

Outre cela, il est nécessaire d'avoir une intention positive afin de faire un pas en avant qui soit efficace. Même si ce courant de fond est positif, beaucoup de résistances, de blocages et de peurs cachent le soi profond. Qu'est-ce que le fond de courant positif ? C'est le désir fondamental d'être pleinement soi-même et de vivre le plein potentiel de sa vie. Ni plus ni moins. Comment cela se présente-t-il? C'est différent pour chacun ; c'est pourquoi nous ne pouvons partir de modèles à imiter ou appliquer. Ceci est à la fois le plus grand challenge et la plus grande liberté inhérente à la transformation intégrale.
Ainsi que je viens de l'expliquer, la compréhension cognitive de la carte géographique n'est que le point de départ de la transformation intégrale. C'est un instrument, un cadre d'orientation auquel nous pouvons nous fier, tandis que nous pénétrons dans les couches les plus profondes de notre être pour pouvoir les transformer. Ce cadre d'orientation nous aide à :
- ne pas permettre aux peurs et aux obstacles de nous bloquer ;
- maintenir et /ou développer une bonne capacité d'évaluation, d'analyse dans les moments les plus troublants ou intenses du travail de la transformation ;
- faire les meilleurs choix lors des différentes phases du travail de la transformation ;
- éviter et /ou engendrer une régression après avoir réalisé une percée dans le développement.

Après la compréhension cognitive, il y a la connaissance pratique du cadre d'orientation. Les concepts n'ont de valeur et de sens que lorsque nous les relions à des expériences, à des situations et à des relations de notre vie personnelle. Il peut s'agir du ménage, de la carrière, du style de vie, des hobbies, de la famille, des études, de la santé ou de quoi que ce soit d'autre. Dans tous ces domaines et bien au-delà, vous retrouverez les éléments de la carte géographique et vous y verrez leur manifestation. Vous pouvez analyser combien votre style de vie est une expression de votre soi supérieur, parfois de votre masque et parfois de votre blessure. Vous pouvez réaliser que votre carrière se déroule peut-être pour 50 % à partir de votre mécanisme de survie, pour 20 % de votre blessure et pour 30 % de votre soi supérieur. Dans certaines relations, vous réalisez que vous pouvez être vous-même et à l'aise, dans d'autres, vous vous cachez derrière un masque ou encore, vous vous sentez totalement opprimé. La santé est aussi une expression de tous ces niveaux de conscience.

Les connaissances pratiques sont suivies par la connaissance intuitive. À
travers les connaissances pratiques de la transformation intégrale, tous les
phénomènes de la vie peuvent être cadrés selon ce système d'orientation,
mais les connaissances intuitives vont encore un pas plus loin. C'est là que les
concepts obtiennent une signification émotionnelle. Ce qui entraîne une mise en
contact, avec la réalité des différents domaines de conscience. Nous parlons ici
de réalité subjective. Cette réalité est bien plus objective et matérialiste que nous
le pensons. La physique quantique d'aujourd'hui démontre clairement le lien
scientifique entre matière, énergie et conscience. Ceci est une autre histoire que
les scientifiques expliqueront bien mieux que moi. Une autre raison de considérer
la réalité subjective est que le bonheur et le bien-être sont, des expériences
subjectives.

Si nous voulons faire l'expérience du bonheur, nous ne pouvons pas éviter
d'étudier notre réalité subjective. En outre, pourquoi attendre avant d'utiliser le
potentiel le plus profond de notre conscience ? Ne serait-il pas idiot d'attendre
que la science puisse prouver qu'on peut le faire, alors que nous pouvons en faire
l'expérience directe, ici et maintenant ? La science biologique peut d'ores et déjà
prouver l'effet positif de la méditation sur notre équilibre neurologique. Pourquoi
en attendre la preuve, alors que des millions de gens ont pratiqué la méditation
pendant des milliers d'années et en ont récolté les bénéfices sans qu'un seul
scientifique soit là pour en parler ? N'aurait-il pas été bizarre d'interdire la paix
intérieure à tous ces gens, de s'en moquer ou de les dénigrer, simplement parce
qu'il n'y avait pas de preuve matérielle ou biologique des bienfaits apportés par
cette pratique ? Ce serait idiot, n'est-ce pas ? Mais c'est en réalité ce qui se passe
souvent de nos jours, et même en nous. Pour une partie rigide de notre cerveau, la
science est devenue une religion nouvelle en laquelle nous avons une confiance
aveugle, et cette religion a son propre système d'inquisition (le critique intérieur).
Les inquisiteurs intérieurs et extérieurs utilisent le cynisme, la méfiance,
l'incroyance, l'arrogance, la force de persuasion mentale, le dogmatisme afin de
ridiculiser cette partie qui tient à ces expériences intuitives et subjectives, pour
la démotiver, la contrôler et l'humilier. C'est là une bataille douloureuse que
nous devons à une insensibilité et à une petitesse d'esprit, et surtout à une peur
sous-jacente qui fait partiellement de notre force mentale un fervent adepte de
la religion de la science. Je ne parle pas ici de l'esprit scientifique lui-même, qui
est une quête de plus de savoir, de nouvelles informations, visions, révélations,
afin de pénétrer la réalité globale. Ceci est une ouverture d'esprit fantastique. Je
parle du piège qui se sert de la science comme arme mentale pour maintenir un
rétrécissement de l'esprit ou une conscience limitée. Dans ces cas-là, il ne s'agit
pas d'utiliser la science comme tremplin pour comprendre la vie, mais plutôt
comme une manière de conserver une vision du monde relativement statique,
pour ne pas se voir confronté aux changements incessants de la vraie vie.

Une image mentale du monde donne un (faux) sentiment de sécurité. En tant qu'êtres humains, nous avons parfois tendance à nous raccrocher à des convictions, à des énoncés de la réalité, à des valeurs, à des devoirs et à des garanties afin de créer un sentiment de sécurité et de stabilité. Tout cela peut donner un tel sentiment, mais la seule chose qui soit vraiment stable est la conviction mentale. La réalité ne correspond pas toujours, et sûrement pas de façon continue, à une conviction ou à une vision du monde à laquelle nous nous référons ou nous pensons. Le sentiment de stabilité n'est dès lors pas fondé sur la vie elle-même, mais sur notre image de la vie. Maintenir cette image nous coûte de la vitalité. La stabilité recherchée dans les déclarations et les convictions mentales sera toujours menacée d'effondrement, ce qui nous coûtera de la force vitale. Si, au contraire, nous recherchons notre stabilité en tâchant de rentrer en contact direct avec la force vitale, cela s'avérera une base bien plus sûre en termes de sécurité. Quoiqu'elle soit toujours changeante, nous pouvons avoir confiance en elle, car elle est réelle et toujours présente. De plus, elle ne coûte pas de force vitale, mais nous en donne. La vie est force, et la force est de vivre. Tout ceci n'est évidemment pas un plaidoyer contre la science, pas du tout. En réalité, nous trouvons le monde scientifique fascinant, car il apporte toujours de nouveaux apprentissages, découvertes, et il stimule notre esprit à s'ouvrir à la réalité d'une autre manière ou par une autre approche. Tout ceci n'est qu'un exposé visant à tenir compte des limites de la science ainsi qu'un avertissement à ne pas limiter notre conscience aux domaines que couvre le monde scientifique aujourd'hui. Sinon, de cette façon, nous limitons grandement notre émancipation.

Postulons que vous ressentez un sentiment agréable en regardant une peinture de Monet. D'autres personnes éprouvent peut-être un tout autre sentiment. Certains peuvent se sentir mélancoliques, d'autres indifférents, d'autres encore émus. Il n'y a pas de preuve scientifique que cette peinture donne un sentiment agréable. Est-ce que vous allez alors refouler votre sentiment agréable ou le renier parce que la science ne peut pas prouver que cette peinture a la faculté de procurer un sentiment agréable ? Ce serait bizarre, n'est-ce pas ? Voilà pour l'exposé sur le cynisme et la critique aveugle de la connaissance intuitive. Par ailleurs, je suis un fervent défenseur de l'esprit critique, dans le sens constructif du terme. Dans le « circuit intuitif » réside également le piège d'être antirationnel. C'est tout aussi idiot que d'être anti-intuitif. Être antirationnel nous rend sensible aux superstitions et susceptible de ne pas être relié au monde. Tous deux ont leur propre manifestation. La superstition nous conduit à donner un sens précis aux coïncidences auxquelles nous sommes confrontées, parfois jusqu'à l'extrême. Nous risquons ainsi de laisser notre autonomie à des cartomanciens, des voyants et des médiums. Ce n'est pas uniquement de cette façon-là que nous cédons notre force à autrui. Cela peut nous rendre crédule et vulnérable aux déclarations et aux explications évasives, floues ou qui peuvent amener une confusion ou des croyances inexactes. La superstition prend alors la place de la réflexion critique et diminue notre discernement. Néanmoins, ceux qui possèdent des connaissances intuitives peuvent utiliser les cartes ou le pendule, parce que ces personnes parviennent à relier la réalité subjective à une vision lucide et pure. La différence fondamentale entre la superstition et la connaissance intuitive est la profondeur. La superstition est une construction mentale à laquelle nous nous agrippons. En ce sens, elle ne diffère pas de la religion dogmatique ou de la science dogmatique. La connaissance intuitive est reliée à la vie telle qu'elle est et est couplée au sens et à l'essence profonde de la vie. C'est un outil nécessaire pour vivre une vie consciente.

Ceux qui ont des connaissances très intuitives trouveront plus facile d'intégrer conscience et profondeur à leur vie. Ceux qui n'en ont pas découvriront la profondeur en tombant et en se relevant lors de chaque expérience. Ils consulteront des thérapeutes capables d'accéder aux niveaux les plus profonds de leur conscience en toute sécurité. Le critère le plus important pour un thérapeute intuitif est qu'il aide le patient à trouver sa propre vérité par lui-même. Suivre les conseils intuitifs d'autrui sans se poser des questions n'est jamais conseillé. Bien sûr, nous pouvons nous laisser inspirer, nous ouvrir à des idées et à des possibilités offertes par un autre, et nous faire aider par une personne capable d'ouvrir les portes à une conscience plus profonde en nous. Une assistance sincère pourra toujours mener à une force accrue, une autonomie plus grande et une interaction saine. Une assistance malsaine mènera à une dépendance malsaine, à une autonomie moins grande et donc à un affaiblissement de l'individu.

L'autre manifestation de l'anti-rationalité est de ne pas être relié à ce monde. C'est là que nous utilisons notre affinité intuitive pour créer des mondes mentaux fascinants pouvant créer un monde expérientiel qui nous offre effectivement des expériences d'extase. C'est une façon intéressante de développer nos capacités mentales. Le problème est que nous ne sommes pas tout à fait relié au monde. Les expériences d'extase sont déconnectées de la réalité biologique, matérielle et humaine. Il manque notamment une connexion à la terre. C'est ainsi que nous pouvons devenir un junkie spirituel. C'est certes moins dangereux qu'une addiction à la drogue, mais cela diminue notre résistance individuelle. Après nous être perdu dans le monde spirituel, nous vivrons tôt ou tard un atterrissage douloureux, parce que :
*   soit nous n'avons plus du tout le moyen de vivre ce qui nous a rendu totalement dépendant ;
*   soit notre santé physique est mise en danger (souvent après une dépression) ;

- soit notre vie sociale est affectée et nous nous retrouvons seul, ou entouré d'amis perdus comme nous, ou embrigadés dans un groupe sectaire.

Vous comprendrez peut-être que mon plaidoyer pour une profondeur intuitive n'est pas une résistance contre le développement intellectuel. Au contraire, je préconise une égalité du développement rationnel et de l'intuition. Il en résulte un développement plus harmonieux et créatif. Après la compréhension cognitive de la carte géographique vient donc la compréhension intuitive. Dès que les deux sont actifs, les huit points d'orientation deviennent de véritables outils que nous pouvons commencer à utiliser. Nous pouvons les appliquer dans tous les domaines de la vie et ils y apportent peu à peu une amélioration. Le processus de la transformation intégrale est un phénomène à la fois simple et singulier. Nous n'en avons pas le contrôle direct. C'est un phénomène bien plus vaste que celui que nous pouvons atteindre d'habitude, ce qui lui donne justement sa force et sa profondeur.

Notre pouvoir personnel ainsi que notre participation au processus de la transformation intégrale agissent seulement sur l'ouverture à la transformation. La transformation en elle-même se fait par la force vitale qui est bien plus large, subtile et plus forte que notre soi individuel. C'est un phénomène métaphysique et non une superstition. Cela pénètre autant la réalité la plus subjective que la plus tangible. Si nous utilisons les outils de la transformation intégrale, le processus s'active inévitablement. L'ego ne peut simplement pas contrôler quand, comment et où. C'est souvent assez impressionnant, mais lorsque nous expérimentons quelques cycles de transformation, nous commençons à comprendre que là réside la véritable (ou la réelle) sécurité. Pourquoi ? Parce que la force vitale en elle-même contient une intelligence inhérente, bien plus sophistiquée que ce que nous pouvons concevoir par notre imagination individuelle. Lui faire confiance demande du temps. Cette confiance grandit lentement à travers l'expérience. C'est comme se mettre à l'eau pour la première fois, d'abord un orteil puis le pied, puis le corps tout entier. Le progrès est donc relatif au départ, puis nous avançons en toute confiance dans le processus. Au fur et à mesure, il se développe et s'approfondit. Finalement, c'est notre abandon qui détermine l'importance et la vitesse de notre transformation. Ici, la notion d'abandon n'est pas synonyme d'aveuglement ou de naïveté. L'observateur neutre est notre outil le plus important. Chaque pas, chaque processus et chaque résultat sont minutieusement enregistrés pour que, lentement, nous développions la sagesse que nous apporte chaque expérience de vie. C'est justement à travers cette sagesse que nous arriverons à faire nos choix et que nous apprendrons à apprécier la différence entre l'abandon au processus de la transformation et l'abandon du pouvoir et de l'autonomie.

Ce qui est paradoxal dans la transformation intégrale, c'est que plus nous nous abandonnons, plus notre autonomie s'accroît. Comment est-ce possible ? Ce que nous lâchons n'est que le besoin de contrôle de notre ego. Nous ne l'abandonnons pas à un pouvoir extérieur, mais à notre soi élargi. Parfois, les thérapeutes et guides nous servent de « support » temporaire, mais c'est notre soi élargi qui mène le processus. En nous en remettant au processus de la transformation intégrale, nous lâchons un morceau d'identification au petit soi ou soi inférieur. Cela peut s'accompagner d'angoisses, d'insécurité et d'autres sentiments et pensées tumultueuses, mais ce malaise n'est qu'une phase de transition. Pendant cette phase, notre conscience commence à entrer en contact avec une partie étendue de nous. C'est ce que nous appelons la croissance, l'émancipation. Au départ, cela nous paraît étrange parce que nous ne la connaissons pas. Nous devenons des chercheurs en quête de ce terrain inconnu en nous.

La connaissance, la profondeur et les possibilités s'ouvrent et se dévoilent petit à petit. Lorsque nous approfondissons notre connaissance des outils et des étapes du processus de transformation intégrale, nous comprenons comment nous en servir. Ils deviennent une partie intégrante de nous-mêmes. Enfin, au fil des expériences, nous nous identifions à cette nouvelle partie.
Dès lors, notre identification du soi s'accroît. Nous nous libérons de nos egos limités, nous serons plus libres dans l'être. Chaque pas effectué grâce à la transformation intégrale engendre un élargissement de la conscience et nous rapproche de la réalisation de nous-même ou de notre accomplissement.

• La croûte de l'ego : le critique intérieur / le critique aveugle – le super ego / le critique négatif

Le terme « croûte de l'ego » est un terme global qui désigne quatre phénomènes semblables. Quand quelqu'un vous fait un compliment, vous arrive-t-il d'entendre une petite voix intérieure vous dire ce que vous avez fait de travers ? Et quand on vous complimente sur votre corps, cette voix vous rappelle immédiatement les parties dont vous n'êtes pas fier... C'est la voix du critique négatif (CN).
Le critique négatif est toujours prêt à vous faire un commentaire délétère. Il est basé sur la haine et le dégoût de soi. Tout comme les autres mécanismes de la croûte de l'ego, il prétend tout savoir en énumérant des arguments rationnels. C'est vraiment trompeur, car en vérité, le CN n'a pas de base objective alors qu'il fait semblant d'être une autorité objective. La raison pour laquelle le CN n'a pas de base objective, c'est qu'il est fondé sur la méfiance et la haine. Celles-ci sont soit axées vers l'intérieur (c'est-à-dire vers nous-même), soit vers l'extérieur (c'est-à-dire vers les autres). C'est un mécanisme répétitif qui n'est pas en contact

avec la source créatrice. Par conséquent, le CN consomme notre énergie au lieu de nous nourrir et d'être constructif. Les petites voix du critique neutre : « Qui crois-tu être ? », « En voilà un qui est gonflé ».

Le mécanisme du critique neutre se met en marche quand nous vivons une expérience d'une expansion plus grande qu'à l'habitude. Souvent, cette expansion n'est pas mauvaise pour nous, mais notre méconnaissance de cette expansion mettra en marche des mécanismes contraignants. Nous les utilisons souvent comme une arme dans le contrôle social qui veut que l'un ne peut obtenir plus que l'autre. Le critique aveugle s'allie souvent à une pointe de justice, mais c'est trompeur également parce qu'il est ancré dans l'habitude « aveugle », la jalousie, la peur de la jalousie, le dégoût, la peur du rejet. Nous perdons souvent beaucoup de notre force et de notre énergie en écoutant trop longtemps et en croyant tout ce que disent les voix des mécanismes de la croûte de l'ego. La grande différence entre les mécanismes de la croûte de l'ego et l'observateur neutre se situe au niveau de la base où ils sont ancrés. Les mécanismes de la croûte de l'ego sont purement des répétitions rationnelles-émotionnelles, souvent apprises d'une autorité extérieure.
L'observateur neutre n'est pas basé sur quelque motivation de l'ego, mais purement et simplement sur la présence consciente. C'est là le grand art d'observer de façon neutre : observer à partir d'un état de présence, sans préférence ou dégoût, sans désir, sans préjudice. Il va de soi que l'ON se trouve bien plus près de la vérité et de la réalité que les mécanismes de la croûte de l'ego comme les critiques neutres et aveugles. En raison de l'intensité des émotions derrière les mécanismes de la croûte de l'ego, nous leur attribuons souvent de nombreuses croyances. C'est le moment exact où nous cédons notre pouvoir et notre autorité, parce qu'il existe une conviction due à l'intensité de l'émotion derrière le message. Cette perception erronée nous induit à ne pas pénétrer le contenu du message ni à prendre en compte la valeur de la réalité.

L'ON arrive facilement à discerner la différence entre l'intensité de l'émotion et le contenu rationnel du message. Au travers de ce pouvoir de discernement, nous arrivons à effectuer une bonne estimation de la vérité de tout message ou nouvelle que ce soit.

Un autre mécanisme de la croûte de l'ego est le super ego. Il ressemble à une cassette répétitive de commandes permanentes dans la tête. « Tu devrais faire ceci. Tu devrais faire cela. Tu devrais toujours être... Tu ne devrais jamais dire... Il est interdit de faire... » Bref, une liste incessante de commandes pour vous ou pour l'autre, basée simplement sur des habitudes antérieures plutôt que sur la situation actuelle. Le super ego est un mécanisme aveugle qui nous donne des ordres permanents en partant d'une image idéale que nous nous fixons à nous-mêmes, ou qui provient de l'extérieur : de nos parents, de membres de notre famille, de professeurs, d'idoles, de magazines, de programmes télévisés, etc. Le fait d'écouter et d'obéir sans cesse à ces ordres est un travail épuisant. Toute écoute au super ego nous éloigne de la guidance de notre être profond, ce qui explique la fatigue en le faisant. Les messages et la guidance venant de notre noyau sont une expression directe de la Vie. Alors elle est pourvue de force et vitalité ce qui explique sa vivacité. Donc la manque de vivacité et joie peut aussi être un signal d'avoir donné trop d'importance au super ego. La fatigue est inhérente à la déconnexion du noyau, de notre être profond. Il peut être vrai que dans certains cas, il vaut mieux faire ceci ou cela, ou être ceci ou cela, mais si cela vient du noyau, il est en connexion avec la situation actuelle et réelle. Le mécanisme du super ego est basé sur la répétition de schéma de fonctionnement, d'habitude aveugle et d'une image idéale déconnectée. Cela engendre une perte d'énergie. Il est possible qu'à partir du noyau, des images directionnelles apparaissent, qui sont bonnes à suivre et sont inspirées par le développement de la réalité telle qu'elle se présente à nous. Ce genre d'images est vital et constructif. Si elles sont connectées au noyau, elles donnent de l'énergie et du dynamisme. Par contre, si elles sont déconnectées elle entraîne une diminution notoire d'énergie. Le super ego n'est rien d'autre qu'un mécanisme vide répétitif. L'absence de joie de vivre et de plaisir est l'une des caractéristiques des voix du super ego.

Certaines personnes qui savent que le super ego n'est rien du tout adoptent quelquefois une réaction extrême inverse. Elles s'opposent à toute forme de commande ou d'autorité, qu'elle vienne de l'intérieur ou de l'extérieur. Dès lors, elles mènent une vie de révolte, de libertinage et/ou de paresse. Il va de soi que cela n'est pas la solution au problème du pouvoir tyrannique du super ego, car la réaction contraire est aussi forcée et destructrice que le super ego lui-même. Ceux qui sont perdus dans ce genre de réactions peuvent éprouver un bref sentiment de liberté ou de victoire sur le joug des pouvoirs abusifs qu'ils reconnaissent en tout, mais cette réaction inverse demandera également beaucoup de bataille et d'énergie et n'amènera pas d'amélioration. La révolte envers ces forces du super ego deviendra en elle-même une force nouvelle du super ego. Tout comme la plupart des révolutionnaires deviennent les nouveaux tyrans dès qu'ils se trouvent au pouvoir, la bataille contre le super ego deviendra une nouvelle névrose obsessionnelle, le court moment de liberté étant remplacé par une nouvelle contrainte. Ici également, seul le pouvoir de l'observateur neutre sera apte à libérer quelqu'un du joug du super ego. Pour nous libérer d'une force contraignante, nous devons réaliser une force libératrice. La bataille contre la force contraignante ne sera pas suffisante pour permettre de se libérer. Il va falloir développer encore autre chose et ce développement demandera du temps, de la sagesse, de l'effort et de la persévérance. À mesure que nous réalisons le meilleur, le super ego perd automatiquement son pouvoir sur nous. Si nous ne cessons pas de le combattre, nous ne faisons que le renforcer. Voilà l'un des curieux paradoxes du travail de la conscience : certains efforts ont souvent un effet contraire à celui que nous voulons obtenir.

Le critique intérieur (CI) a une nature semblable aux autres mécanismes de la croûte de l'ego. L'image d'un bonhomme vieux, gris et radin vient à l'esprit quand nous pensons au CI. Ce sont ces petites voix qui nous condamnent sans cesse : tout est mauvais, rien n'est assez bien pour nous. Là encore, la destruction réside dans la déconnexion de la source créatrice. Le critique intérieur prétend être une autorité, mais n'a pas cette qualité. En fait, il lui manque les qualités de patience et de présence nourrissante. Tout ce que fait le CI est se décomposer en mécanisme qui se répète sans cesse. La différence avec le souci de qualité est que celui-ci est marqué par un courant positif qui sous-tend l'acceptation de ce qui existe et nous fournit de la force, de l'énergie et des ressources qui conduisent à un développement ou un perfectionnement positif. Quand ce courant positif manque, cela ne sert à rien de critiquer. Le CI se distingue donc d'un ego critique sain par l'absence d'acceptation de la réalité et de désir d'une évolution bienfaisante, dévouée. Le discernement critique est néanmoins un trait important qui se développe graduellement au pas de l'observateur neutre. La pratique de l'observateur neutre augmente la clarté et la finesse de l'esprit et des sens, ce qui affine aussi le discernement. En pratiquant l'ON, en étudiant et à travers l'expérience de vie, nous créons de plus en plus de cadres de référence et des expériences fiables qui font naître en nous une pensée critique saine. Nous pouvons choisir et agir de façon juste et ainsi, une attitude de vie presque automatique s'installe. La différence de force vitale et de joie de vivre entre une attitude critique saine et le CI s'avère énorme. Sur le plan sentimental, nous pouvons également discerner les deux à travers l'élément de douceur qui accompagne l'attitude saine comparée à l'attitude dure du CI. Une autre différence extérieure est que le critique sain ne fait que corriger, alors que le CI punit.

• Le masque

Le deuxième point d'orientation dans le paysage de la transformation intégrale est le masque. Comme le mot l'indique, le masque sert à cacher quelque chose. C'est le mécanisme que nous utilisons pour paraître différent. Certains diront : « Bien sûr, mais comment faire autrement dans la vie ? » D'autres réagiront peut-être en disant : « Prétendre être différent ? Comment y arriver ? » Avec toutes les

variations entre les deux. Quel est donc ce mécanisme qui nous fait prétendre à ?
Quelles sont ses motivations ? Il y a de nombreux masques, mais nous pouvons
les diviser en trois grandes catégories : les masques de bravoure, les masques
d'amour et les masques de sérénité.
Les masques de bravoure prennent de nombreuses formes. Nous prétendons être
fort et compétent. Nous pouvons nous mesurer au monde entier. Nous prétendons
être l'image même de la confiance en soi. Nous parlons de la mécanique du
masque quand nous prétendons nous sentir d'une certaine manière, alors qu'en
réalité, nous nous sentons tout à fait autrement. Peut-être y a-t-il une incertitude
ou une vulnérabilité dont nous avons honte. Peut-être croyons-nous être accepté
uniquement quand nous sommes forts, compétents et puissants. Alors que si
nous montrons d'autres parties de nous, nous allons nous faire rejeter, punir,
abuser, désavantager ou dénigrer. Et en effet, il y en aura certainement des
personnes qui réagiront de la sorte, mais croire que cela est toujours vrai n'est
que conditionnement. Nous parlerons ultérieurement des conditionnements. Pour
l'instant, nous ne regardons que le mécanisme du masque, sans juger s'il est bon
ou mauvais. Nous allons ignorer le super ego qui préjuge de tout. Pour cela, nous
créerons plus de place pour l'ON, pour que nous puissions voir clairement ce
qu'est le mécanisme du masque et quel effet il a sur notre psyché et notre bien-être.

Le masque de bravoure fait donc tout pour convaincre le monde de sa force, de
son intelligence, de sa compétence, de son sang-froid et de son adresse, alors
qu'intérieurement, la personne se sent totalement différente.
Le masque d'amour, au contraire, essaye de convaincre l'autre de sa gentillesse,
de son dévouement, de sa patience, de sa compréhension ; il est rempli de
compassion et/ou de pardon, alors qu'à l'intérieur, il y a peut-être d'autres
sentiments cachés. Cela peut se manifester par un sourire forcé, alors
qu'intérieurement, la personne se sent amère. Cela peut sonner comme « Oui,
c'est d'accord, pas de problème » alors qu'à l'intérieur, toutes les cellules crient :
« Non, je ne le veux pas ! » Cela peut être une tentative de pardonner à quelqu'un
alors que nous ne sommes pas du tout prêts à le faire. Toute expression d'amour
qui n'est pas sincère est en rapport avec le masque d'amour. Souvent, le masque
d'amour mène à des situations désagréables. Nous dirons : « Mais mon intention
était bonne, comment peux-tu être fâché contre moi ? » Oui, en effet, notre
intention peut être bonne, mais ce n'est pas du tout la même chose qu'être bon.
Et bien sûr, vouloir faire le bien est déjà quelque chose, mais si nous prétendons
être bons, il s'agit de tout autre chose, qui donne un résultat inverse. Quand des
sentiments cachés sont réprimés, ils sont réassemblés dans une sorte de tiroir
dans le semi-conscient ou dans la partie inconsciente de notre psyché, et c'est
là qu'ils commencent à fermenter. « Est-ce que nous devons donc vivre nos
sentiments négatifs et les projeter sur l'autre ? » Non, ce n'est pas une solution

non plus, car cela mène à la dispute, à la guerre et à nourrir les conflits. Que faire, alors ? Vivre le conflit grossit le problème et réprimer le sentiment projette le problème dans l'avenir. Voilà deux options qui ne fonctionneront pas. Qu'y a-t-il entre les deux ? Tout d'abord, il est nécessaire de bien comprendre nos sentiments, pour pouvoir agir de manière adéquate dans une certaine situation. En travaillant les niveaux plus profonds de notre territoire, tels le soi inférieur et la blessure, vous apprenez à comprendre et à reconnaître vos sentiments et vos émotions, ensuite l'action juste se présente à vous spontanément depuis le fond de votre être créatif. C'est là un des fruits que récolte une personne qui entame sincèrement le voyage de la transformation intégrale. Nous parlerons de ces niveaux profonds dans les paragraphes suivants. Je vais vous donner à présent quelques exemples des différents mécanismes de masque qui existent, pour que vous saisissiez mieux le concept.

Le masque d'amour vise à être dévoué et tendre, alors qu'en vérité, nous éprouvons d'autres sentiments. La motivation sous-jacente peut être la même que pour le masque de bravoure : peur du rejet, peur d'être désavantagé, peur de l'abandon, etc. Nous croyons donc ici que pour se faire aimer, il faut être sans cesse gentil, doux, aimable et joyeux. Oui, certaines personnes peuvent ne tolérer que ceux qui sont gentils, doux, aimables et joyeux, mais il vaut la peine de se demander si c'est vrai pour tous et dans tous les cas. L'hypocrisie est aussi une forme de masque d'amour, mais il y en a tant d'autres. Le masque d'amour dit : « Regarde comme je suis bon et gentil », et par-dessous il demande : « Aime-moi, accepte-moi, complimente-moi », alors que le masque de sérénité dit : « Tout est parfait dans le meilleur des mondes », et par-dessous, il dit : « Ne m'approche pas, c'est trop pour moi, je n'en peux plus. »

Le masque de sérénité prétend que tout lui est égal. Nous nous plaçons au-dessus du monde et au-dessus des sentiments. Il est évident que cela a l'air arrogant, et il est vrai que l'arrogance est la force stimulante de ce masque. Derrière cette suffisance, nous trouvons souvent une grande peur et une incapacité d'accepter la vie telle qu'elle est. En pratique, nous persuadons les autres ainsi que nous-même que la vie et ses événements ne sont finalement pas tellement importants. Nous tentons un lâcher-prise, mais ce n'est qu'un lâcher-prise simulé, c'est plutôt une déconnexion de la vie. Le message extérieur est : « Tout va bien, il n'y a aucun problème », quelle que soit la gravité de la situation que nous vivons. Le masque de sérénité veut prétendre que tout va bien également, mais d'une autre manière que le masque d'amour.

Peut-être vous y attendez-vous, ou comprenez-vous déjà avec votre bon sens que l'énergie de ces masques est très sombre. Bien que le masque de bravoure

prétende être énergique et fort, il est en vérité déconnecté de l'authenticité (et de
la source créatrice), ce qui mène inévitablement à un épuisement total. Il y a des
personnes qui peuvent porter ce masque pendant des années ; elles sont souvent
aidées par des collègues ou des proches. Néanmoins, toutes les sources d'aide
(aussi bien psychiques, physiques que relationnelles) seront un jour épuisées.
Et dès que nous ne pourrons plus poursuive cette exploitation excessive, le
contrecoup arrivera. Il prend la forme d'un épuisement professionnel (burn-out),
d'une dépression, d'un conflit ou d'une autre forme de crise.

Le masque d'amour est sombre également, mais d'une autre manière. Contrastant
avec la fraîcheur et la vitalité nouvelle de l'amour vrai, le masque d'amour est
plutôt collant, mou et terne. C'est le genre de gentillesse que nous désirons fuir
au plus vite, pour des raisons difficiles à expliquer. Souvent, nous investissons
notre force vitale dans cette forme d'attachement, soit par pression sociale, soit
par peur de l'abandon. Le résultat est le suivant : nous nous sentons vides et
fatigués, ce qui nous fait oublier la réalisation et le sens de la vie. Le masque de
sérénité peut nous tromper pendant un temps, avec sa couche d'harmonie et de
paix, qui est en réalité très fragile et sensible face à un dérangement extérieur.
En méditant au sommet d'une colline, nous pouvons sûrement connaître des
expériences de bien-être et de bonheur, mais est-ce que cela continuera dans la
turbulence de la vie de tous les jours ? Si nous portons le masque de sérénité, la
réponse sera toujours : certainement pas. En acceptant profondément la vie telle
qu'elle est, nous pouvons maintenir cette sérénité et vivre un sentiment de bien-
être, même dans des situations difficiles.
En résumé, le masque est un mécanisme qui nous fait prétendre être ce que nous
ne sommes pas et simuler des sentiments que nous ne ressentons pas vraiment.
Cela nous déconnecte de notre source, avec pour seul résultat une expérience de
vécu vide et sombre, privée de toute énergie.

• Les mécanismes de défense / les stratégies de survie

Ce sont des techniques et dynamiques secondaires dont nous nous servons semi-
consciemment ou inconsciemment afin d'obtenir l'énergie et la force que nous
n'arrivons pas à puiser en nous-mêmes. Dans les techniques primaires, il s'agit
de la vie telle qu'elle est. C'est-à-dire trouver sa force innée, puis travailler en
équipe en vivant un contact authentique avec l'autre de manière cocréatrice. Alors
que dans les techniques secondaires, nous cherchons à puiser notre énergie et
notre force à travers l'autre. Donc nous ne vivons pas une vie authentique, nous
essayons de nous servir de l'autre au lieu d'être dans le partage. Les techniques
primaires sont en rapport avec des liens relationnels qui sont inhérents à la vie

elle-même. Les techniques secondaires sont les lieux où les techniques primaires ont été dérangées. Ils ajoutent toujours une complexité contre-productive à une relation.

Pour unir force et vitalité, les techniques primaires adoptent un style de vie sain, une prise de responsabilités en concordance avec son âge, ses capacités, son statut et ses possibilités. L'entretien de relations intimes (partenaire, famille, amitiés), le maintien des soins corporels, l'exercice physique, la collaboration, le développement personnel, la recherche du bonheur pour soi, son environnement et le monde, la recherche de mentors, de professeurs, puis la découverte et leur vénération, la protection des faibles et l'aide à leur développement, etc.

Pour unir force et vitalité, les techniques secondaires se tournent vers la manipulation, le vol, la dominance, la soumission. La demande d'aide sans besoin, le refus de l'aide dans la responsabilité, l'obligation de l'aide (à travers la pitié, la manipulation, les jeux de culpabilité, etc.) au lieu d'en faire la demande, rendre les autres dépendants et les garder ainsi, rester dépendant plus longtemps que le strict nécessaire, le refus de l'aide en cas de besoin, la séduction, la tromperie, l'intimidation, l'agrippement, etc.

La force et la constance sont deux critères importants dans lesquels on peut distinguer les techniques primaires et secondaires. Dans les techniques primaires, la force, l'autonomie, l'harmonie, le bien-être et le bonheur s'accroissent de manière graduelle et constante. Alors que dans les techniques secondaires, on peut certes vivre des expériences puissantes de force et d'extase, mais celles-ci ne sont pas solides et il y a toujours un prix à payer sous forme d'affaiblissement, de dépendance, de peur et d'hostilité. Il est important d'observer tout ceci en utilisant l'observateur neutre et de ne surtout pas juger avec le critique négatif, cela n'est d'aucune utilité. Au contraire, le jugement renforce la situation défavorable. L'observateur neutre ajoute une qualité d'expansion à la situation, il apporte de l'espace pour le changement.

• Le soi inférieur

Le soi inférieur est le point d'orientation sur la carte de la transformation intégrale qui est le plus souvent nié. Chacun d'entre nous possède un soi inférieur, avoué ou non. Il est souvent embrouillé avec les mécanismes de défense, puis quelquefois avec le critique intérieur qui juge tout et/ou quelquefois simplement avec la colère émotionnelle. Le soi inférieur est en fait la partie de notre psyché active qui, souvent inconsciemment, est destructrice. Il l'est sans détour, sans hésitation, sans nuance. Le soi inférieur d'une personne ou d'un groupe ne veut rien d'autre que manifester le mal, en soi ou envers autrui. Peut-être cela peut-il sembler choquant.

Nous avons tellement pris l'habitude, dans notre société, de nuancer le mal, de le camoufler et même de le nier... C'est une des raisons pour lesquelles le masque est tellement actif. Il cache notre soi inférieur et même le rejeter. Une autre réaction est que nous prenons le concept du « mal » pour le placer aux abords immédiats de la religion avant de le mettre de côté, en disant : « Ce n'est plus valable de nos jours, tout cela. » Un facteur important dans le travail avec le soi inférieur est de ne pas le condamner. En effet, il est tellement jugé et désapprouvé que cela crée de la honte. C'est à partir de ce sentiment que nous cachons notre soi inférieur, en le masquant et en prétendant que nous n'en avons pas. Certains pensent qu'il disparaît de lui-même du fait qu'il est nié de toutes nos forces, mais ce n'est jamais le cas. D'autres estiment qu'avec la force de leur volonté, ils peuvent arrêter le mal et choisir le bien. Cela marche jusqu'à un certain point, mais cela n'enlève pas la racine la plus profonde du mal. Il faut une approche spécifique que beaucoup de méthodes dogmatiques n'ont pas apportée par le passé. Beaucoup d'approches accentuent la pensée positive et empêchent la pensée négative. Cela a bien sûr un effet favorable. D'autres partent du principe d'entreprendre des actions positives et d'empêcher les actions négatives. Cela a certainement un effet favorable également, mais certaines habitudes destructrices sont difficiles à éliminer. Nous avons donc besoin de bien plus que de notre bonne intention et d'une volonté positive. Certaines structures destructrices sont tellement tenaces qu'elles sont plus fortes que tout l'engagement que nous arrivons à mobiliser pour le changement. Dans ce cas, il faut opérer un travail de transformation plus en profondeur. Comment l'entreprendre ? C'est entièrement formulé dans le cycle de la transformation. Le travail avec le soi inférieur fait partie intégrante de ce cycle. C'est précisément cet élément qui est oublié dans beaucoup de thérapies. Cela demande un grand courage et une détermination dans le travail de la transformation. Nous pouvons être forcés de le faire suite à une crise personnelle ou dans d'autres circonstances. Ou nous avons suffisamment de volonté pour nous y mettre par nous-mêmes.

Qu'est-ce que le soi inférieur ? Bien le connaître demande un peu d'étude et de pratique. Le soi inférieur a différents degrés de subtilité. Les formes les plus rustres et physiques du soi inférieur sont faciles à reconnaître : l'égoisme, la haine, l'arrogance. Nous n'avons pas besoin de faire beaucoup d'introspection pour les trouver. Mais il y a d'autres formes plus subtiles, ainsi que des formes cachées. Le plus souvent, le soi inférieur est masqué par des bonnes résolutions, des propositions tentantes ou bien par des divertissements distrayants. Le soi inférieur lui-même comprend toutes les actions, les pensées et les sentiments qui sont motivés par l'égoïsme, l'angoisse, la haine ou l'arrogance. Lorsque nous réussissons à traverser les différents cycles de transformation, nous transformons graduellement une couche du soi inférieur en une force solide, en croissance et en développement. Souvent, ce sont d'abord les couches les plus grossières qui sont transformées, suivies lentement par la récupération des parties plus subtiles du soi. Le soi inférieur est en fait cette partie de notre inconscient qui est vraiment responsable de tout le malheur, de la misère, des contretemps et des ennuis que nous rencontrons. Cela demande une prise de responsabilité énorme que de rechercher la cause de tout cela dans notre propre conscience. Nous avons plutôt tendance à blâmer l'autre, le monde, la société, les leaders, les parents pour la souffrance et les malaises que nous vivons. Trouver la cause en nous-même, ou du moins notre propre part dans la cause, est un immense témoignage de responsabilité. C'est justement cette responsabilité qui donne la force et le cadre pour une émancipation totale. Il est certes important de regarder cette responsabilité dans sa juste proportion et sa juste perspective, mais le fait de l'accepter est un pas crucial dans le processus de la transformation.

C'est une preuve de maturité quand les gens osent se confronter à leur soi inférieur. L'ego de beaucoup d'entre nous est tellement fragile que nous nous sentons immédiatement attaqués, humiliés ou insultés si nous mentionnons l'idée d'une trace de négativité ou de destructivité dans notre conscience. Cela relève de l'expression du critique intérieur de ces personnes. Elles se trouvent tellement dans la susceptibilité de leur critique intérieur négatif qu'un rien de critique de la part de l'extérieur les fait sauter au plafond d'indignation. Ces personnes se trouvent au début du cycle de la transformation. Elles ont besoin du renforcement de leur ego (personnalité) par la confirmation et/ou l'approbation extérieure à elles-mêmes tout en apprenant à adoucir leur critique intérieur.
Pour ces personnes, la première phase du cycle de la transformation donne d'énormes résultats dans le domaine des performances, de la confiance en soi et de l'esprit de groupe. Il y a beaucoup de méthodes de formation qui ne vont pas plus loin que cette phase et dans certains contextes, cela suffit amplement. Ceux qui jouissent d'une plus grande force de l'ego sont prêts à faire le pas suivant, c'est-à-dire la confrontation avec le soi inférieur. Cela résulte chez ces personnes en un ego qui ne s'affaiblira pas, qui deviendra plus flexible et s'orientera dans des directions plus positives c'est-à-dire en découvrant une force innée fondamentale profonde. Les caractéristiques de cette force sont la créativité, le courage, la générosité et le contact avec les autres. Nous reviendrons sur cela dans la description du soi supérieur.

Ancrée un peu plus profondément dans le processus de la transformation, nous trouvons la blessure. Qu'est-ce que la blessure ? Cette notion apparaît dans beaucoup de contextes : la blessure physique, la blessure émotionnelle, le traumatisme psychique. La blessure est l'endroit où nous souffrons dans notre conscience. C'est une douleur bien spécifique. Presque tous, nous avons une peur bleue d'elle, alors que ce n'est pas nécessaire. Il est normal que nous ayons tous le réflexe d'éviter la douleur et de rechercher le plaisir. Éprouver une attirance pour la joie et ressentir un dégoût pour la douleur est un réflexe de vie très basique. Or, la douleur de la blessure est une douleur bien spécifique. Simultanément à la confrontation au soi inférieur, la confrontation à la blessure est également un pas capital vers un solide changement. Il est dès lors important d'étudier la blessure de près.

Pourquoi est-ce si important de s'y confronter ? Il est difficile de donner une réponse intellectuelle à cette question. Je partage avec vous le fruit de mes expériences qui ont forgé cette opinion que j'avance aujourd'hui :
Je constate une grande différence dans la constance de la transformation entre ceux qui se confrontent à leur blessure de manière constructive et ceux qui reculent devant cette confrontation. Ceux qui osent se confronter à leur blessure en se faisant guider pour la traiter gagnent plus de profondeur dans la qualité de leur vie. Ceux qui reculent devant la confrontation se contentent d'un expédient comme solution, mais cela ne dure que quelques semaines ou, dans le meilleur des cas, quelques années. Le problème se manifestera à nouveau, dans la majorité des cas.

Le répertoire des souffrances comporte différents éléments : l'affliction, la peur du changement, la perte, le deuil, l'humiliation, le mal d'amour, l'amertume, la dépression, le sentiment d'infériorité, etc. À chaque souffrance, la réponse transformatrice doit être adaptée au contexte particulier.

S'agit-il d'une situation de travail, de famille, d'un problème de santé, de partenaire ? Nous ne décrirons pas ici la méthode du diagnostic de la souffrance ni celle de la réponse de la transformation, mais nous centrerons notre approche sur la perspective de la transformation intégrale. Lors du diagnostic de la souffrance, il faut d'abord classer l'expérience de la souffrance dans les couches de la conscience. S'agit-il d'une souffrance de masque, d'une souffrance du soi inférieur ? Est-ce la souffrance des mécanismes de l'autodéfense ? Ou bien s'agit-il d'une souffrance de la blessure authentique ? Pouvoir reconnaître de quoi il s'agit est un art en soi et demande au coach une expérience sur le chemin de la transformation intégrale de plusieurs années pour pouvoir, de manière adéquate, aider autrui dans le processus d'investigation du soi et du développement du soi.

La souffrance du masque se voit souvent accompagnée d'un sentiment de tristesse profonde ; il n'y a pas de joie, plutôt un sentiment de solitude et de perte de sens. La souffrance des mécanismes de défense est beaucoup plus aiguë : elle est active et bouge tout le temps. C'est la douleur de blesser et de se faire blesser, qui peut être très amère quand elle est accompagnée de trahison et de déception. La douleur du soi inférieur est une douleur mensongère. En fait, l'expérience même du soi inférieur est souvent l'expérience d'un plaisir négatif. Et parce que le sentiment est agréable, nous ne le reconnaissons pas comme étant négatif. C'est le plaisir qui fait du mal à autrui, puis au soi profond également. C'est par exemple la douce joie d'une action de revanche réussie. Ou bien le triomphe que nous ressentons à humilier quelqu'un que nous méprisons. Ou le succès qui nous grise quand nous trompons quelqu'un. Tout cela peut provoquer des sentiments agréables, mais ce plaisir est toujours accompagné d'une douleur (le mal de l'autre et celui de votre moi profond). Souvent, le mal est couvert par le plaisir, ce qui fait que nous ne le reconnaissons pas. Une fois le plaisir diminué ou consommé, il reste un prix à payer : un sentiment, même inconscient, de mépris du soi, de haine du soi, des névroses, des addictions, un comportement destructeur, une maladie, une dégénérescence, une perte de force, de la paranoïa et des peurs. Ce sont les maux du soi inférieur et les suites du vécu du soi inférieur. Un concept clef dans le travail de la transformation intégrale est la compréhension que le soi inférieur nous donne tant de jouissance. Ceci explique pourquoi il est si difficile d'éliminer notre nature destructrice et le mal en général dans le monde. C'est presque impossible, car notre instinct de survie cherche à toute force la jouissance. Tant que la négativité sera associée à la jouissance, notre instinct le plus bas désirera toujours la négativité. C'est aussi simple que cela.

La confrontation avec la blessure authentique est un pas incontournable dans le processus de la transformation de notre nature destructrice innée. Grâce à la confrontation de la douleur, il se produit un phénomène de déconnexion entre la négativité et l'activation de la jouissance. Sans cette déconnexion, notre besoin de destruction ne cesse jamais. Il est donc décisif d'oser confronter la blessure authentique.

Qu'est-ce que la blessure authentique ? Elle diffère d'un individu à l'autre, d'une circonstance à l'autre. Pouvoir la distinguer demande une grande sensibilité. En général, les êtres humains ont (à tort) très peur de cette confrontation et c'est la tâche du thérapeute de les aider et de les accompagner, de les encourager sans les pousser et de les guider. Quand le thérapeute est bien ajusté, la souffrance est toujours supportable pour ceux qui osent faire face à la confrontation. Au début, ils ne croient pas pouvoir le faire ; la tâche du thérapeute est de leur montrer leurs capacités profondes ou de les aider à s'en souvenir. C'est alors qu'ils arrivent à se soumettre à la confrontation. Et à la fin, ils sont toujours contents et soulagés de l'avoir fait. Mais il ne faut pas que cela n'aille trop vite ni trop lentement. Si cela va trop vite, la déconnexion du soi inférieur ne sera pas complète et il va falloir refaire le cycle entier. Si cela va trop lentement, le client risque de stagner dans sa souffrance et commencera à s'identifier à sa blessure, ce qui lui donnera un sentiment de victimisation. Mais quand l'accompagnateur est bien ajusté, à savoir quand il a adapté la volonté de son ego au soi supérieur du patient et qu'il n'a pas peur lui-même de ressentir la souffrance et celle de son patient, alors ce dernier va pouvoir concrétiser le processus entier de la transformation. Et cela dans le bon tempo.

Un autre critère pour reconnaître la souffrance de la blessure authentique est la douceur du mal. Il y a comme une douceur sucrée dans ce mal, ou plutôt juste sous le mal de la blessure authentique. C'est le genre de douceur sucrée que nous trouvons parfois dans la mélancolie, mais sans la lourdeur de la stagnation. Nous pouvons décrire certaines formes de mélancolie comme un « trafocycle » qui stagne dans le lieu même du mal. Le mal du masque et la souffrance des mécanismes de défense sont beaucoup plus difficiles. Il y a de la fermeté et de la froideur, alors que le mal de la blessure authentique est beaucoup plus doux de nature et surtout très vulnérable. C'est la peur de cette vulnérabilité et de l'inconnu qui angoisse les personnes et les empêche d'oser la confronter. Pourtant, la souffrance n'est pas tellement aiguë. Elle est moins forte que le mal de tous les mécanismes de défense que nous bâtissons autour d'elle. Le grand malentendu, qui est en même temps une conviction collective, est que le mur de protection nous défendra vraiment contre la souffrance. En vérité, il s'agit d'une douleur ajoutée à la souffrance que nous ressentons à l'origine. Enfin, ce mur de cuirasse nous épuise totalement parce qu'il nous demande énormément d'énergie, nous empêche de nous nourrir de l'intérieur, il assèche notre vie intérieure, notre bonheur, notre vitalité et notre joie. Nous devenons moins capables de nous défendre, alors que cette « dureté » nous rend de plus en plus faibles et moins résistants. La seule façon de résoudre ce dilemme est d'oser : oser ressentir, oser se regarder en face, oser transformer cette personne peureuse qui se cache derrière ce mur en une personne qui commence à connaître sa vulnérabilité et à la gérer. Cette personne ose courageusement avoir une relation en reconnaissant ses forces et ses faiblesses.

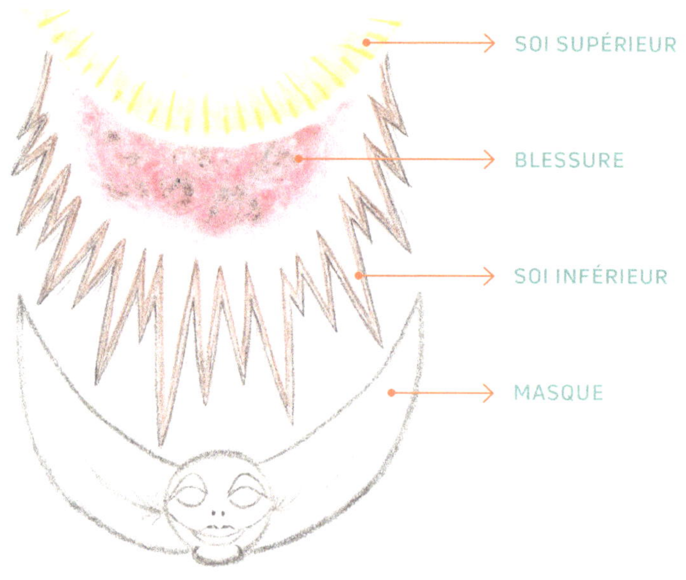

FIGURE 4 • la transformation intégrale – le paysage

La figure 4 illustre le chargement émotionnel des différents territoires du paysage de la conscience. Le soi profond a été colorié en jaune et se réfère à la fraîcheur créative, chaleureuse et affective, au courant renouvelant, bref au courant qui donne la vie. Autour de celui-ci, on trouve une couche dure de conditionnement et d'images qui donne une interprétation ou une expérience fausse de la réalité. Derrière cela, nous trouvons la blessure authentique, dessinée de façon légèrement laineuse pour montrer la douceur et l'intimité de ce mal. La foudre du soi inférieur et des mécanismes de défense exprime la dureté et la venimosité du mal qui les accompagnent. Le masque est dessiné en gris pour montrer sa froideur et sa non-vitalité. Le sourire aux yeux sans pupilles symbolise le côté faux du sourire. Il n'y a pas d'âme, pas de cœur et pas de sincérité dans la gentillesse, la bonne humeur et la politesse affichées. C'est vide et terriblement froid.

• Le conditionnement

Pour certaines personnes, la confrontation à la blessure est le maximum qu'ils peuvent accomplir dans le travail. Il s'ensuit une phase de deuil obligatoirement. Par le processus enclenché, un deuil ancien non dépassé, transcendé ou guéri peut être activé. Cette phase peut durer quelques semaines à quelques années. Concrètement, cela ne veut pas dire que cette personne se sent misérable tout ce temps et ne peut pas fonctionner. Cela veut dire qu'une certaine tristesse peut être ressentie, un certain laps de temps de guérison est nécessaire avant d'effectuer le prochain pas. Ce pas peut s'annoncer lui-même (comme tous les pas du processus de la transformation, en réalité) ou se faire avec un accompagnateur avisé. Pendant un processus de deuil, la personne gagne en force émotionnelle et en dignité intérieure.

Après avoir confronté leurs blessures, la plupart des personnes glissent automatiquement dans la phase suivante du processus de transformation. C'est la phase des compréhensions libératrices. Quand l'émotion a été suffisamment vécue, un voile se lève en quelque sorte dans la conscience du patient. Derrière celui-ci, un conditionnement a fait son travail pendant des années, une certaine structure de pensée ou de conviction. Peut-être que celle-ci était visible pour la famille ou les amis de cette personne, mais pas pour la personne elle-même. Et là, après avoir vécu et ressenti la blessure authentique, le conditionnement se révèle. Le conditionnement induit le maintien de la douleur de la situation éprouvante, l'expérience, la situation de vie. La prise de conscience et une compréhension du phénomène répétitif sont libératrices. En effet, il y a une prise de conscience et une compréhension d'une structure de caractère ainsi qu'une reconnaissance de celle-ci, qui intérieurement était déjà connue mais non révélée. Cette connaissance nous donne accès à une perturbation, à une régression et à une part négative de nous-même. Désormais, nous pouvons les transformer. Il existe des méthodes qui vont très vite faire découvrir ce qui est au fond la conviction, sans amener à la confrontation du soi inférieur ni à la confrontation de la blessure. Cela donne de bons résultats également, cependant moins solides, moins profonds. Par ailleurs, le vécu de la libération n'est pas souvent aussi intense et libérateur que si nous confrontons réellement le soi inférieur et la blessure.
D'un point de vue énergétique, les méthodes qui jouent directement sur le niveau de conditionnement sans se confronter à la blessure donnent un résultat dans la libération des couches supérieures de la conscience émotionnelle. Or, la conscience humaine est bien plus vaste que cela. Ce travail demande une bonne concentration, de la présence et de la profondeur afin de réussir une transformation intégrale. Le processus peut s'effectuer ainsi dans les couches les plus profondes de la conscience, voire dans la conscience cellulaire.

Le conditionnement englobe les croyances et les convictions. De nombreuses personnes pensent ne pas être croyantes, or cela est faux. Toute personne agit suivant une série de convictions conscientes, semi-conscientes ou inconscientes, variant de « la vie est dure », « je n'ai jamais de chance », « je suis né pour le

bonheur », « rien ne peut m'arriver » jusqu'à des convictions plus religieuses :
la croyance en Dieu, en un Dieu bienveillant, un Dieu sévère, un Dieu qui punit,
un Dieu qui pardonne et toutes les autres images qu'on peut lui attribuer. Même
l'athéisme est une croyance. La plupart des athées ont une croyance active que
Dieu n'existe pas, ce qui en soi est déjà une croyance.

• L'image

De nos jours, il existe de nombreuses religions. La science, dans certains cas, est
presque devenue une religion en soi, avec des adeptes féroces qui combattent
tout ce qui la contredit moyennant des arguments agressifs, du sarcasme et de
l'incrédulité. La raison est à trouver dans une stagnation de la souplesse mentale
chez ce genre de scientifiques ainsi que dans une identification du soi avec le
monde auquel ils croient. En effet, une théorie forte et bien développée sur la
vie crée une image dans le champ mental. Si cette image a une bonne structure,
une grande logique et des connexions cohérentes, cela donne un sentiment de
sécurité. Mais il s'agit d'une sécurité illusoire qui, tôt ou tard, éclate, car cette
image n'est pas la vie même. Ce n'est rien d'autre qu'une photo à un moment de
la vie ou d'un aspect de la vie. Dès que cela devient une image, ce n'est déjà plus
la réalité. C'est figer un moment dans le temps.En fait, la photo du paysage n'est
pas le paysage lui-même. Aussitôt après la prise de la photo, le paysage continue
à vivre et à changer. Si nous sommes persuadés que la photo est la réalité, nous
nous promenons dans le paysage tel qu'il est sur la photo, mais en réalité, le
paysage a déjà changé ; la pluie est peut-être tombée, des flaques d'eau bordent
le chemin... Si nous voulons tenir compte exclusivement de l'image de la photo,
nous ne verrons pas les flaques d'eau et nous ne les éviterons pas. Ceci semble
être une analogie peut-être simpliste, mais dans notre conscience, nous faisons
sans cesse des choix à partir d'une image intérieure que nous avons de la réalité.
Nos choix s'améliorent dès que l'image intérieure correspond à la réalité véritable.

Les images se forment presque automatiquement dans notre conscience.
Une situation qui se répète, ou qui perdure, grave une image dans notre
inconscient. Si la situation se modifie extérieurement, l'image produit une
expérience de la réalité comme auparavant parce que cette image modifiée
dérange la perception de la réalité. À travers les images dans notre conscience,
nous ne nous trouvons pas du tout dans la réalité, mais nous vivons sans cesse,
du moins en partie, dans une réalité illusoire. C'est ce que nous nommons
l'apparente réalité de nos images. Concrètement, c'est comme si nous voulions
regarder par la fenêtre et que la fenêtre était couverte de dessins. Si le jardin
change et que le soleil brille, nous ne verrons qu'une partie, tout en percevant les

dessins sur la fenêtre. Nous ne sommes pas souvent conscients des dessins sur notre fenêtre (les images) et nous croyons que les images sont la réalité. Ceci mène inévitablement à la confusion et aux malentendus et, dans des cas extrêmes, au désespoir et à la paranoïa.

Si nous nous rendons compte qu'il y a des images (les dessins sur la fenêtre de nos perceptions), nous aurons déjà fait un grand pas en avant dans le sens de la réalité. Les images auront toujours un effet sur notre expérience du monde, mais une plus grande perspective se dévoilera à nous et notre capacité à relativiser augmentera. Vous pouvez sûrement vous imaginer l'importance de la pratique de l'observateur neutre dans ce processus.

L'effet de l'image va dans deux directions : celle de colorier notre perception du monde, mais aussi la perception de nous-mêmes. Il s'agit là de notre image du soi, et il y a une grande différence entre les images idéales et les images du soi. L'image idéale fait partie de la catégorie du masque. L'image idéale est ce que nous voudrions être. C'est un idéal que nous désirons vivre, afin d'obtenir l'approbation, l'amour ou l'admiration de certaines personnes, d'un public ou de qui que ce soit. Investir dans une image idéalisée est toujours épuisant. Cela demande beaucoup d'énergie. L'image du soi est ce que nous croyons être ou ce que nous pensons être. Elle n'occasionne pas de perte d'énergie comme elle est perdue dans l'image idéale. Par contre, cela influence la façon dont notre énergie est produite. C'est un genre de moule dans lequel est fabriquée notre force vitale spontanée qui coule vers l'extérieur sous cette forme. Les images du soi ne sont pas mauvaises et sont même nécessaires. Souvent, elles accompagnent un rôle, une fonction ou un état d'âme qui a un sens ou qui est nécessaire pour notre bon fonctionnement, pour pouvoir avoir des échanges ou pour apporter quelque chose au monde. Il va de soi que notre image du soi détermine notre sens du soi. Ainsi, nous pouvons avancer la forte connexion qu'il y a entre ce que nous croyons être et ce que nous ressentons. Nos croyances sont déterminantes pour nos expériences et pour notre ressenti. Si nous pénétrons ce niveau de conscience du soi, nous obtenons une clef puissante pour déterminer nos expériences de vie. L'image du soi n'est cependant pas toujours ce que nous sommes vraiment.

• Le soi supérieur / la réalité

Notre réalité correspond à notre soi supérieur. Comment pourrait-il en être autrement ? Nous trouvons la réponse dans la dénomination même. Mais c'est bien plus qu'un nom. C'est une réalité, et c'est pour cela que nous appelons aussi le soi supérieur « réalité ». Comment connaître la réalité ? Simplement en réalisant notre soi supérieur, en réalisant qui nous sommes vraiment. Comment réaliser le soi supérieur ? Il semble paradoxal d'essayer de le réaliser. Comment pouvons-nous être autre que nous-même ? En effet : c'est par essence impossible, mais pourtant n'avez-vous jamais le sentiment d'être éloigné de vous-même ? Que votre vie semble plutôt vide et dépourvue de sens ? Pendant ces moments, vous êtes toujours vous (comment ne pas l'être ?), mais vous n'en êtes pas conscient, vous n'êtes pas en contact avec votre soi supérieur.

Il y a tant à dire du soi supérieur, et en même temps, les mots ne suffisent pas pour décrire ce phénomène. Un panneau peut vous diriger vers une ville, mais le panneau n'est pas la ville. De la même manière, nous pouvons énormément parler du soi supérieur, mais une description exhaustive est impossible parce qu'il est impossible à saisir. Nous pouvons en faire l'expérience, nous diriger dans la bonne direction, mais nous ne pouvons le comprendre parce que notre compréhension est inférieure au soi supérieur. Nous pouvons plutôt dire que notre soi supérieur comprend notre possibilité de compréhension, mais l'inverse est impossible. Nous sommes capables d'énumérer les caractéristiques et les facettes du vrai soi, mais il faut se rendre compte du fait qu'il ne s'agit que d'une description minuscule d'un tout, comme si vous décriviez le fil d'un pull-over, la bougie d'une voiture ou une étoile dans la Voie lactée. Le soi supérieur possède un tas de capacités dont nous n'utilisons qu'une infime quantité. Si vous voulez avancer dans le travail de la transformation, que ce soit sur le plan de la santé, du développement de soi, de la carrière, de la famille, des relations, des études ou de quelque domaine de vie que ce soit, il est intéressant d'entamer la recherche de votre soi supérieur, et ce, à côté des autres modalités.

Si vous regardez un moment autour de vous dans la rue et dans le monde, vous remarquez les différences entre les gens et observez une variété d'habitudes, de caractères, de valeurs. Tout cela varie d'année en année, de saison en saison. L'un des attributs du soi supérieur est son authenticité, son caractère fidèle à lui-même. C'est la raison pour laquelle, en exprimant le soi supérieur, nous ne nous soucions pas de savoir s'il est identique ou différent des autres. Il est tout simplement vrai. Ce qui n'en fait pas partie est l'imitation des autres pour nous faire apprécier ou nous sentir faire partie d'un groupe. La réaction inverse, vouloir être original à tout prix et se conduire différemment des autres, n'en fait pas non plus partie.

Quand l'expression authentique ressemble à celle des autres, c'est bien, et quand elle en diffère, c'est bien également. Être identique ou être différent n'est pas un problème pour le soi supérieur. Que le courant de la véritable expression ressemble à celui des environs ou pas, il y a toujours un élément de collaboration adapté à l'ensemble. Le soi supérieur individuel est lié de manière intelligente à la source la plus profonde des autres. Cette connexion est naturelle. Elle ne se réalise pas de manière artificielle. Par conséquent, lorsque nous sommes en train de faire comme les autres, il s'agit toujours d'une déformation de l'authenticité naturelle.

Une autre caractéristique du soi supérieur est la créativité. Dans le sens de l'expression artistique et surtout dans le sens de la création au moment présent. Chaque situation est différente, même si les circonstances semblent similaires ; deux situations ne sont jamais totalement semblables. Le soi supérieur anticipe la situation actuelle telle qu'elle est maintenant. Il n'offre jamais une répétition automatique de ce qui a bien marché par le passé ou de ce qui est dans les habitudes de la personne. Le soi supérieur peut répéter des choses, mais pas automatiquement. Il répète ce qui est bien, simplement parce que c'est bien actuellement. Être totalement dans le moment présent et suivre cet instant présent est une des caractéristiques principales du soi supérieur. Les traits qui l'accompagnent sont la clarté, la joie, un sens profond de la vie, la force vitale, le plaisir, la jouissance, l'harmonie et le bien-être. Dès que vous éprouvez quelque chose de moins que cela, vous pouvez être sûr que l'un des autres territoires du paysage de la conscience est activé : le critique négatif, la blessure, le soi inférieur, etc. Nous ne pensons pas qu'il soit réaliste d'attendre que nous puissions vivre à 100 % dans le soi supérieur. Il est plutôt réaliste de rechercher un peu plus de plaisir et un peu moins de problèmes à travers le travail de la transformation. Aller de 50 % vers 70 % du soi supérieur est déjà une évolution énorme et une formidable amélioration de la qualité de vie. Une diminution de 60 % vers 30 % du temps passé à se trouver dans la défense nous offre déjà un énorme soulagement dans le corps et dans l'esprit. Beaucoup de maux disparaissent. Les relations seront plus souples. Les négociations se passent de façon plus positive et nous amènent plus de bien, simplement à travers la transformation des mécanismes de défense.

Il y a tant à raconter sur le soi supérieur, et en même temps, les mots ne lui rendent pas justice. C'est l'expérience même qui est essentielle. La connaissance du soi supérieur n'a de sens que si elle est soutenue par un chemin actif de transformation du soi ou des réalisations actuelles. S'il n'y a pas cela, ce n'est qu'un divertissement vidé de tout sens. Comme précisé précédemment, il s'agit plus d'une expérience que d'une connaissance, et donc le progrès de la transformation du soi dépend surtout de la transmission de personne à personne, de conscience à conscience. La lumière du soi supérieur est comme le feu. Le corps et l'esprit humains sont les torches. Les torches non illuminées doivent être allumées par les torches qui brûlent déjà. C'est ainsi que le feu du travail de la transformation se répand. En termes de technologie des chakras, ceux qui sont développés ou actifs plus profondément réveilleront les chakras qui sont endormis. La façon la plus efficace d'éveiller les chakras est l'initiation ou l'inspiration en combinaison avec un programme d'autodiscipline. C'est évident dans tous les programmes de formation. Cependant, lors de la transformation intégrale, l'aspect de la conscience est bien plus sollicité que l'aspect de la connaissance.

La transformation intégrale: le cycle

Dans le premier chapitre, nous avons expliqué comment trouver la transformation intégrale dans différents domaines : dans les cycles de l'apprentissage, de l'évolution, de la guérison et de la transformation. Quel que soit le domaine que nous étudions, le cycle de la transformation traverse toujours différentes phases. Nous retrouvons ce mécanisme dans tous les domaines. Même si chaque domaine utilise un vocabulaire spécifique, le mécanisme est toujours le même. Un vrai processus de croissance est toujours l'enchaînement d'une série de cycles qui se suivent et qui traversent cinq phases de croissance : la négation ou l'ignorance, la confrontation, la transformation, la croissance ou réorganisation et l'intégration. Un cycle de croissance est toujours l'évolution d'une phase d'ignorance ou moins développée vers une phase plus large ou plus développée.

Or, tous les efforts de croissance qui se produisent dans la nature ou en l'être humain ne sont pas des phases de croissance. Il arrive aussi qu'un cycle n'aboutisse pas, qu'il retombe ou qu'il stagne. Dans ce cas, les cinq phases ne sont pas toutes traversées, ce qui bloquera le développement. De nombreuses causes font stagner la croissance. Si le cycle de la transformation intégrale est compris, celui-ci nous aide à trouver les raisons du blocage ou de la stagnation pour les transformer en ressources. Pour chaque phase du cycle de croissance, il y a un « contexte » idéal pour accompagner la personne dans son processus. Pour une personne éprouvant une résistance intérieure, l'accompagnement sera différent que pour une personne se trouvant dans la phase de la transformation. Il n'existe donc pas un seul contexte qui soit « terreau universel » pour l'évolution. Le contexte doit être adapté et effectif afin d'aider la personne à passer d'une phase à l'autre.

Il n'est pas possible de sauter certaines phases. Quelqu'un qui passe de la phase de la confrontation à la phase de l'intégration manque une partie importante du travail de la transformation. Un tel cycle de croissance manque de force et de solidité et les compréhensions intégrées n'auront que peu de fondement. L'évolution naturelle peut s'avérer trompeuse. La croissance illusoire n'est rien d'autre qu'un genre de masque et ne résiste pas à l'épreuve du temps.

Nous proposons d'expliquer les cinq phases du cycle de la transformation à l'aide d'un exemple tel que le cycle d'apprentissage. Un étudiant suit une formation pour évoluer d'un niveau de connaissance vers un niveau plus élevé. La première phase est la phase d'ignorance. Ignorance ne veut pas dire ici que cet étudiant ne sait rien du tout, mais plutôt qu'il ignore le processus d'apprentissage qui s'amorce. Nous partons du principe que l'étudiant commence ses études avec courage et motivation, car les deux sont nécessaires pour pouvoir traverser les différents stades du processus d'apprentissage.

Dans la phase de négation, des résistances intérieures se présentent et sont à surmonter. Elles sont dues à une inertie naturelle de l'intelligence. Là encore, la loi de la lenteur est active, loi qui veut que les choses aient tendance à ne pas vouloir changer. L'intelligence veut demeurer « ignorante », car elle n'a pas envie de faire un effort. Cette inertie naturelle est aussi une forme de paresse mentale. Il ne sert à rien de juger ni de nier ce fait, il faut plutôt le reconnaître pour ce qu'il est. Avec une motivation adéquate, l'étudiant se trouvera dans la prochaine phase : celle de la confrontation. Bien que les choses nouvelles ne soient pas encore apprises, dans cette phase de confrontation, il y a la prise de conscience du nouveau, de l'inconnu. Il y a la prise de conscience d'un savoir accru, de nouveaux systèmes, de nouvelles technologies, de nouvelles théories, etc. Chacun réagit différemment à la confrontation, mais il y a toujours un élément de chaos et d'agitation émotionnelle. Ressentir ce chaos comme agréable ou désagréable dépend fortement de la personnalité de chacun et du domaine confronté. Mais lors de la confrontation, il y a toujours une porte qui s'ouvre, un voile qui se lève. Le plus grand système peut à présent pénétrer l'ancien. Certaines personnes éprouvent de l'excitation, d'autres de l'angoisse, d'autres encore de la fascination et d'autres enfin se sentiront envahis. Pour que le cycle de la croissance réussisse, il n'est pas nécessaire de le vivre comme agréable ou désagréable. La seule chose importante pour l'évolution est de continuer le cycle sans le faire stagner. Quoi qu'il en soit, la confrontation est momentanément chargée et agitée émotionnellement. Si nous passons ce stade ou si nous le minimisons, il y a trop peu de pression émotionnelle dans le cycle de croissance et le nouveau système de connaissance ne produira pas une empreinte suffisante dans la conscience de l'étudiant.

Quand la confrontation est assez forte, l'étudiant suffisamment motivé pour continuer à évoluer, vient alors la phase de transformation. L'ancien et le nouveau système de connaissances sont à présent réellement en échanges mutuels. Voilà une nouvelle phase émotionnellement intense dans le cycle de l'apprentissage. L'ancien et le neuf sont pesés ensemble. Il y a d'un côté l'inertie naturelle qui veut s'accrocher à ce qui est déjà connu et de l'autre le chaos de la confrontation qui fait que nous ne pouvons plus nier le nouveau. Cela cause de la frustration dans le champ mental de l'étudiant. Cette dernière peut même devenir souffrance émotionnelle, chagrin, voire désespoir. Certaines personnes apprécient ce genre de frustrations pendant leurs études. Cela les inspire, les fascine, elles se sentent vivantes en attaquant la nouvelle matière. Pour d'autres, cette frustration peut être un véritable enfer qui les mène au désespoir. Ici aussi, peu importe que les étudiants aient du plaisir à étudier ou non. C'est l'assimilation sincère de la matière qui détermine l'intégration du savoir. C'est ensuite l'empreinte émotionnelle qui y est attachée qui détermine si le nouveau savoir est assimilé pour une longue durée ou non. L'autorité du professeur peut jouer un rôle déterminant. Par autorité, nous voulons dire la combinaison de la maîtrise des matières et la pression émotionnelle que le professeur exerce sur les étudiants. S'il n'y a pas assez de pression, l'information ne trouve pas racine ; si la pression est trop grande, les étudiants peuvent se sentir pris au dépourvu.

Dans cette phase de transformation, le cerveau est vraiment surchargé, mais beaucoup d'intellectuels ne trouvent pas cela désagréable. La douleur de la transformation comprend la démolition de structures qui ne survivent pas à la confrontation avec le nouveau système de connaissance. Leur validité est réduite à néant, ce qui crée de l'insécurité dans le champ mental. Les étudiants ne pouvant pas accepter cette incertitude auront tendance à penser plutôt en noir et blanc ou tireront trop vite leurs conclusions : soit ils rejetteront le nouveau en embrassant l'ancien, soit ils rejetteront l'ancien en se jetant totalement sur le nouveau. Les étudiants qui acceptent l'incertitude créent alors une ouverture pour envisager d'un œil critique le nouveau comme l'ancien. L'ancien est éclairé par la lumière nouvelle et il est possible qu'il gagne plus de valeur et de force de conviction ou il se peut très bien qu'il soit remis en question, adapté ou remplacé par le nouveau. Il se pourrait également que l'étudiant lui-même tire une conclusion qui réunit les deux systèmes dans un tout acceptable. La transformation est le changement. Après la confrontation, l'ancien ne reste jamais exactement comme il était auparavant : il est renforcé, changé, renouvelé ou intégré dans quelque chose de nouveau.

L'étudiant se trouve aux portes de la phase de croissance. Il est au sein d'un nouveau système de connaissance. Si la transformation a vraiment lieu, l'étudiant se trouve dorénavant dans un territoire nouveau et inconnu pour lui. Ne pas vraiment connaître ce nouveau système peut s'accompagner d'un sentiment de vide, d'incertitude ou bien d'impuissance. D'autres personnes se sentent plutôt stimulées et inspirées par le nouveau. Là aussi, il n'est pas important que la phase de croissance soit vécue comme agréable ou désagréable. Si l'intention sous-jacente de croissance est forte et stable, cette phase sera un succès. Le nouveau devra être pratiqué, testé et vécu, arrivera ensuite la phase d'intégration. L'enrichissement du neuf et la sauvegarde utile de l'ancien se combinent dans un contexte plus large.

L'intégration est une phase bien plus calme, ce qui ne veut pas forcément dire qu'elle est inactive. Elle est paisible et harmonieuse de nature. Intérieurement tout comme à l'extérieur, tout fonctionne bien. Le tout est peu à peu intégré et devient habituel, normal. Jusqu'à ce qu'… une nouvelle impulsion de croissance se manifeste. Voilà donc un exemple de la philosophie de la transformation, mais pas encore de la philosophie de la transformation intégrale parce qu'il s'agit seulement dans ce cas du processus d'apprentissage mental avec son contexte émotionnel.

Dans l'approche intégrale, le processus d'apprentissage est vu et travaillé des points de vue physique, émotionnel, mental, énergétique, psychique et spirituel. En observant le cycle de la transformation intégrale, nous comprenons qu'il s'agit d'un phénomène très vaste. Il comprend la transformation aussi bien du corps, de la personnalité, de l'âme et de l'esprit de l'entité humaine. La complexité de tous ces aspects, leur concordance mutuelle et leur interaction dépassent de loin la compréhension humaine.

C'est pour cela qu'une approche mentale de la transformation intégrale est impossible, simplement parce que même la capacité mentale du plus grand génie est insuffisante pour comprendre l'être intégré qu'est un être humain, et encore moins pour le guider. Nous avons besoin d'outils plus sophistiqués pour mener à bien une telle entreprise, c'est-à-dire l'observateur neutre, l'intention et la conscience. Une bonne compréhension et une vision lucide font partie intégrante de l'approche intégrale, mais ce que l'on veut dire ici avec le mot « conscience » va bien plus loin que la signification traditionnelle du mot : ce sont les moyens intellectuels. Le mot « intention » est aussi une notion plus profonde que ce que nous pouvons penser en première intention, à savoir la volonté. Certes, l'intention comprend la volonté, mais elle est en même temps bien plus vaste et significative.

Si ces trois outils sont suffisamment pratiqués, si nous comprenons bien les tenants et aboutissants de nos propres expériences et le processus de la transformation individuelle, nous répondrons à d'importants critères pour pouvoir éventuellement accompagner d'autres personnes dans leur processus de transformation. Le cycle de la transformation intégrale connaît également les cinq phases de transformation. Tout d'abord, la négation et l'ignorance : d'une certaine manière, nous vivons continuellement dans un état d'ignorance par rapport à ce que nous n'avons pas encore vécu. Et d'une certaine manière, nous investissons continuellement de l'énergie en ne voulant pas voir, écouter ou vivre certains éléments que nous rencontrons sur le chemin de notre vie. Tout cela se produit au travers de la gamme des masques et des mécanismes de défense déployés par notre personnalité. Quand la pression du courant de l'évolution est plus grande que notre défense, nous nous voyons confrontés à un élément nouveau. Cette confrontation peut s'effectuer lors d'une maladie, d'une perte, d'un bonheur, d'un conflit, d'un accident, d'une chance, d'une dépression, ou quelle que soit l'expérience de vie qui nous force à regarder quelque chose en face.

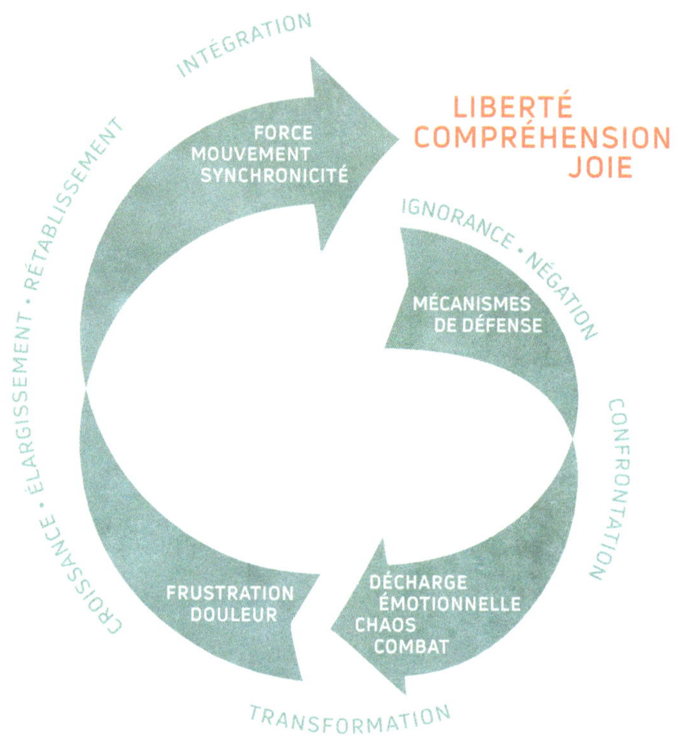

FIGURE 5 · le cycle de la transformation intégrale

Après la confrontation vient la phase tumultueuse du chaos. Une phase qui amène beaucoup d'émotions : la colère, le chagrin, la blessure, la victimisation, l'agression, les reproches, la peur, la rancune, la haine, l'état amoureux, l'excitation, la paralysie, la confusion et bien d'autres choses. Ces décharges émotionnelles peuvent être très expressives ou très silencieuses. Faire la tête, refouler, bouder, grogner, intérioriser, être absent sont tous des exemples de réactions émotionnelles qui ne font pas de bruit, mais qui ont un poids énergétique énorme dans une situation. Il est tout à fait normal, dans cette phase, de balancer entre le critique intérieur, le masque, le mécanisme de défense, le soi inférieur, la blessure, le soi supérieur et les conditionnements. Tout le paysage de la conscience se voit donc secoué et les différents domaines sont stimulés et activés chacun à son tour.

C'est un art de pouvoir ainsi accepter les émotions avec ce va-et-vient sans réagir émotionnellement. Il s'agit là d'un effort pratiquement surhumain et pour lequel nous avons bien besoin d'aide. Si toutes ces émotions n'ont pas l'espace pour être « ventilées », elles restent « cloîtrées » dans le subconscient et font des dégâts. Ceux-ci peuvent se manifester sous forme de sabotage des relations, de carrière, de la santé, des circonstances de vie, de la prospérité, etc. Voilà pourquoi le refoulement peut finalement avoir des conséquences néfastes. D'un autre côté, il n'est pas souhaitable ni approprié d'agir à partir de ces émotions en réagissant physiquement ou verbalement aux autres. Cela peut également avoir des conséquences néfastes. Les outils dont nous nous servons sont donc l'observateur neutre (ON) et l'intention, car ils nous aident à naviguer habilement entre les deux extrêmes indésirables du refoulement et du vécu aveugle des émotions. Dans ce processus de transformation intégrale, nous voyons apparaître sur le soi inférieur.

Plus le soi inférieur se décharge dans un contexte adéquat, plus nous pouvons progresser dans notre évolution. En général, les êtres humains en ont souvent honte, ou bien ont peur du soi inférieur, mais lorsqu'ils se permettent cette décharge, la libération et le renforcement qui en découlent ont une valeur immense.

Grâce à la « secousse » de la conscience, les choses se mettent en mouvement, les choses peuvent changer et faciliter la transformation. Dans cette phase, l'intention sous-jacente couplée à la conscience globale jouent un rôle important car elles déterminent si les changements évoluent dans la bonne ou dans la mauvaise direction. Le tumulte et le mouvement de la confrontation et du chaos sont tout d'abord nécessaires pour rendre le changement possible, puis ils ouvrent vers beaucoup de possibilités. Les outils de la transformation intégrale sont dans cette phase les facteurs déterminants pour que la transformation réussisse, sans quoi le cycle ne sera pas accompli. Nous répétons que l'outil de la transformation intégrale appelé « conscience » est une notion bien plus vaste que nos capacités mentales. En effet, dans l'intensité des émotions et du chaos, nos capacités mentales peuvent être désorganisées. Cette désorganisation temporaire est nécessaire afin que le champ mental puisse faire partie intégrante du processus de changement.

Avec la bonne intention et la bonne conscience, la phase de transformation passe à la phase de croissance ou de réorganisation. Il s'agit toujours d'une phase fortement chargée en émotions, mais nous voilà dans le domaine des émotions primaires, tandis que dans la phase précédente, nous nous trouvions dans un mélange non contrôlé d'émotions primaires et secondaires. Les émotions primaires peuvent être la colère, le chagrin, la douleur, la peur et la frustration. Ressentir, vivre, canaliser et travailler ces émotions font partie du processus de la croissance et de réorganisation. Pour chaque émotion et le thème qui l'accompagne, il existe une méthode spécifique de support et d'accompagnement de la personne. Il est important de choisir un accompagnateur capable d'utiliser la méthode adéquate.

Après la phase de croissance, nous voilà à la phase d'intégration, qui se veut moins émotionnelle, mais qui nourrit quand même des sentiments. La charge des émotions est plus légère, plus harmonieuse, joyeuse, agréable et pleine de vitalité. Le « travail » de la transformation est maintenant achevé et la personne peut se réjouir d'avoir accompli un cycle. Nous continuons notre vie avec de nouvelles forces, des qualités que nous ne connaissions pas, avec des blessures soignées et en intégrant le tout dans la vie de tous les jours. Voilà donc le but de la transformation intégrale : enrichir la vie au quotidien, l'approfondir, l'améliorer, la rendre plus pleine, plus heureuse. En observant de près la vie de tous les jours, nous découvrons qu'elle n'est rien d'autre qu'une chaîne de cycles de croissance. Certains sont traversés tout simplement en suivant notre instinct, d'autres sont des cycles biologiques qui se dévoileront d'eux-mêmes sans notre intervention, d'autres encore sont vécus à travers l'éducation, les études, le sport, les loisirs et les différentes expériences de la vie.

Il y a une manière bien spécifique de passer d'une phase à l'autre. Cela ne peut aller ni trop vite ni trop lentement. Une évolution trop rapide diminue la force, la profondeur et la solidité de l'évolution. Une évolution trop lente s'accompagne d'un risque de rechute ou de stagnation.

« Ton père est resté dans les années 1960 », chante Paul van Vliet. Ceci peut être vrai aussi pour le cycle de la transformation. Nous pouvons stagner dans la phase de la résistance ou dans la phase du chaos, par exemple. Pour chaque étape, il y a une juste chronologie et un bon timing. Il faut avoir étudié la question, avoir du métier et de l'expérience pour savoir les apprécier. Pour la personne qui les traverse, une certaine attitude est nécessaire. Mais aussi pour celle qui accompagne. Pour chaque phase, une position et une attitude sont à adopter afin de créer le juste climat et le bon contexte pour servir au mieux la personne accompagnée.

Le pouvoir
de l'interprétation

Supposons qu'il y ait cinq témoins d'un même accident de voiture. Par la suite, vous demandez aux cinq témoins de raconter l'accident, vous obtiendrez cinq histoires différentes. L'un parlera des dégâts matériels, le deuxième de l'aide apportée, le troisième de l'expression sur le visage de la victime, le quatrième de ses propres émotions et le dernier ne voudra peut-être pas parler du tout. Ce sont toutes des réactions possibles face à un seul événement. Il va de soi que les cinq personnes ont enregistré les éléments de l'accident de manière totalement personnelle ; elles les ont ensuite interprétés à leur propre manière, ce qui les a menées à leur propre vérité. En fait, chacun réagit à sa façon, selon son propre système d'appréciation.

Le mécanisme d'enregistrement des sens

Dans cet exemple fictif, nous pouvons distinguer six stades:
1.   les faits de l'événement
2.   l'enregistrement
3.   l'interprétation
4.   la signification
5.   le système des valeurs
6.   la réaction

Dans les tâches quotidiennes, nous courons le risque de traverser tous ces stades plutôt inconsciemment, si inconsciemment que nous ne nous rendons pas compte de l'influence de notre appareil d'enregistrement et des mécanismes d'interprétation. Le monde se présente à nous sous toutes sortes de formes, de couleurs, d'odeurs et d'événements.

Le jeu entier s'ouvre à nos sens, de jour en jour. Cependant, la partie que nous enregistrons n'est qu'une fraction de tous les phénomènes qui se présentent. Elle est filtrée à travers des mécanismes de réglage spécifiques. Tous, nous vivons le monde à travers un filtre qui a été forgé individuellement par notre disposition génétique, par le contenu, le climat de notre éducation, par notre formation et par les expériences de vie, etc. Ce filtre colore en majeure partie notre perception et crée de cette façon un premier voile ou un écran entre la manière dans laquelle nous enregistrons la réalité et la façon dont celle-ci se présente vraiment à nous.

Par exemple, les enfants d'un garagiste voient certainement les voitures qui passent avec plus de détails que les enfants d'un boulanger. Le metteur en scène regarde un film avec d'autres yeux que le spectateur décontracté. Le sauveteur observe la plage différemment des enfants qui y jouent.

Ce que nous enregistrons est donc fortement déterminé par notre champ de vision conscient comme inconscient. Ce qui nous intéresse beaucoup nous saute immédiatement aux yeux tandis que ce qui ne nous intéresse pas disparaît aussitôt dans l'inconscient. Cela ne veut pas dire qu'il n'a pas d'effet sur nous, mais plutôt que nous ne nous rendons pas compte.

Quand les sens sont animés, tout un mécanisme d'enregistrement et d'interprétation est mis en marche. Sans ce système d'interprétation, nos perceptions sensorielles n'ont pratiquement pas de signification.
Quand nous partons à l'étranger et entendons une langue qui nous est inconnue, nous ne percevons qu'une suite de sons. Si nous parlons cette langue, ces mêmes sons ont une signification, mais seulement si nous sommes guidés par notre système d'interprétation. Il en est de même pour l'écriture. Celui qui ne peut pas lire le chinois ne voit que des gribouillis dans les caractères chinois, tandis que celui qui comprend la langue comprend l'histoire que racontent ces caractères, mais uniquement si son système d'interprétation est doublé d'une signification intérieure.

C'est la signification intérieure qui détermine notre expérience. Un Européen qui lit un journal chinois enregistre les gribouillis, considère le journal comme quelque chose d'illisible et n'y comprend rien. Il réagit certainement en mettant le journal de côté pour porter son attention sur autre chose. Quand un Chinois lit le même journal, il attribue une signification à tous ces caractères, parce que son système d'interprétation les met en lien avec des images intérieures. Malgré tout, cette réaction dépend d'un Chinois à l'autre. Celui qui possède des actions dans telle entreprise lit avec contrariété que cette entreprise a fait faillite, tandis que celui qui a vendu ses actions juste à temps se sent probablement soulagé. Celui qui ne possède pas d'actions n'a presque pas de réaction intérieure.

Nous pouvons voir ici que notre appréciation de la signification des choses dépend totalement de nos intérêts personnels. Le premier lecteur qui lit les informations sur les actions est personnellement affecté par la signification de l'article et réagit peut-être avec angoisse ou colère. Le second a évité de justesse un préjudice personnel et peut peut-être réagir avec joie, gratitude ou même arrogance vis-à-vis de celui qui a réagi trop tard. Le troisième, pour qui l'article n'a aucun lien avec son système de valeurs personnel, est sans réaction.

Dans ces exemples simples, la trajectoire est tracée entre le monde qui stimule nos sens et les sensations que nous éprouvons. Souvent, nous ne nous rendons simplement pas compte des enchaînements complexes entre le fait et l'expérience, mais un jeu très personnel se joue à ce niveau, illustré par la figure 6.

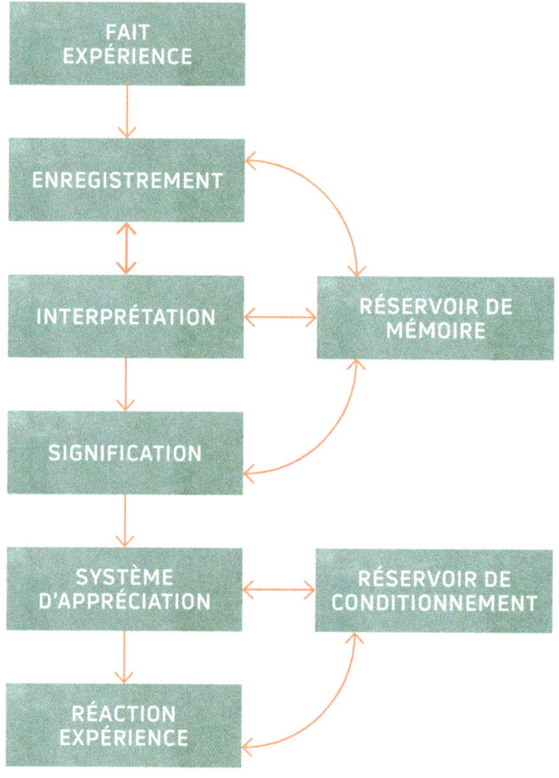

FIGURE 6 • processus d'interprétation

Pourquoi nous arrêter sur ce schéma ? Il y a de nombreuses raisons, mais toutes reviennent à ceci : si nous voulons véritablement être heureux et libres, il est très important d'observer ce schéma de près. Pourquoi ? Simplement parce que si nous continuons à nous plonger dans toutes les besognes du quotidien, nous finirons par nous identifier totalement avec les faits du monde extérieur. Ce qui veut dire que nous ignorons totalement les étapes 2 à 5 et que nous assimilons inconsciemment nos réflexes conditionnés à certains faits du monde extérieur.

Si nous restons plongés dans cette identification pour notre expérience
intérieure (stade 6), nous serons dépendants du monde extérieur à 100 %
(stade 1). Dans cet état d'inconscience, nous sommes coincés en compagnie de
deux facteurs trompeurs. D'abord, nous croyons aveuglément à notre système
d'interprétation, ce qui nous donne une interprétation totalement fausse de la
réalité. Deuxièmement, notre expérience intérieure est entièrement dominée par
le monde extérieur. Cela produit un sentiment très désagréable. Deux raisons à
cela :
La première est le sentiment de soumission et d'insécurité qui surgit si nous
pensons être totalement dépendants. Il y a là, dans ce monde extérieur, quelque
chose qui contrôle notre bonheur ou notre misère. Cette dépendance ultime est
horrible.
La deuxième raison est que ce n'est pas vrai. Il est évidemment faux que nous
dépendions du monde extérieur (stade 1) pour notre bien-être intérieur (stade 6).
Il s'agit là d'une perception subtile qui peut se faire dépasser facilement par celle
qui la précède, mais elle est en fait plus fondamentale.
Or, cela peut se manifester sous de nombreuses formes. Les expressions
suivantes en sont des exemples :

- « Parce que le gouvernement est tombé, j'ai peur et je n'ose pas prendre des
  initiatives »
- « Parce que tu as trouvé un petit ami, je me sens seul »
- « Parce que tu as oublié de faire la vaisselle, je me sens exploité »
- « Parce que tu es fatigué, je m'ennuie »
- « Parce que mon employeur est de mauvaise humeur, j'ai peur »
- « Parce que mon enfant n'est pas bon en maths, je me sens coupable »

Peut-être comprenez-vous à travers ces exemples qu'en se « suridentifiant »,
nous cédons beaucoup trop de pouvoir au monde extérieur et nous renonçons
ainsi à l'autonomie et à la mobilité intérieure. J'y reviendrai plus tard.

Il est intéressant de jeter d'abord un coup d'œil sur le système de l'interprétation.
Le réservoir de la mémoire est un entrepôt immense de modèles de
reconnaissance cognitive, psychologique et viscérale dans notre conscience.
Il contient, outre la mémoire mentale / cognitive, bien d'autres fonctions de la
mémoire : la mémoire émotionnelle, psychique, la mémoire des cellules et bien
d'autres. Il est important d'observer que l'enregistrement lui-même est déjà en
partie teinté par notre réservoir de mémoire. Comme nous l'avons vu dans les
exemples précédents, certains faits sont enregistrés plus facilement que d'autres.
Les faits avec lesquels nous sommes à l'aise car nous les connaissons bien sont
enregistrés plus facilement que des éléments neufs et/ou inconnus. Voilà déjà
une première fonction de filtrage importante. Ensuite, le système d'interprétation

va comparer les stimuli de la transmission de la perception avec des modèles de reconnaissance qui sont déjà stockés dans le réservoir de la mémoire. Là aussi, le système d'interprétation se reporte plus facilement à des empreintes plus régulières, plus récentes ou plus profondes. Voilà une deuxième coloration qui se fait dans notre système de perception. Ensuite, le mécanisme de la comparaison explique les expériences enregistrées. Ainsi, si nos sens sont touchés par des stimuli physiques, notre cerveau les traduit aussitôt en signification pour ensuite continuer à travailler avec cette signification.

Remarquez-vous tous les facteurs intermédiaires qui se mettent en marche lorsque nous observons le monde autour de nous ? Est-ce que vous commencez à comprendre les mécanismes qui dirigent et colorent nos observations ? Vous allez comprendre de mieux en mieux l'importance de pratiquer l'observateur neutre. Il s'agit bien de pratiquer : c'est un art que nous devons apprendre à exercer. L'observateur neutre nous aide à purifier et à affiner notre appareil d'observation.

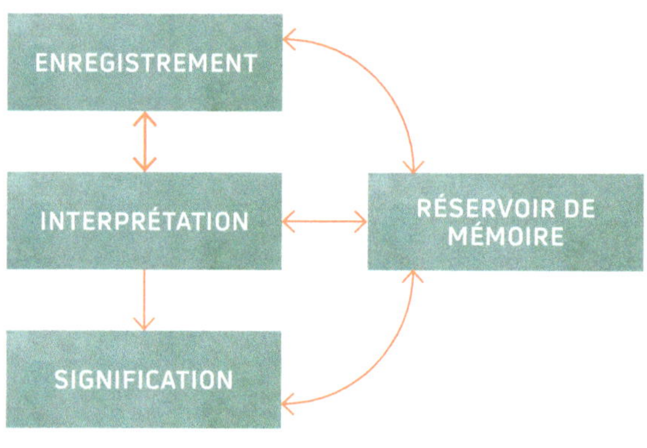

FIGURE 7 · mécanisme d'interprétation

La figure 7 montre le feed-back de la signification vers le réservoir de la mémoire. Chaque conclusion, signification que nous donnons est stockée dans l'entrepôt de la mémoire, ce qui nous donne de plus en plus de modèles de référence (expériences de vie) dans notre répertoire. Je répète que l'observateur neutre affine et purifie toute cette mécanique. La purification comprend tout d'abord le nettoyage du filtre, ce qui permet d'augmenter la capacité d'enregistrement. Ensuite, la purification comprend l'augmentation de l'ouverture d'esprit lors de l'interprétation. Nous pouvons rester plus neutres en reconnaissant les signaux qu'en leur collant immédiatement un sens. L'esprit peut mieux s'en tenir aux stimuli sensoriels et apprendre davantage à partir de ces stimuli. Cela mène aussitôt vers un affinement de l'observation sensorielle. Les couleurs deviennent plus claires, les formes sont plus définies. Les sons sont plus vifs et des combinaisons de sons complexes peuvent être reconnues. Les sens du toucher et du goût s'intensifient.

Un deuxième raffinement que nous développons avec l'observateur neutre est celui du rafraîchissement du réservoir de la mémoire. Non seulement il y a de plus en plus de modèles de reconnaissance dans la gamme, mais le travail de l'observateur neutre rend également le réservoir de la mémoire plus consciencieux et détaillé, ce qui rend plus pointus l'interprétation et l'enregistrement. Nous maîtrisons mieux nos sens et, par conséquent, nos perceptions deviennent plus fiables. Nous sommes plus dans la réalité. En travaillant simplement cette partie de notre système d'appréciation, de nombreux troubles de la communication peuvent s'éclaircir. Combien de fois n'avez-vous pas remarqué que les gens entendent une tout autre interprétation que celui que vous avez émis en parlant ? Et combien de fois ne vous rendez-vous pas compte que vous avez interprété un message totalement de travers ? Et combien de fois ne sentez-vous pas, en étant le troisième observateur, qu'il y a un malentendu entre des individus ?

    Exemples:
    A dit : « Demain, je ne viendrai pas » (Elle a par exemple un rendez-vous médical)
    B interprète : « Je l'ai déçue »
    A montre un visage terne (parce qu'il a mal au dos)
    B interprète : « Il trouve ma dernière remarque stupide »
    A bâille (il a mal dormi la nuit dernière)
    B interprète : « Je l'ennuie »

Ce sont là des exemples typiques d'attribution d'une définition trop rapide à une donnée extérieure. Il sera dès lors utile de regarder de près le système d'appréciation (voir la figure 8 à la page suivante).

Une fois que notre conscience a donné un sens aux stimuli sensoriels obtenus grâce à l'appareil d'enregistrement et d'interprétation, nous ne sommes pas encore prêts pour l'expérience. Celle-ci est déterminée par un autre mécanisme qui se trouve entre les deux : le système d'appréciation. Ce système octroie une appréciation à toute signification que nous attribuons aux stimuli sensoriels vécus. Dans sa forme la plus rudimentaire, trois réactions d'appréciation sont possibles : bonne, mauvaise, sans opinion. Ces trois appréciations vont provoquer respectivement les trois réactions sensorielles suivantes : agréable, désagréable et neutre. Ces trois réactions tendent vers l'un des trois réflexes suivants : attirer, repousser ou sans réaction. Faites attention à la différence entre neutre et indifférent. Une appréciation neutre ne mène pas à une réaction, mais elle n'est pas semblable à l'indifférence. La différence réside dans la présence. Lors de l'appréciation neutre, il y a peut-être encore un enregistrement, mais aussi un découplement entre la signification et la réaction. Il y a un genre d'assourdissement ou de paralysie du mécanisme de la réaction, tandis que lors d'une appréciation neutre, le mécanisme de la réaction reste en éveil (disponible), mais n'est simplement pas encore activé.

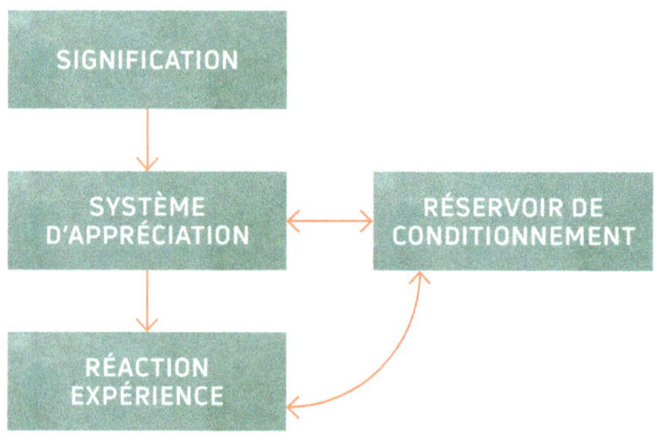

FIGURE 8 · système d'évaluation

Ici, la pratique de l'observateur neutre a quatre effets différents :

1.
Elle apaise des réactions extrêmes, surtout lorsqu'elles sont disproportionnées par rapport à la véritable signification des faits ;

2.
Elle donne conscience et clarté au système d'appréciation et à l'échelle des valeurs qui sont opérationnelles. Selon le développement de votre conscience, vous vous apercevez qu'il y a toujours une combinaison de systèmes d'appréciation actifs : la conscience personnelle, la conscience de

famille, la conscience sociale et culturelle, la conscience collective et peut-être même d'autres consciences inconscientes. Ils peuvent être actifs simultanément ou en alternance ; ils peuvent coopérer ou bien se faire obstacle. L'observateur neutre donne plus de clarté (ce qui n'équivaut pas à une clarification : celle-ci demande un travail de processus actif dans lequel la clarté de l'ON est d'une valeur inestimable) ;

3.
l'ON donne également une conscience au réservoir de conditionnement qui influence et parfois même domine le système d'appréciation. Une conscience de ce réservoir est le premier pas vers la liberté. Tant que la conscience manque, ces conditionnements travaillent automatiquement sans contrôle ou sans décision personnelle. Dès qu'il y a une conscience, nous observons les premiers mécanismes et pouvons les évaluer avec discernement. Est-ce que ces conditionnements servent mon bien-être, ou bien est-ce qu'ils le freinent ? Est-ce que ces conditionnements sont en concordance avec mes désirs les plus profonds ou bien est-ce qu'ils leur font obstacle ? Voilà toutes les observations possibles dès que l'ON est assez développé pour rendre visible et conscient le système de conditionnement. Il va de soi que, dès que la conscience est présente, un chemin s'ouvre au changement (l'amélioration) si celui-ci est désiré ;

4.
l'ON rend également visible le fait que nos réactions et sentiments sont plus déterminés par notre système d'appréciation et de conditionnements que par les stimuli sensoriels que nous recevons ainsi que par le sens que nous leur donnons. Par conséquent, nous avons plus de liberté et de maîtrise sur nos réactions et nos sentiments, c'est-à-dire plus de contrôle du soi (ce qui diffère de la résistance). La résistance est le contrôle par la volonté de réactions et de sentiments inconscients, ce qui crée une rigidité et une soumission. Le contrôle du soi se développe dans une liberté et une acceptation totale des sentiments et des réactions existants, mais en ayant une compréhension et une connaissance des mécanismes sous-jacents qui sont la cause des émotions et des sentiments. Par cette compréhension naît la capacité de faire des choix conscients. Et la capacité de faire des choix est une vraie liberté. Nous évoluons vers une situation où nous choisissons consciemment nos expériences. Voyez-vous la différence ?

Dans la figure 8, vous trouvez également une flèche qui part de la réaction vers le réservoir de conditionnement pour faire en sorte que celui-ci soit enrichi, rempli et corrigé sans cesse par des réactions et des expériences nouvelles.

Nos conditionnements ne sont donc certes pas des données statiques. Heureusement ! Chaque expérience que nous vivons ajoute une couleur ou change la couleur du réservoir. Notre système d'appréciation et notre conscience sont sans cesse assujettis aux changements, basés sur les expériences de vie que nous accumulons. C'est un échange qui va dans toutes les directions. Nos expériences de vie influencent nos conditionnements, qui, à leur tour, influencent notre système d'appréciation, qui, à son tour, détermine nos réactions sur le sens que nous donnons à nos observations sensorielles. La façon dont on réagit actuellement aux stimuli est fortement colorée par ce que nous avons vécu auparavant, et ce que nous vivons maintenant influence à son tour la façon dont nous réagirons aux situations demain.

Si nous nous sentons bloqués et impuissants dans une situation pénible, il est grand temps d'ouvrir le jeu intérieur vers une conscience élargie. Dans le travail de la transformation, nous utilisons la méthode ABC. C'est une prise de conscience brève mais très efficace qui mène souvent à un dénouement important. Le but est d'obtenir plus de mobilité, de flexibilité et d'espace pour des forces et des possibilités personnelles que nous pensions auparavant quasiment inexistantes.

La méthode ABC

La méthode ABC commence avec une prise de conscience écrite, mais si nous l'intériorisons après l'avoir pratiquée un certain temps, le cerveau commence à l'utiliser de façon automatique, ce qui donne des résultats tout à fait satisfaisants. Bien que cette méthode ne soit pas du tout sophistiquée, elle conduit à des ouvertures profondes dans notre psyché. Il est absolument nécessaire de commencer au début. La procédure simple est la suivante : vous prenez une feuille et la partagez en trois colonnes, A, B et C. Au début, vous utilisez seulement la première colonne, A, et la dernière, C. Sur cette feuille, vous écrivez une courte description des situations ou expériences qui ont provoqué en vous une réaction intense. Dans la colonne A, vous écrivez les faits de l'expérience, et dans la colonne C, vous indiquez le SENTIMENT que vous a donné l'expérience. Ceci peut déjà constituer un défi pour certains. Pour d'autres, il peut être très difficile d'écrire les faits dans la colonne A. Au début, on écrit souvent une justification, un reproche ou une accusation.

Il y a aussi des personnes qui sont tout à fait fermées à ce qui se passe en elles sur les plans émotionnel et physique. Elles trouvent très difficile de noter le vécu sentimental dans la colonne C. Elles notent alors des interprétations ou des rationalisations. Cette méthode leur permet de s'éloigner de leurs émotions, sentiments et vécus. Ces personnes-là doivent d'abord pratiquer une observation de ces aspects de leur personnalité. Bien qu'il soit très courant d'éviter ou de fuir les sentiments et les émotions dans nos journées confortables et pleines de divertissements passifs, l'assourdissement physique et émotionnel (c'est-à-dire l'inconscience) est un obstacle important à l'harmonie, la santé, le bien-être et une joie durable. L'observation et la reconnaissance de signaux émotionnels et physiques sont absolument nécessaires. Sans la reconnaissance de ces signaux fondamentaux, toute analyse de soi n'a pas plus d'effet qu'un pansement sur une jambe de bois. Au début, ces signaux sont mal compris, mais cela fait partie de ce processus d'apprentissage. En pratiquant beaucoup, nous apprenons à reconnaître tous ces signaux avec la perspective d'y donner suite de manière intelligente.

Pratiquez d'abord un temps en notant les faits et les expériences dans ces deux colonnes. C'est là le premier pas vers une ouverture à la « suridentification » avec le monde sensoriel. Si, au bout d'un temps de pratique, vous réussissez à les écrire de manière épurée, ce qui veut dire que vous ne faites que décrire l'information nécessaire, vous êtes prêt pour le prochain pas. Tout d'abord, un moment de réflexion silencieuse. Qu'est-ce qu'un moment de réflexion silencieuse ? Eh bien, pour pouvoir remplir la colonne du milieu (B), nous avons besoin d'une réflexion silencieuse. C'est que, dans la colonne B, nous allons répondre à la question suivante : « Quels conditionnements / interprétations sont la cause des sentiments et du vécu décrits dans la colonne C ? » J'utilise ici le terme « réflexion silencieuse », car en penseurs appliqués que nous sommes, nous commençons à réfléchir et à chercher une réponse aussitôt que nous entendons une question : voilà exactement comment ce système NE FONCTIONNE PAS !

Tout l'objectif est la création d'une ouverture dans notre manière de penser et dans nos réactions habituelles. Si nous commençons à penser dès que la question est posée, nous retombons dans nos modèles de pensée habituels, ce qui nous maintient dans cette situation de suridentification. Les pensées automatiques sont comme les traces d'un chariot sur un chemin sableux. Rien qu'en en approchant, on tombe dedans et il faut faire des tas de manœuvres pour en sortir. Jadis, à la ferme, mon père et moi faisions toujours exprès de conduire le tracteur juste à côté de la trace précédente, afin d'éviter de créer des sillons profonds dans le chemin. Notre routine de pensée est exactement pareille. Dès qu'un segment de nerf est activé souvent, nous utilisons quasi automatiquement ce même nerf à chaque fois, ce qui résulte en un cercle vicieux de pensées, c'est-à-dire que nous pensons toujours les mêmes choses.

Si nous réfléchissons à la question « Quels conditionnements ou interprétations mènent à la réaction décrite dans la colonne C ? », nous pouvons être sûr de ne rien apprendre de nouveau et qu'en fait, nous perdons notre temps. Cependant, si nous plaçons la même question dans notre cerveau en lâchant prise avec notre effort mental, voilà une chance de changement. En fait, nous faisons ici exactement le contraire de ce que nous faisons d'habitude. Au lieu de réfléchir, nous allons décontracter le cerveau. Cela ne nous a jamais été appris, donc je suppose qu'en ce moment, vous froncez les sourcils. Allez-y. Mais ne le faites pas trop longtemps, car cela vous donnera peut-être plus de rides que nécessaire. L'art de la réflexion silencieuse sert à utiliser le mental simplement pour placer une question concrète dans la tête en la rendant la plus décontractée et la plus réceptive possible. Comment faire ? Je vous laisse choisir. Certains réussissent à trouver ce silence en travaillant dans le jardin, d'autres en jouant une partie de tennis de table, en faisant la cuisine, etc. Certains ont l'habitude de la méditation, qui est aussi favorable.

Dans cette détente réceptive, 1) vous avez la plus grande chance de trouver une réponse adéquate et 2) vos nerfs ont l'occasion de faire de nouvelles connexions. Il y a alors de l'espace pour de nouvelles façons de penser, pour plus d'ouverture d'esprit, plus de flexibilité, plus de mouvement, plus de mobilité, donc plus de possibilités. C'est dans cette ouverture que, littéralement, vous ressentirez une décontraction dans les nerfs. Des combinaisons de nerfs qui se répétaient sans cesse (les mêmes gestes, les mêmes pensées, les mêmes modèles) forment maintenant plusieurs liaisons, ce qui augmente les possibilités de combinaisons. Nous vous donnons un petit exemple pour l'illustrer : avec les lettres A et B, on peut faire quatre combinaisons : AA, AB, BA et BB. En ajoutant simplement une lettre, on peut déjà faire huit combinaisons : AAA, AAB, ABA, ABB, BAA, BAB, BBA et BBB. En ajoutant encore une lettre, on double encore le nombre de combinaisons possibles. En utilisant cette comparaison, vous comprenez que lorsque nous donnons à notre cerveau l'occasion de faire de nouvelles liaisons en pratiquant la réflexion silencieuse, le nombre d'alternatives possibles de réactions sur certains faits augmente de façon exponentielle.

Plus d'alternatives, ça veut dire plus de choix, et donc plus de liberté, ce qui est toujours un sentiment agréable, mais aussi une chance pour réagir paisiblement et de manière constructive à ce qui nous arrive.

Vous trouverez ci-dessous trois exemples simples de ce que vous pouvez écrire dans les trois colonnes. Le contenu de la colonne A peut varier infiniment, car nous vivons chaque jour des centaines de situations. Et naturellement, il y a aussi d'infinies possibilités pour la colonne C. Notre corps est un système si ingénieux

Exemple 1

A	B	C
Mon chef a l'air déprimé.		La gorge serrée Anxiété Sentiment de culpabilité

Exemple 2

A	B	C
Accident de voiture.		Colère Visage pâle Jambes tremblantes

Exemple 3

A	B	C
J'ai prêté un livre à un ami, je lui ai demandé deux fois de me le rendre, il ne l'a toujours pas fait.		Timide Irritation Épaules basses

et complexe et peut s'exprimer de tant de manières : par le langage corporel, les tensions musculaires, les organes, la respiration, la douleur, la jouissance, le calme, etc. En outre, en tant qu'êtres humains, nous avons sur le plan émotionnel un vaste répertoire de sentiments : tristesse, irritation, colère, paix, joie, jalousie, peur, timidité, pour n'en nommer que quelques-uns. Mais nous pouvons aussi avoir toutes sortes de réactions psychiques : intérioriser ou, à l'inverse, extérioriser en parlant beaucoup, nous pouvons commencer à manipuler, ou essayer de contrôler, nous pouvons nous montrer faibles afin de solliciter la compassion, ou essayer d'intimider l'autre… pour donner quelques exemples du riche panel des réactions humaines. Une honnêteté radicale envers soi est strictement nécessaire, sinon tout cela ne fonctionne pas. Si vous voulez de vrais résultats, il va falloir donner des réponses sincères.

Apprenez donc à remplir les colonnes A et C correctement, ce qui veut dire, dans la colonne A : strictement adhérer aux faits et dans la colonne C, strictement noter le vécu personnel (sentimental, physique et réactions). N'y ajoutez pas d'analyse, d'explication ou d'interprétation. Notez tout simplement votre vécu et vos réactions du moment. Il se peut qu'il soit nécessaire de pratiquer pendant quelques jours, voire quelques mois avant d'obtenir une information épurée et correcte. Ne continuez pas avant d'y arriver, sinon cette méthode produira plus de confusion que de clarification. Au besoin, cherchez quelqu'un pour vous aider dans l'évaluation. Dès que vous aurez compris le système, vous serez prêt pour la réflexion silencieuse.

Dans l'exemple numéro 1, nous ne savons pas pourquoi le chef a l'air déprimé. Est-ce parce qu'il a mal dormi, est-ce parce que l'un de ses enfants est gravement malade, est-ce parce que les chiffres de l'entreprise l'inquiètent, est-ce que des erreurs ont été faites dans le secteur où vous travaillez… ? Tout est possible, mais en imaginant ce qui peut être la cause, vous perdez inutilement votre force mentale. Le fait d'avoir une réaction est certainement une preuve que nous le prenons à notre propre compte. Nous pouvons deviner : il n'est pas content de moi, il ne m'aime pas, j'ai dit quelque chose d'inopportun, il a l'ordre de me licencier, etc. Encore une série de suppositions qui prennent beaucoup de notre précieuse énergie. Une personne avertie ne prend pas cela personnellement, elle rentre aussitôt dans la communication en demandant des éclaircissements pour ainsi se libérer de tous ces cercles de pensées qui la rongent. Mais parce que nous avons la gorge serrée, nous n'osons rien demander, rien dire. Nous sommes figés dans notre réaction émotionnelle. Quand nous sommes figés de la sorte, la méthode ABC est un instrument utile.

Dans le deuxième exemple, il est difficile d'agir de manière constructive. Les jambes tremblantes peuvent être un signal d'angoisse qui n'est pas vécu consciemment dans le moment alors que la colère est ressentie. Une combinaison de peur et de colère n'est pas un allié fiable pour régler les problèmes intelligemment. La peur nous mène à céder nos forces à l'autre alors que la colère nous pousse à la bataille, ce qui ne fait qu'augmenter le conflit. En outre, il n'est pas possible de procéder à la méthode ABC en direct, ce qui serait étrange. Bien souvent dans ce genre de cas, notre psyché se met en état de choc, même partiellement. Les sentiments sont figés afin de pouvoir agir de façon adéquate et efficace en situation de crise. Il va simplement falloir remplir le constat. Ceux qui ont pratiqué régulièrement et intégré la méthode ABC peuvent alors retomber dans leur habitude d'utiliser ce système ; souvent, le cerveau le pratique déjà de façon semi-consciente alors que l'attention est dirigée vers la solution du problème. Dans ce cas, il est toujours utile de prendre un moment de réflexion silencieuse après l'événement afin de donner de l'espace aux sentiments qui ont été bloqués auparavant. Si nous ne libérons pas ces émotions, elles seront par la suite refoulées dans l'inconscient, ce qui aura des conséquences désagréables. Les émotions refoulées donnent lieu à toutes sortes d'impulsions névrotiques que nous ne voulons pas vivre consciemment, mais qui, d'une façon ou d'une autre, sont plus fortes que nous. Or, la méthode ABC nous aide à conscientiser afin de pouvoir soigner régulièrement notre hygiène psychique.

Dans l'exemple 3, nous sommes coincés dans un dilemme. Notre ami ne donne pas suite à nos demandes, comment allons-nous le vivre ? Dans le cas d'une amitié ou d'un amour, des choses toutes simples peuvent prendre une très grande

Exemple 1

A	B	C
Mon chef a l'air déprimé.	Je suis inadéquat.	La gorge serrée Anxiété Sentiment de culpabilité

Exemple 2

A	B	C
Accident de voiture.	Je ne mérite pas la prospérité.	Colère Visage pâle Jambes tremblantes

Exemple 3

A	B	C
J'ai prêté un livre à un ami, je lui ai demandé deux fois de me le rendre, il ne l'a toujours pas fait.	Je ne vaux rien.	Timide Irritation Épaules basses

ampleur. Est-ce qu'il va falloir se fâcher ? Est-ce qu'il va falloir sacrifier nos besoins afin de maintenir l'harmonie ? Aucune de ces deux solutions ne nous attire, mais nous nous trouvons figés dans la timidité et dans l'irritation. Comment avancer ? Timidité et irritation n'engendrent qu'incompréhension, voire heurts. Si nous arrivons à soigner l'ampleur de notre émotion, nous pouvons ensuite agir avec clarté et confiance. La méthode ABC nous aide ici à soigner notre émotion intérieure pour ensuite pouvoir agir de manière efficace.
Venons-en à la réflexion silencieuse. Notre règle : placer la question dans notre tête et ensuite entrer dans une détente mentale. Il est bon de noter la question sur papier, cela aide à rédiger une question claire et concrète.

Vous posez la question, le cœur sincère, avec un désir authentique de trouver la vérité. Cette sincérité ne peut que venir du cœur, jamais du mental. Le mental ne sait que mettre de l'ordre, enregistrer, réfléchir et obtenir des informations. Il se mêle sans cesse de toutes les informations et données qui passent dans la tête et si vous ne faites pas très attention, le mental y ajoute ses propres préférences. Si vous voulez obtenir de vrais résultats, vous devez aspirer sincèrement à la vérité. Ce qui se fait tellement mieux avec le cœur !

La question de l'exemple numéro 1 est donc : « Quelle conviction intérieure entraîne la réaction de la gorge serrée, qui, à son tour, induit de l'anxiété et de la culpabilité ? » Il n'est pas utile d'ajouter « quand mon chef a l'air déprimé ». Dans la question, nous opérons déjà une séparation entre le stimulus sensoriel et la réaction personnelle afin de donner le plus d'espace possible à la découverte des stades intermédiaires. Lorsque vous avez noté votre question sur papier, vous vous posez la question le cœur ouvert, avec le vœu sincère de trouver la vérité. J'accentue ce point expressément, car il faut faire face aux « tendances "de sabotage" » latentes de l'ego.

La question de l'exemple 2 est donc : « Quelle conviction intérieure fait que je me mets en colère, que mon visage devient pâle et que mes jambes se mettent à trembler ? »

La question de l'exemple 3 est alors : « Quelle conviction intérieure fait que je me sens irrité et timide et que je baisse mes épaules ? »

Sous ces questions, vous découvrirez toutes sortes de réponses qui feront surface.

En trouvant ces réponses, vous allez pouvoir travailler. Ce n'est pas le regard de notre chef qui serre notre gorge et déclenche notre sentiment de culpabilité. Un regard n'a pas autant de pouvoir, à moins que notre système de conditionnement soit programmé ainsi. Même dans ce cas, c'est notre système de conditionnement qui nous donne l'ordre de nous sentir coupable et non pas le regard. Il est donc très clair que nous devons exercer notre système intérieur de conditionnement. Si nous voulons nous sentir à l'aise au travail et en même temps, donner à notre chef la permission de changer d'humeur, il est utile de connaître notre système intérieur de conditionnement.
Lors de la « suridentification », il semble que c'est l'humeur du chef qui détermine nos sentiments. En ouvrant notre système de conditionnement en utilisant la méthode ABC, nous découvrirons le véritable conducteur de nos sentiments, c'est-à-dire la conviction sous-jacente qui nous dit que nous ne sommes pas aptes. C'est avec ces convictions que nous pouvons nous mettre au travail afin d'améliorer la qualité de notre vécu de la réalité.

Le respect
du chakra

Introduction

• En géneral

Qu'est-ce qu'un chakra ? Littéralement, en sanskrit, le mot « chakra » veut dire
« roue », mais avec le temps, le mot a pris une signification bien plus large.
« Centre psychique » est une traduction qui correspondrait éventuellement
à une fonction importante du chakra, mais en réalité, c'est même plus que
cela. Aujourd'hui, une littérature abondante décrit les caractéristiques, le
fonctionnement ainsi que les fonctions des chakras ; c'est pourquoi, plutôt que
de tomber dans la répétition, j'ai choisi de mettre en lumière un autre aspect très
important que le thérapeute énergétique doit développer à l'égard des chakras :
une sensibilité et une attitude de respect.

« Ce que l'on ne connaît pas, on ne peut l'aimer » est un dicton que l'on entend
parfois. En l'occurrence, il s'agirait plutôt de « Ce que l'on ne connaît pas, on le
sous-estime ». La psychologie des chakras est une matière inhabituelle pour le
lecteur occidental, raison pour laquelle je ne peux m'appuyer sur une approche
d'enseignement classique, tel que dispensé dans les universités et les écoles
supérieures. La mention « prouvé scientifiquement » donne à elle seule plus
de poids à une information. Ensuite, il y a le crédit aveugle que l'on accorde
au titre de « professeur auprès de telle ou telle université ». Par conséquent,
quand des autorités comme celles-ci approuvent une information, nous pensons
pouvoir les croire et nous en servir. Inversement, notre sens occidental de la
loyauté nous chuchote que si l'opinion de ces autorités n'est pas favorable,
nous devons nous méfier des informations. Personnellement, j'apprécie le haut
niveau scientifique et technique de la société occidentale. La seule critique que
j'émets dans ce paragraphe porte sur l'exclusivité et la fermeture d'esprit vis-à-
vis des connaissances nouvelles qui se développent dans la société actuelle. Je
ne critique pas les utilisateurs de la science, mais plutôt ceux qui s'arment de la
science contemporaine pour attaquer des pensées nouvelles encore incomprises,
ce qui est en réalité de la rigidité mentale. Le professeur Michael Gershon
dit dans son livre The Second Brain : « Chaque année, je dis à mes étudiants
dans mon premier cours magistral qu'au moins la moitié de ce que je vais leur
apprendre sera contesté dans le futur. Le seul problème que j'ai, c'est que je ne
sais pas de quelle moitié il s'agit. » Chaque année, le monde de la science fait des
découvertes qui contredisent celles d'il y a quelques décennies, ou qui les placent
dans une perspective plus correcte. C'est armé d'une semblable modestie et avec
une ouverture d'esprit que l'ordre scientifique établi devrait utiliser les

connaissances actuelles. On devrait porter un regard ouvert sur ce que l'on ne connaît pas encore et même oser regarder là où l'on ne s'attend pas à trouver de réponses.

La connaissance des chakras n'est en fait pas du tout nouvelle. Elle trouve son origine dans des systèmes de connaissances orientaux très précis et fiables. Ce qui rend les choses un peu difficiles pour nous, c'est que ces connaissances ont été protégées contre le mauvais usage et contre une large diffusion, bien que cela peut aussi s'avérer positif. Les vieux maîtres ont souvent transmis ces connaissances par tradition orale aux étudiants qui étaient prêts à les recevoir. Lorsque ces connaissances ont été écrites, elles sont tellement poétiques et symboliques que le lecteur candide ou ingénu ne pourra jamais percevoir leur véritable profondeur. C'est pourquoi ces connaissances ne pénètrent notre société que parcimonieusement. En outre, elles ne sont apprises, examinées et testées que par rapport à notre culture et notre histoire, ce qui demande peut-être une adaptation. Or, dans notre société, il est bien difficile de rendre à la science des chakras une forme pratique, digne et pure. Les auteurs mentionnés dans la littérature des chakras ont fait un brillant premier pas, mais je suis persuadé que nous pouvons avoir une expérience bien plus profonde et puissante du sujet. Cependant, un développement progressif est nécessaire.

Dans la limite de notre compréhension d'aujourd'hui, les chakras sont des centres psychiques ou énergétiques qui ont un impact extrême sur notre santé, la régulation de notre énergie et notre expérience de la réalité. Ce ne sont pas des organes physiques, mais énergétiques. Ils se trouvent à un niveau bien plus subtil que notre corps physique, mais ils y sont indissociablement liés. Ils fournissent littéralement de l'énergie à nos corps. Je parle de « corps » au pluriel, parce que nous en avons plusieurs. Le corps physique, nous le connaissons tous, mais ce corps vit et bouge dans une série de corps subtils qui pénètrent autant qu'ils entourent le corps physique. Les chakras se trouvent parmi les plus importants des organes de nos corps subtils. En tant qu'organes, ils fournissent à ces corps subtils de l'énergie, de la force et de l'harmonie. Puis la force des corps subtils pénètre nos cellules physiques en leur donnant de la force de vie et de la vitalité. Les corps subtils sont donc littéralement la force vitale de notre corps. Sans ces corps subtils, nous serions des corps sans vie et nos corps physiques se décomposeraient.

Les chakras sont dès lors littéralement nos sources de force vitale. Nous ne puisons qu'une fraction de notre énergie dans notre nourriture ; le reste de notre énergie vient de notre environnement, de l'air, de nos interactions avec les autres et du cosmos. Ceci peut sembler un peu abstrait pour certains, alors que d'autres en ont l'expérience directe. Les facteurs sociaux ont une grande influence sur notre vitalité. Travailler dans un environnement sympathique et stimulant est bien plus bienfaisant pour notre vitalité que de travailler dans un environnement sombre et déprimant. Bien que dans les deux cas, nous puisons autant d'énergie dans notre nourriture, dans le premier, nous nous sentons bien plus énergique que dans le deuxième. Si nous limitons la science à l'aspect biologique, c'est difficile à prouver ou à démontrer. Lorsque nous élargissons la science au niveau psychologique, nous nous ouvrons déjà au phénomène, mais cela ne nous donne qu'une base de départ abstraite. Avec le système de connaissances des chakras et des corps subtils, nous aurons une base substantielle pour pouvoir cerner ce phénomène de façon scientifique.

• Les chakras et l'observation sensorielle

Les chakras et les corps subtils sont des organes et des corps existants, mais dans une dimension plus subtile. Ils ont autant de vie, de mouvement et de substance que notre corps physique. Ils ont un effet profond sur la santé et le bien-être vingt-quatre heures sur vingt-quatre, alors comment ignorer leur existence ? La soi-disant « non-existence » vient du fait que nous ne sommes pas habitués à nous servir de ce système de connaissances. Nous avons tous appris à lire et à écrire. Peut-être avons-nous des connaissances en biologie, en géographie, en économie, etc., qui sont toutes des systèmes de connaissance reconnus. Or, nous avons vu à la figure 6 que notre expérience de la réalité est assujettie à un système complexe d'assimilation. Pour vous aider, revoici les six stades : Fait (qui stimule nos sens) > Enregistrement > Interprétation > Signification > Système d'évaluation > Réaction (expérience que nous obtenons à travers les stimuli)

En raison du fait que nous sommes formés en mathématiques, en écriture, en biologie et à travers toutes les influences des médias que nous avons accumulées au cours des décennies, notre système d'enregistrement a été fortement dirigé dans un sens bien précis. Un botaniste enregistre par leur nom et en détail les arbres qu'il aperçoit, alors qu'un promeneur ordinaire ne verra qu'une simple forêt. De la même manière, comme nous n'avons pas appris à penser, à observer et à interpréter en termes de chakras et de corps subtils, tous les stimuli de ces organes et de ces corps passent inaperçus à notre observation consciente. Un peu comme le contenu d'un journal chinois qui nous échappe quand on ne sait pas en lire les caractères. De plus, ce système de connaissances n'a pas, dans notre culture, l'arrière-ban d'académiciens qui l'auraient étudié pendant des siècles ; dès lors, du point de vue culturel, le système d'évaluation est bien inférieur à ce que mériterait cette connaissance.

Néanmoins, nous avons intérêt à nous intéresser à nos chakras et à nos corps subtils, tout simplement parce qu'ils ont un impact énorme sur notre santé et notre bien-être. Ceux qui, de façon dogmatique, continuent à ignorer ce que nos scientifiques n'ont pas encore étudié se privent d'une conscience extrêmement efficace pour optimiser leur qualité de vie. En outre, les chakras sont des organes incroyables qui possèdent une intelligence inhérente et complexe qui vaut le génie des processus biologiques de notre corps. Les dessins et les descriptions utilisés dans ce livre sont des simplifications extrêmes de la dynamique réelle de ces formations énergétiques sophistiquées que forment les chakras, simplification pour deux raisons bien distinctes : tout d'abord, notre système de perception sensorielle supérieure est limité en précision et en détail. Pour parler en termes numériques : notre appareil de perception a une résolution plus faible que l'image véritable. Ensuite, nous voulons rendre ces dessins exploitables, c'est pourquoi nous n'en donnons qu'une représentation schématique pertinente pour le travail thérapeutique. En réalité, les chakras sains et ouverts comprennent un réseau de constellations raffinées d'énergie qui peut littéralement s'épanouir en fleurs d'une beauté exquise. Et c'est la tâche du thérapeute énergétique de créer le climat favorable pour que les chakras puissent s'épanouir jusqu'à leur plein potentiel de splendeur. En d'autres mots, cela veut dire que nous aidons le client à atteindre une santé maximale et à déployer son potentiel psychologique et spirituel de façon organique jusqu'à un épanouissement complet.

• Les chakras et le processus de croissance

Les chakras évoluent et grandissent durant toute la vie. Ils grandissent avec la personne au cours de sa maturation physique, mais aussi à toutes les étapes de son développement psychologique. Tout comme le corps physique, les chakras ont besoin d'être nourris continuellement afin de pouvoir croître. Cette nourriture comprend l'amour, l'attention et l'interaction avec notre environnement. Nous savons tous que nous sommes fortement influencés par notre éducation, le contexte social de notre enfance, nos écoles, etc. Si nous ignorons la réalité subtile en restreignant la science au contexte biologique, nous ne trouvons ces influences que dans les connexions nerveuses et dans notre cerveau. Or, notre formation se déroule aussi littéralement dans nos chakras et dans nos corps subtils. La forme et le fonctionnement du réseau subtil sont modelés par tous nos facteurs d'éducation, de la même manière que tous les autres facteurs de l'environnement.

Dans des circonstances idéales, les chakras déploient une belle forme ouverte et saine. Cependant, sur la terre mère, les circonstances ne sont parfaites pour personne, personne n'a grandi dans des conditions parfaites.Nous ne pouvons que tendre autant que possible de conditions idéales et, il est un fait que, pour certains, les circonstances sont plus agréables que pour d'autres. Heureusement, l'être humain a suffisamment de force pour pouvoir s'en sortir. Par ailleurs, des conditions idéales ne garantissent aucunement un développement idéal. Quelquefois, les chakras ont besoin de nourriture, de soins, de douceur et d'amour. D'autres fois, ils ont autant besoin de contrariétés, de challenges et de difficultés pour optimiser leur force. L'indulgence absolue n'est pas par définition le climat de croissance idéal pour un chakra, pas plus que l'alternative de la rude école. Essentiellement, les chakras croissent à travers l'amour, mais ce mot a beaucoup d'interprétations fausses. Dans notre contexte, l'amour désigne la source de toute vie. Si on faisait l'horrible expérience de faire grandir un bébé à l'aide de robots et de machines qui imiteraient parfaitement tous les stimuli de soins et d'éducation, ce bébé tomberait certainement malade et finirait bien rapidement par mourir. Et même si on arrivait à le faire survivre, il souffrirait sûrement de malformations physiques et psychologiques. En absence d'amour, d'affection et d'attention, un enfant ne peut grandir. Nous parlons ici d'une forme d'amour de base grâce à laquelle les chakras se développent, et non d'autres formes d'amour. Dans le corps se trouvent sept chakras principaux ayant chacun des besoins psychologiques et spirituels bien spécifiques. Notre éducation, le contexte social et l'école permettent de remplir tous ces besoins. Dans de bonnes conditions, les chakras peuvent s'épanouir, ce qui permet à la personne d'atteindre une émancipation complète. Le jeu, l'éducation, la vie familiale, le travail, la vie sociale, les passe-temps, etc. sont en grande partie à la base de cette stimulation des chakras et il va de soi qu'ici ou là, il y a des lacunes dans le développement, puisque personne sur cette planète ne grandit dans des conditions idéales.

Pour certains, ces lacunes sont dramatiques, pour d'autres moins graves. Même si dans la société moderne, le standard de la vie matérielle est assez élevé, le niveau de croissance générale des chakras est par contre assez bas. Cependant, on peut regarder tout cela de façon positive : notre situation n'est pas si mauvaise et ne peut que s'améliorer. Souvent, j'entends les gens se plaindre autour de moi ; il est donc fort probable que beaucoup d'entre nous pensent que leur situation n'est pas très favorable. Moi aussi, de temps en temps, je m'entends me plaindre des challenges de ma vie personnelle. Mais la bonne nouvelle, c'est que nous pouvons tous faire mieux. À une condition cependant : il faut faire un effort. Et lorsqu'on aura fait cet effort, on trouvera avec le temps que le gain de ces expériences précieuses en valait bien la peine.

La forme des chakras

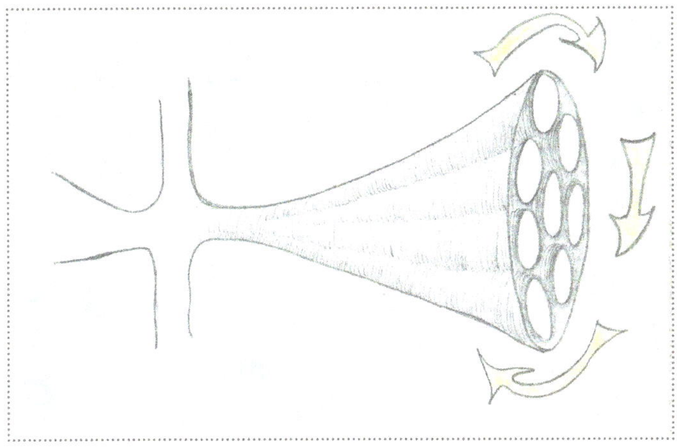

Dans le champ énergétique de l'être humain, un chakra a l'air d'un ensemble de petites tornades qui, groupées, forment une grande tornade. Vous avez certainement déjà vu une tornade, réelle ou à la télévision. Certains jours, on peut en apercevoir au-dessus des prés en observant l'herbe coupée qui est projetée en l'air. Nous ne pouvons pas voir le vent lui-même, mais l'herbe coupée montre clairement la force centrifuge de la tornade. Le champ de force d'un chakra fonctionne exactement de la même façon. C'est un tourbillon d'énergie qui inspire le prana du cosmos, de façon moins violente qu'une tornade toutefois lorsqu'il est sain et harmonieux. Le prana est la force vitale universelle qui imprègne le cosmos entier. Chaque changement d'humeur et de tempérament se voit immédiatement dans un chakra. Ce sont d'ailleurs les chakras eux-mêmes qui génèrent les mouvements émotionnels et psychiques auxquels le corps physique réagit avec ses hormones, ses battements de cœur et son rythme respiratoire. Dans les moments de grande colère, les chakras bougent violemment, comme des tornades cette fois, et peuvent s'en trouver endommagés. On peut cependant les guérir en s'accordant des moments de recueillement, de consolation ou de pardon. Dans les moments de déprime, les chakras ont l'air d'une fleur fanée et nous pouvons à peine voir leurs petites tornades. Il va de soi que, dans ces moments-là, les chakras ne puisent que très peu d'énergie dans l'environnement.

La direction de l'énergie d'un chakra dépend du sens de rotation des tornades et elle suit la règle de la main droite de l'électricité*.

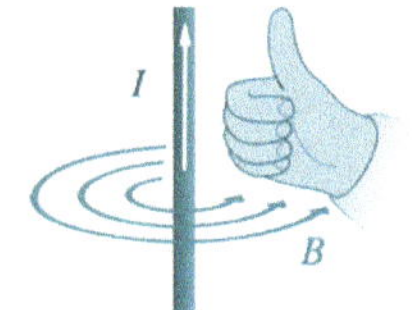

* Il existe différentes règles de gauche et de droite dans la physique. Toutes ces règles visent à déterminer la direction d'une quantité (comme le courant électrique, la force électromotrice, l'induction magnétique, la force de Lorentz et le mouvement dans un champ magnétique) à l'aide de la main gauche ou droite. La règle de la main droite est également appelée règle du tire-bouchon, puisqu'un tire-bouchon peut également être utilisé à la place de la main droite.

On positionne la main droite avec les doigts pliés dans le sens de rotation du tourbillon (B). Ensuite, le pouce indique automatiquement le sens du courant d'énergie (I). Si nous observons le corps de l'extérieur et que nous voyons les chakras tourner dans le sens des aiguilles d'une montre, l'énergie coule de l'extérieur vers l'intérieur. Si nous voyons, dans la même perspective, que les chakras tournent à contresens des aiguilles d'une montre, cela veut dire que l'énergie coule du corps humain vers l'extérieur. Dans le premier cas, nous absorbons de l'énergie du cosmos. Les corps subtils sont nourris et le corps physique en retire plus d'énergie. Par ailleurs, les chakras sont des antennes énergétiques et les chakras qui tournent vers la droite observent le monde énergétique extérieur tel qu'il se présente à nous. Nous nous trouvons alors dans la réalité.

Dans le deuxième cas, l'énergie s'échappe des corps subtils vers le cosmos. Il en découle fatigue et épuisement. De plus, ce chakra n'est plus dans un état d'observation mais dans un état de projection. Le monde extérieur n'est plus perçu tel qu'il est, mais il devient le résultat d'images et d'opinions projetées par l'individu. Dans de tels moments, nous ne sommes plus en contact avec la réalité. Nous connaissons tous les deux situations, notre attitude alterne entre celle d'observateur et celle de projeteur. Cependant, la situation d'observation est celle qui nous nourrit, qui nous comble et nous charge d'énergie, puis qui crée en nous une harmonie intérieure. Sur le plan de la terminologie de la conscience, ceci correspond à l'observateur neutre.

Nous ne pouvons jamais garder pendant longtemps l'état de projection, car cela nous vide littéralement de notre énergie. Pourtant, il y a des personnes qui se trouvent principalement en état de projection pendant l'état de conscience éveillé. Celles-ci, inconsciemment, rechargent leur énergie soit pendant leur sommeil, soit en pompant l'énergie de quelqu'un d'autre. Dans notre société, la lutte pour le vol d'énergie est omniprésente, alors que ce n'est pas nécessaire, surtout si on apprend à recharger les chakras consciemment. Nous reparlerons de la lutte d'énergie quotidienne lorsque nous aborderons la technologie des cordes relationnelles et les interactions d'auras. Nous n'apprendrons pas comment gagner cette guerre, mais plutôt comment devenir de petits havres de paix en territoire de guerre. Convertir ceux qui aiment faire la guerre ne marchera pas, mais lorsqu'ils seront fatigués de se battre, ils seront curieux d'en savoir plus sur ces petits havres de paix et auront peut-être envie d'apprendre à expérimenter cet état. Dès que vous avez conscience de la nécessité de combattre la guerre, vous en faites déjà partie. Personnifier la paix est le seul moyen de combattre la guerre.

La pathologie des chakras

La guerre pour l'énergie peut faire de nombreux dégâts aux chakras, mais des altérations se forment aussi lorsqu'on subit un traumatisme, des problèmes familiaux ou un accident. On peut percevoir concrètement ces dommages dans la dimension subtile. Dans la mesure où toutes les conditions sont propices, on peut réparer les dégâts dans la majorité des cas. Certaines blessures sont minimes et comparables à une cicatrice sur un genou ou à une écorchure sur le bras. Dans ce cas, l'impact psychologique est négligeable. C'est plutôt comme si on se trompait en prononçant un mot ou que l'on oubliait un nom. Ceci ne pose aucun problème ; ces petites imperfections individuelles sont plutôt charmantes. Lors de dégâts plus sérieux, le fonctionnement psychique et énergétique du chakra se voit affecté ; dans ce cas, il est intéressant de contribuer à sa guérison en utilisant une forme de cicatrisation, de thérapie ou d'autres formes de rétablissement. Chaque blessure est unique et doit être traitée comme telle, afin de pouvoir trouver la thérapie appropriée pour chaque cas individuel. En ce qui concerne les chakras, nous ne pouvons pas déterminer une stratégie de guérison sur la base de symptômes extérieurs. Elle se détermine au fur et à mesure, selon les différentes étapes de guérison de la blessure.

Nous allons énumérer une liste de blessures que peuvent subir les chakras. Ce sont des affections que nous avons rencontrées plusieurs fois au fil des années dans notre pratique, mais cette liste n'est pas exhaustive. Il y a infiniment de cas, mais nous allons vous présenter les plus fréquents. Nous ne visons pas à vous fournir une encyclopédie de la psychologie et de la guérison des chakras, mais plutôt à vous informer sur notre observation et les traitements.
Le travail énergétique est un métier bien précis qui, après des années de pratique, permet de traiter les chakras de plus en plus rapidement, de plus en plus profondément et de façon de plus en plus pointue. Pour connaître cette technique, il est important de faire un apprentissage auprès de thérapeutes accomplis ainsi que de pratiquer beaucoup et de demander une supervision comme support et contrôle de qualité pour votre propre pratique. Malheureusement, on rencontre encore trop de mauvais travail énergétique dans la société et nous espérons

de tout cœur que cela va changer avec le temps. Cela ne pourra se faire que lorsque suffisamment d'individus auront assez de patience, de respect de soi et de discipline pour acquérir une formation complète avant de se mettre au travail. Aussitôt qu'un réseau de guérison de qualité se sera formé, une chance réelle de voir disparaître ou au moins diminuer les pseudo-traitements apparaîtra.

Un chakra peut être blessé de mille manières. Heureusement, le système d'autoguérison de l'être humain est très puissant. Tout comme une bosse s'autoguérit et que de petites écorchures se referment, les petites blessures quotidiennes d'un chakra guérissent d'elles-mêmes. Avec une petite sieste, avec une promenade relaxante, un agréable bain chaud ou d'autres moyens soignants. Tout comme l'os cassé se remet mieux quand on le plâtre et que les coupures profondes guérissent plus facilement lorsqu'on les ferme avec des points de suture, les blessures profondes des chakras guérissent plus rapidement avec un peu d'aide extérieure. À l'aide d'un ami sage, d'une amie dévouée ou avec l'aide d'un professionnel.

• Le chakra corrodé

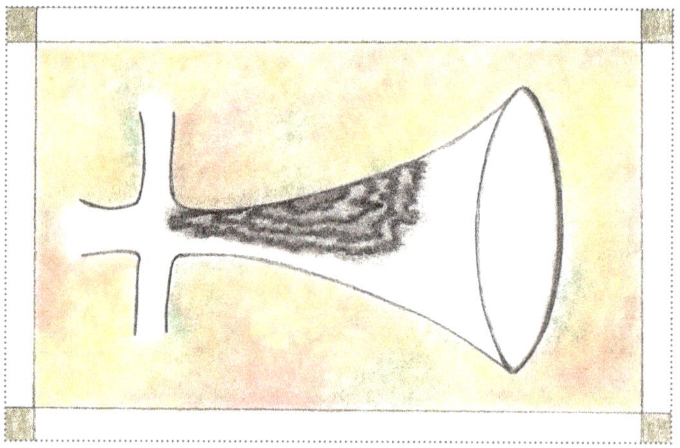

FIGURE 10 • un chakra corrodé

Voilà un phénomène fréquent. La corrosion du chakra à la figure 10 s'est effectuée suite à un petit moment de douleur, mais n'a pas été traitée au moment même. Certaines choses ne nous touchent pas, alors que, pour une raison presque inexplicable, d'autres petites remarques nous poursuivent pendant des années. Voic i un exemple de cas pouvant conduire à un chakra corrodé : à l'âge de 11 ans, Tamara avait mis un bouquet de fleurs sur la tombe de sa grand-mère. Elle n'en avait parlé à personne. Lors d'une promenade au cimetière avec sa maman, quelques jours plus tard, cette dernière fut agréablement surprise et dit : « Tiens, de jolies fleurs… qui a bien pu les placer sur la tombe de mémé ? » Tamara répondit que c'était elle, mais sa maman ne voulut pas la croire. Ce moment d'incompréhension causa une éraflure douloureuse sur le chakra du cœur de Tamara. Normalement, ce genre d'écorchure se guérit facilement, mais il arrive aussi que ce genre de blessure s'incruste et devienne un point sensible. Ce fut le cas pour Tamara. En une fraction de seconde, l'inconscient de Tamara a conclu : « Lorsque je montre mon amour sincèrement, on ne me croit pas. » Bien que ce ne fut qu'à ce moment bien précis, la conscience d'enfant de Tamara en tira une conclusion générale afin de se protéger contre de semblables situations dans le futur.

Elle commença à cacher l'amour, et même à s'en moquer un peu quelquefois. La psyché de l'enfant raisonne ainsi : si moi je m'en moque, d'autres ne pourront pas me blesser en ne me croyant pas ou en m'ignorant. Ainsi, une petite couche se forme sur l'éraflure, c'est-à-dire l'attitude qui dit « l'amour est ridicule ». Souvent, les adolescents ont ce comportement d'« être cool » pour camoufler leur sexualité naissante ainsi que les sentiments de vulnérabilité qui l'accompagnent. Lorsqu'on cherche l'amour en portant ce masque décontracté, il peut en résulter des expériences et des interactions sexuelles froides et dures. Et par l'accumulation de ces expériences, une autre conclusion sur la vie sera tirée : « L'amour est sans espoir. »

Ce qui n'était qu'une égratignure au départ se développa pour former un mélange de souvenirs douloureux et de conclusions pessimistes sur la vie. Comme indiqué à la figure 10, le chakra ne fonctionne plus qu'à 40 % de façon normale et est troublé à 60 %. Cela correspond à l'image que Tamara avait de la vie. Dans son cœur, elle attendait 40 % de bonheur et 60 % de marasme. Si Tamara vivait une expérience à 100 % heureuse, cela entrait en conflit avec ses croyances intérieures sur la vie. Ce conflit était tellement insupportable qu'elle a gâché cette expérience à 60 % jusqu'au moment où elle était compatible avec ses croyances intérieures sur la vie. Elle ne pouvait accepter de bonheur au-delà de ce qu'elle croyait possible pour elle. Nous sommes tous attachés de la même façon à nos conditionnements et à nos croyances intérieures.

Le processus de guérison pour Tamara a été très simple, mais pas forcément facile. Elle a dû avoir une volonté positive assez grande afin d'améliorer sa situation. La correction d'un système de conditionnement demande un grand effort. Utiliser des affirmations comme : « Tu es belle, tu mérites le meilleur dans la vie » ne suffit pas, ce n'est pas assez fort pour modifier des croyances. Il s'agit d'une certitude qui dirige sa propre vie et Tamara a commencé à s'identifier à cette conviction. Abandonner cette croyance donne un sentiment d'autodestruction, alors qu'au contraire, elle doit mener à une amélioration de la qualité de vie. Guider Tamara à travers son processus de transformation a été un chemin unique et individuel pour lequel on ne peut pas inventer de stratégies a priori. C'est un chemin qui commence avec l'établissement d'un contact, en lui montrant que nous sommes là pour elle, en ajoutant juste assez d'amour pour lui permettre de se sentir à l'aise, pour ensuite, pas à pas, lui montrer tous ses conditionnements restrictifs afin de pouvoir les remplacer par la réalité. Et cette réalité ne pouvait venir que du soi supérieur de Tamara. Toutes les suggestions positives venant d'autrui, même données avec les meilleures intentions, étaient inférieures à la vérité que découvrirait Tamara à l'intérieur d'elle-même. Voilà un fait dont un thérapeute devra toujours tenir compte et c'est pour cela qu'il devra adopter une attitude humble, tout en étant présent de manière forte et affectueuse. C'est cela, le métier de guérisseur.

Techniquement, la découverte en soi de la vérité correspond à la guérison d'un chakra. Semaine après semaine, mois après mois, Tamara a travaillé la corrosion du chakra tout en développant une base autonome pour garder le chakra ouvert et vivant.

• Le chakra stagné

FIGURE 11 • un chakra stagné

Le chakra qui a stagné se trouve à un stade au-delà du chakra corrodé. Alors que ce dernier fonctionne partiellement, le chakra stagné, au contraire, a complètement abandonné sa fonction. « Je succombe sous la pression » aura été la conclusion finale, et la dernière ouverture vers la joie de vivre se ferme. L'exemple de la figure 11 n'est pas un exemple personnel, mais celui de quelqu'un que je connais qui fait partie d'une communauté spirituelle que je visite de temps en temps. Cette personne a canalisé tout son espoir vers l'illumination spirituelle et a déjà fait de grands pas sur ce chemin. Son sixième chakra s'est fortement développé et son septième fleurit par moments dans toute sa splendeur. Je suis sûr que cela lui procure des expériences délicieuses. Cependant, son quatrième chakra s'est fermé et j'ai l'impression qu'elle s'y est résignée. Qui suis-je pour vouloir la transformer ?

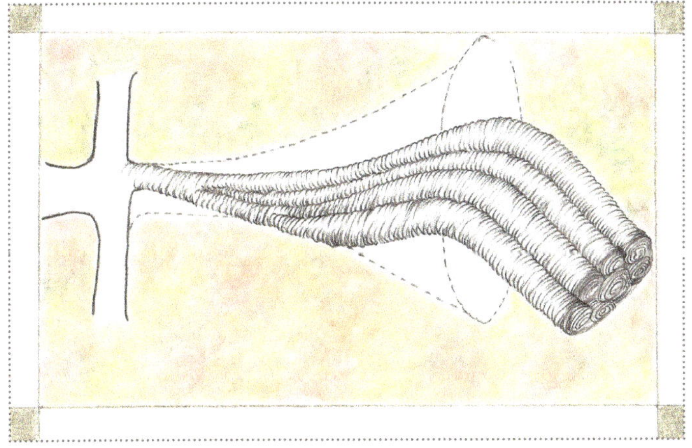

FIGURE 12 • un chakra déformé

Une déformation du chakra peut s'effectuer pour de nombreuses raisons. Cela correspond surtout au fait qu'on veut utiliser le chakra dans d'autres buts que ceux auxquels il est destiné. Il se peut que le chakra de la gorge soit bloqué et que le troisième chakra soit manipulé pour forcer une sorte de communication. Bien que le chakra de la gorge serve à une communication pure, il est possible de transmettre un message tordu en le manipulant. Le prix à payer pour cela sera un plexus solaire déformé, accompagné de problèmes d'estomac. Ainsi, de nombreux exemples de cas existent où un chakra essaye d'en compenser un autre qui fonctionne moins bien.

J'ai rencontré un exemple de chakra déformé au printemps 2004 à Leopoldsburg. J'étais parti m'acheter des genouillères dans un magasin local lorsque j'ai aperçu un petit magasin de livres ésotériques dans la même rue. Curieux de découvrir de nouveaux livres, je suis entré. Un jeune vendeur m'a salué. J'ai commencé à regarder les livres. Quelques instants plus tard, un homme barbu est entré et a exigé l'attention de tous par sa démarche charismatique et sa voix puissante. Il connaissait apparemment le vendeur, car il l'a appelé par son prénom et a commencé à lui raconter quels étaient les plus beaux CD du moment. Je me suis dit que ce monsieur devait être un représentant et j'ai continué à regarder les titres des livres qui m'intéressaient. L'homme a ensuite continué à raconter son voyage chez les Amérindiens, à parler des enregistrements de chants cérémoniaux indiens qu'il avait réalisés. Il a demandé au vendeur s'il pouvait les lui faire écouter. Le vendeur, totalement sous son charme, a dit « oui » automatiquement. Et voilà que des chants mystiques d'Indiens se sont mis à emplir le petit magasin, accompagnés de tambours indigènes. Au bout d'un moment, l'homme a commencé à sautiller dans le magasin comme s'il dansait autour d'un feu de camp. Impressionné par son enthousiasme et son rayonnement généreux, j'ai continué à lire un ouvrage que je venais de trouver.

Sont alors entrées quelques dames qui devaient être des amies du vendeur, vu leur salut amical. On a baissé la musique et l'homme a raconté ses histoires aux dames, qui ont vite été impressionnées également. Ensuite, il a continué à leur poser des questions concernant leur santé et a donné des interprétations profondes de la douleur à l'épaule de l'une et des migraines de l'autre. Sans y être invité, il a commencé un massage de l'épaule douloureuse en les inondant d'un océan de psychologie et d'analyse énergétique et spirituelle. « Cela a un rapport avec votre mère et c'est à cause des Pléiades. Vous aurez besoin d'un peu plus de sauge et il vaut mieux éviter le contact avec cette personne. » Je me suis senti un peu gêné, car je désire de la discrétion quand je consulte quelqu'un. Mais, enchantée par le charisme de l'homme, cette jeune femme était ravie de cette attention. Si cela ne la dérange pas, ce n'est pas à moi de me faire du souci, me disais-je, et j'ai continué mes recherches.

Le spectacle s'est éloigné de ma sphère d'attention, car j'avais trouvé quelques livres intéressants. Je me dirigeais vers la caisse quand soudain, à ma gauche, j'ai vu la deuxième jeune femme couchée par terre alors que le barbu gesticulait autour d'elle avec un regard on ne peut plus sérieux. En un réflexe, mon observation subtile s'est ouverte : ma curiosité avait été éveillée par l'échange d'énergie qui était en train de se passer. Vu les gesticulations suggestives du barbu, ce devait être un spectacle énergétique. À ma grande déception, il ne se passait pas grand-chose d'autre sur le plan énergétique que l'homme qui projetait de vigoureux fantasmes de son troisième œil sur la jeune femme et sur lui-même et de son deuxième chakra de grandes

charges d'énergie tirées du deuxième chakra de la dame au sol. En plus, son chakra
du cœur ainsi que celui de sa gorge étaient grands ouverts, mais de façon déformée
(comme sur la figure 12). Son sixième chakra tournait à contresens des aiguilles
d'une montre (comme sur la figure 18) et se trouvait donc en état de projection.
Concrètement, cela veut dire que sa vision n'était pas celle de ce qui se passe autour
de lui. Il ne voyait pas la réalité véritable, mais projetait plutôt ses propres fantasmes
vers l'extérieur. Son grand chakra du cœur et son chakra de la gorge charismatiques
soulignaient ses idées pour être persuasif. Son deuxième chakra était fortement étiré
(comme sur la figure 13) à cause de son vol invasif d'énergie à ce niveau.

L'observation de l'aspect énergétique du spectacle n'a pas duré plus de deux
secondes. J'ai été choqué car ce qui se déroulait là sous mes yeux me semblait
inconvenant, par rapport à mes principes, mais c'était en même temps tellement
exagéré que j'avais du mal à ne pas rire à voix haute. Je me suis donc dirigé vers
la caisse, de façon aussi neutre que possible, et j'ai payé mes livres au vendeur
amusé. Après quoi, le monsieur en ayant fini avec la jeune femme, il se dirigea vers
moi. Content de lui après cet acte de secours qu'il venait d'accomplir et dont il avait
pu convaincre quelques spectateurs, il n'hésita pas à commencer à me soigner.
Il accomplit des gestes de magicien vers ma poitrine et me dit que mon cœur lui
semblait un peu bloqué. Je lui répondis poliment : « Je préférerais que vous ne me
touchiez pas là. » Tout plein de son fantasme, il ne m'a pas bien compris et m'a dit :
« Comment ? » Ses yeux avides de reconnaissance me disaient qu'il s'attendait à
un compliment ou à de l'admiration, vu l'intonation gentille que j'avais utilisée pour
poser mes limites. J'ai répété, aussi gentiment que la première fois : « Je préfère
que vous ne me touchiez pas là. » Ce n'est qu'alors qu'il a compris mes mots et
est devenu confus. Il ne savait pas comment réagir, mais le vendeur était là pour
détourner son attention. Je l'ai remercié d'un clin d'œil et je suis sorti avec mes livres.

J'ai eu besoin d'un moment pour me recentrer. C'était presque une farce et j'avais
de la difficulté à le croire. Et pourtant, cela s'est passé exactement comme ça.
Pendant ma réflexion, j'ai remis de l'ordre dans le puzzle des données enregistrées
pendant les deux secondes de l'observation sensorielle subtile. L'homme avait une
faim extrême de reconnaissance en raison d'une profonde blessure à son deuxième
chakra. Au niveau énergétique subtil, son chakra ressemblait à la figure 10, le chakra
corrodé. On y trouve un complexe d'infériorité profond, complexe qu'il ne supporte
pas. En état de repos, l'homme entre en contact avec la douleur de ce complexe.
Pour étouffer cette douleur, il doit donc s'agiter beaucoup. Pour compenser la
douleur, il a besoin de sa dose quotidienne de reconnaissance annexe. Je l'appelle
« reconnaissance annexe », car il s'agit ici d'un besoin transféré. Son véritable besoin
est trop douloureux et à ses yeux trop humiliant pour pouvoir y faire face. C'est alors
qu'il crée ce besoin annexe qui correspond à son image idéale de soi et il lui faut

donc coûte que coûte y accéder s'il veut arriver à étouffer sa douleur interne. Même si ce jeu fatigant se déroule à un niveau inconscient pour cet homme, cela ne diminue nullement le fait que c'est nuisible et tragique pour lui.

Le monsieur possède un chakra du cœur ouvert et un chakra de la gorge puissant. Il sait expliquer les choses, il possède beaucoup de charisme, ce qui lui donne une force de conviction. Le fait qu'il ait le cœur ouvert invite à le trouver sympathique et il s'en sert parfaitement. C'est une personne joviale et pleine d'entrain. Quand il est en quête de reconnaissance, ses quatrième, cinquième et sixième chakras sont utilisés comme mécanismes de défense pour étouffer la grande blessure de son deuxième chakra. Il se sert du sixième pour projeter ses sauvetages thérapeutiques imaginaires sur ceux qui sont sans défense. C'est pour cette raison que son chakra avait un aspect projetant (voir la figure 18). Sa parole (cinquième chakra) et sa franchise (quatrième chakra) étaient au service du mécanisme de défense et avaient l'air de chakras déformés (voir la figure 12). Alors qu'il récoltait l'assentiment (ou plutôt le volait), son deuxième chakra avait l'air d'un chakra étiré (comme sur la figure 13). Ce n'est qu'après, quand je me suis demandé pourquoi il avait besoin de tant d'attention, que je me suis aperçu de la blessure au deuxième chakra. C'est alors que j'ai commencé à comprendre ce qui se passait vraiment.

En repensant à la dame qui se faisait « soigner » par terre, j'ai vu un même besoin d'attention, mais dans une autre version. Elle avait besoin d'attention annexe aussi, mais l'obtenait à travers l'attention publique d'un « sauveur » charismatique. Elle se réjouirait pendant un temps de cette poussée d'énergie, mais le prix à payer serait probablement double. Il y avait de grandes chances qu'elle se trouve bientôt perturbée. 90 % de l'information que cet homme lui avait transmise pendant la séance n'étaient que des fantasmes. La dynamique de la projection de faits imaginaires est identifiable de façon très claire. Il est possible que, consciemment ou inconsciemment, par reconnaissance et par loyauté pour le plein d'énergie qu'elle a reçu, elle ait attaché de l'importance à ces informations qui n'ont même pas de base véritable. Si l'interprétation de mon observation intuitive est correcte, elle aura récolté une « gueule de bois » de perturbation et de fatigue aussitôt que l'effet d'extase de son interaction aura cessé. D'autre part, elle pourrait souffrir de sentiments douloureux dans son utérus et ses intestins qui pourraient même aggraver les douleurs des règles, la partie émotionnelle de ces contractions étant souvent liée au sentiment d'être abusé. Mais puisque la perturbation est très grande, il se peut qu'elle le projettera sur quelqu'un d'autre. Et une accusation déplacée renforce la confusion.

Combien d'actions de ce genre faudra-t-il au monsieur barbu et à ses patientes pour qu'elles atteignent cette compréhension plus profonde ? Nul ne peut le dire. Je souhaite à tout être vivant une plus grande connaissance de soi et la joie que cela procure.

• Le chakra étiré

Dans le récit précédent, j'ai déjà mentionné cette anomalie d'un chakra. En général, les chakras s'étirent lorsqu'on va au-delà des frontières personnelles de l'intégrité afin de satisfaire certains besoins. Nous venons de voir que l'homme volait de l'énergie à cette jeune femme, mais il y a beaucoup d'autres manières d'atteindre l'intégrité d'une personne. Le contraire du vol d'énergie est la surcompensation. Dans ce cas, nous donnons jusqu'à l'extrême en échange d'un tout petit peu d'amour, ou bien nous mendions pratiquement pour recevoir un service. Dans ce cas, nous touchons notre intégrité personnelle en niant notre propre plénitude, notre force et notre dignité. Dans les deux cas, il est question d'une détérioration des limites. Quand il est question de vol, quelqu'un dépasse nos bornes, dans le cas de l'automutilation, nous dépassons nos propres bornes. Tenter d'obtenir de l'amour d'un narcissique est l'une des façons les plus efficaces d'étirer un chakra.

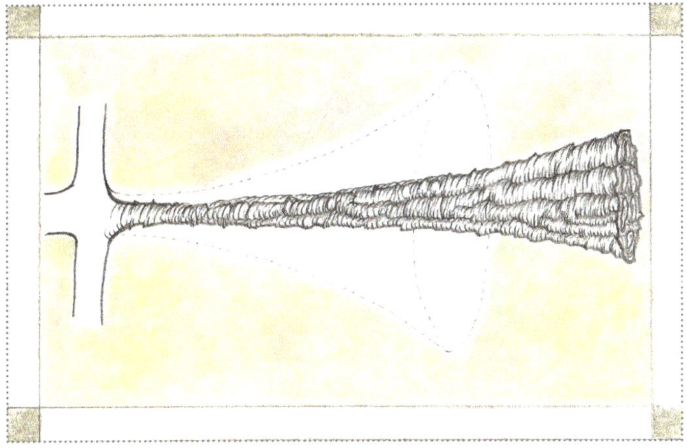

FIGURE 13 • un chakra étiré

• Le chakra déconnecté

Celui qui a un chakra déconnecté nous paraît très artificiel, parce qu'il l'est véritablement ; selon le chakra, cela peut porter sur différents aspects. J'ai connu plusieurs patients qui avaient ce problème. Prenons l'exemple d'Herman qui a récemment été promu au travail ; il se sent cependant très incompétent dans ses nouvelles responsabilités. Il gonfle bien son troisième chakra pour faire valoir son autorité, mais il se sent toujours épuisé et vide après son travail. Il lui manque l'énergie de reprendre en main des tâches qu'il avait déléguées en cas de besoin.

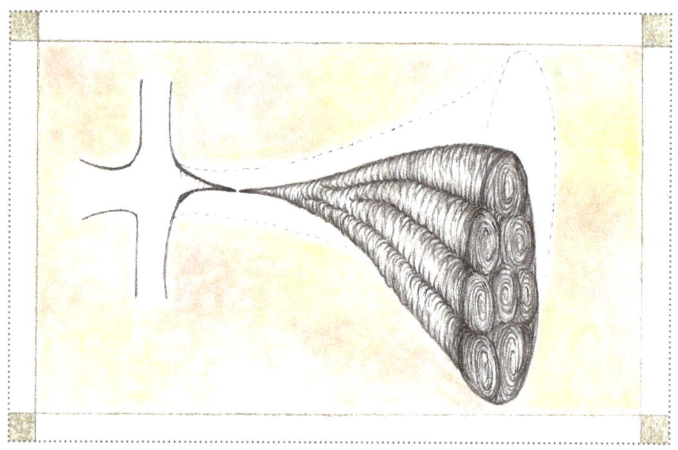

FIGURE 14 · un chakra déconnecté

Puisque son autorité n'est pas véritable, son bon fonctionnement commence à se détériorer. Pendant une conversation individuelle, on ne pouvait pas voir de grandes anomalies dans son système de chakras, mais aussitôt qu'il a commencé à parler d'une situation bien précise au travail, j'ai clairement vu la déconnexion du chakra. À la séance suivante, nous nous sommes occupés de reconnecter la racine du chakra au courant d'énergie verticale. Ceci donne un sentiment intérieur réel qui affirme que notre force est en contact avec sa source. Cela donne un sentiment d'autorité fondamentale. Pendant les séances, Herman a très bien accepté le travail énergétique et il s'est mis véritablement en reconnexion avec le chakra. Cependant, dans son métier il n'est pas arrivé à faire durer la connexion.

À la séance suivante, on distinguait bien le rétrécissement du chakra lorsqu'il parlait de sa collègue Viviane. Dans une composition de constellation, il s'est avéré que Viviane se comportait en rivale par rapport à Herman et se battait contre son autorité, tant sur le plan émotionnel que pratique et psychique. Elle le faisait sur le plan émotionnel à travers sa présence dans la dynamique de groupe de l'équipe de travail, et sur le plan concret en classant ou en déformant les informations de telle façon qu'il était difficile pour Herman d'avoir une vision globale. Psychiquement, Viviane utilisait son pouvoir, peut-être inconsciemment, pour rétrécir le troisième chakra d'Herman.

Vaguement conscient d'une pression sur son estomac, Herman cherchait inconsciemment à s'en libérer. De façon inconsciente, mais bien active, il a

observé un soulagement lorsqu'il a cédé son autorité, ce qui, énergétiquement,
est égal à la déconnexion du troisième chakra. Il s'est alors rendu temporairement
à la rivalité de Viviane en devenant moins compétent qu'il ne l'était. Et cette
satisfaction a été suffisante pour momentanément arrêter le sabotage de Viviane,
jusqu'à ce qu'Herman se reprenne en main et que ce petit jeu se joue à nouveau.
Pour Herman, et peut-être aussi pour Viviane, ce jeu se déroulait à un niveau
subconscient. La seule chose dont ils se sont rendu compte est le sentiment
d'irritation, de malaise et les maux d'estomac qui apparaissaient après chaque
réunion, mais aucun d'entre eux ne témoignait verbalement d'une conscience de
la dynamique sous-jacente de leurs conversations. Dans une séance suivante,
nous avons refait la constellation des structures de pouvoir de l'entreprise. De
manière respectueuse, Viviane, Herman et d'autres collègues importants ont pris
leur place naturellement. Le résultat de la constellation a été que le schéma de
rivalité de Viviane s'est calmé, ce qui a débouché sur une coopération fructueuse,
voire même agréable. Depuis cette séance, Herman peut maintenir la reconnexion
fragile de son troisième chakra, et il se sent à présent à l'aise dans son travail.

• Le chakra étranglé

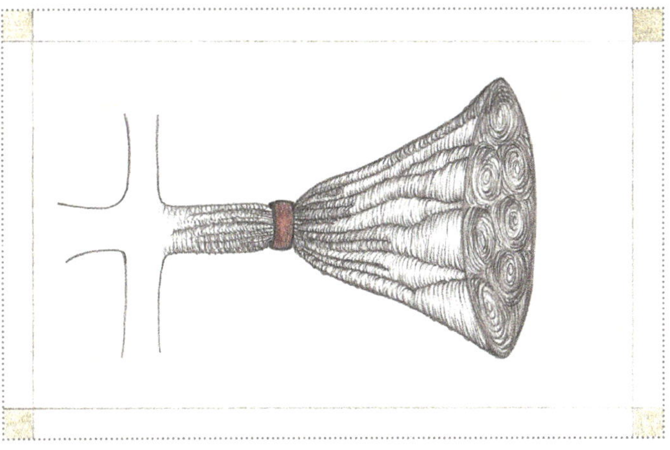

FIGURE 15 • un chakra étranglé

La description de la situation précédente nous a déjà donné un exemple type
d'un chakra étranglé. Un autre cas que nous rencontrons souvent avec certaines
subtilités, autant chez l'homme que chez la femme, est le chakra ceinturé. Ceci est
bien souvent le résultat de périodes de la vie lors desquelle hommes ou femmes

ont sacrifié leurs expériences sexuelles au profit de pratiques religieuses ou spirituelles. Cette forme de spiritualisation de la sexualité n'est pas sa transcendance, mais elle se sert de cette énergie pour servir tel ou tel idéal, que ce soit de façon volontaire ou non. Je peux imaginer que les prêtres ou les prêtresses de l'Égypte ou de la Grèce ancienne devaient avoir de telles ceintures et qu'elles furent même installées de façon rituelle. C'était alors l'ancrage énergétique d'un code bien précis qui disait comment, quand et pour qui la force sexuelle devait être utilisée. Dans le cadre du contexte culturel et des besoins de l'époque, c'était sans doute un système utile qui servait de nombreuses personnes. Mais de nos jours, au XXIe siècle, dans notre culture occidentale, le port d'une telle ceinture est beaucoup moins agréable. Le code culturel de cette ceinture n'a plus de fonction, elle est donc devenue inutile. En outre, notre liberté sera limitée si nous nous conduisons sexuellement selon ce code, alors que nous pouvons utiliser notre force de manière bien plus sensée.

D'autres formes de ceintures de chakra modernes sont le résultat de situations dans lesquelles la sexualité se voit censurée selon des codes moraux, des condamnations, des peurs ou des tabous. Or, nous ne devons pas avoir peur que la libération de ces ceintures mène à la débauche ou à l'inconstance. Au contraire. Sous la ceinture qui coince se trouve de l'énergie accumulée qui fait croître la frustration et qui conduit de temps en temps à des explosions de conduite sexuelle extrême allant de la décadence jusqu'au viol. Aussitôt ces ceintures disparues, le vécu de l'intimité évolue vers une satisfaction harmonieuse, affective et agréable.

Curieusement, dans l'autre cas apparemment extrême, à savoir la prostitution, cela crée des ceintures coinçantes dans le deuxième chakra également. Une ancienne prostituée qui venait pour un traitement montrait également ce type de ceinture qui canalisait la sexualité à l'intérieur des codes professionnels de son métier. Au bout de la troisième séance, je me suis aperçu que les ceintures avaient disparu et que cela lui permettait de se lier à quelqu'un sexuellement. Cette partie du travail énergétique n'a pas été très difficile. Le grand changement pour elle a été la résolution de la division dans le courant énergétique vertical entre son cœur et son bassin. Enfant, elle avait créé cette division comme mécanisme de survie, parce qu'elle ne pouvait pas supporter la souffrance du manque d'affection. La division l'aidait à étouffer, à supprimer ou au moins à détourner cette souffrance. Ceci la servait bien dans sa profession dans laquelle elle devait être disponible sexuellement, tout en s'opposant à des liens affectifs. Son credo était « je reste professionnelle ». La guérison et la transcendance de cette division durent déjà depuis quelques années et elle fait courageusement des progrès. La prostitution est le cas le plus évident d'un schisme entre le cœur et la sexualité, mais ce schisme est aussi un phénomène récurrent dans une société où beaucoup de gens sont seuls et se refroidissent le cœur. Qui, de nos jours, ose encore suivre son cœur et sa passion sous la pression économique ? Jusqu'où vont les gens aujourd'hui en compromettant leur âme en échange de la sécurité, de l'argent, de l'acceptation ou de la reconnaissance ? Qui, de nos jours, ose rêver d'unir travail et passion ? Et ensuite réalise ce rêve ? Voilà entre autres, des exemples de schismes dans le canal vertical.

• Le chakra fané

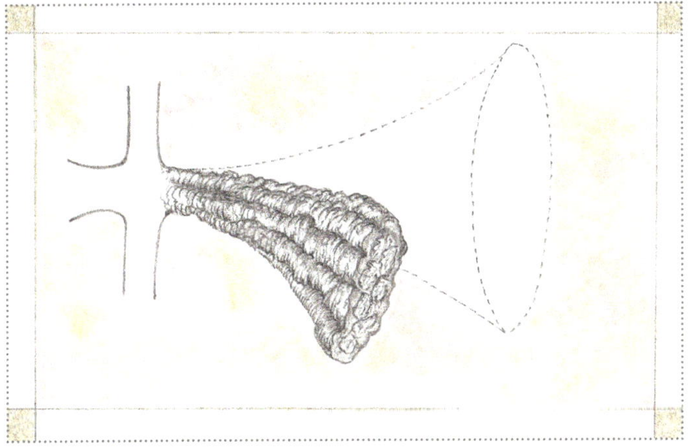

FIGURE 16 • un chakra fané

Un après-midi, un homme ayant étouffé pendant plus de trente ans sa passion dans le travail et dans son mariage, est entré dans mon cabinet. Son premier et son second chakra avaient l'air fanés. Nous pouvons probablement en trouver la cause dans son enfance, mais jusqu'à présent, nous travaillons sur le début de son mariage. Rudi est marié avec une femme qui a été intimidée, bien que non violée, sur le plan sexuel et physique par son père.

Rudi a alors pris le rôle de protecteur-sauveur face à son beau-père. Il a continué à jouer ce rôle fidèlement pendant toute sa vie en échange de la reconnaissance et de la dépendance de sa femme, Tine, envers lui. Dans ce compromis non verbalisé, Rudi a étouffé sa sexualité en échange de la reconnaissance de Tine ainsi que de sa dépendance, ce qui, implicitement, lui donnait la certitude qu'elle ne le quitterait jamais. Tine a cédé son indépendance en échange d'une attitude passive, ce qui lui évitait de devoir se libérer du lien relationnel nuisible qui l'unissait à son père, tout en évitant de regarder en face les blessures de son enfance. Si elle permettait à sa féminité de se développer, ces blessures referaient certainement surface. Vivre une vie fade et ennuyeuse pendant trente ans est le prix que Rudi a été prêt à payer pour ne pas risquer de se voir confronté à la peur de l'abandon. Le prix que Tine a payé involontairement pour ce compromis inconscient dans la vie de couple est une obésité extrême et une dépendance à la télévision.

Alors que chez Rudi, ce sont plutôt le premier et le deuxième chakra qui se sont fanés, chez Tine, ce sont le premier, le deuxième et le quatrième chakra. Ces dernières semaines, quelque chose a commencé à bouger dans leur relation et le couple a commencé à s'éveiller de sa léthargie. Ce fut d'abord accompagné de frustrations. Du point de vue technique et énergétique, ces frustrations correspondent au courant d'énergie qui veut se mettre à s'écouler dans un chakra encore sous-développé. Au début, ils projettent ces frustrations l'un sur l'autre, ce qui remet les chakras dans leur état habituel fané et s'accompagne de sentiments lourds et léthargiques. Mais il y a plus. Par les séances énergétiques, de petites graines de potentiel ouvert chez tous les deux ont été plantées dans les chakras. Les chakras ont en quelque sorte pu sentir ce qui était possible pour eux. Et cette compréhension intérieure donne à Tine ainsi qu'a Rudi une faim d'en recevoir plus. Non pas une faim dans le sens de la nécessité, mais une faim de vivre pour vivre. Une faim pour la plénitude, la joie et le dynamisme qui sont possibles pour eux aussi. Et ce sont cette faim et cette compréhension qui leur donnent aussi la volonté psychique de traverser la difficulté du travail de la transformation. Le cas échéant, par la confrontation avec le compromis implicite entre eux deux, puis ensuite individuellement en se confrontant à toutes leurs blessures individuelles sous-jacentes. Chez Rudi, il s'agit de la confiance en soi et de la peur de l'abandon, et chez Tine, de la peur de l'intimité et de l'autonomie. À travers un travail de transformation adéquat et avec beaucoup de soutien, ce couple peut donner à son mariage une tout autre direction pour les années suivantes.

• Une spirale de chakra détachée

Nous avons vu dans les dessins que le chakra est composé d'un ensemble de fines spirales de chakra qui, en état harmonieux, tournent dans le sens des aiguilles d'une montre. Chaque spirale a des fonctions psychologiques, énergétiques et biologiques spécifiques. La fonction psychologique peut être liée à une qualité, comme la pensée, la communication, etc. Les composantes énergétiques sont à la base de la vitalité générale, de l'harmonie hormonale et du système énergétique. Quand je parle de la connexion bioénergétique, je veux dire

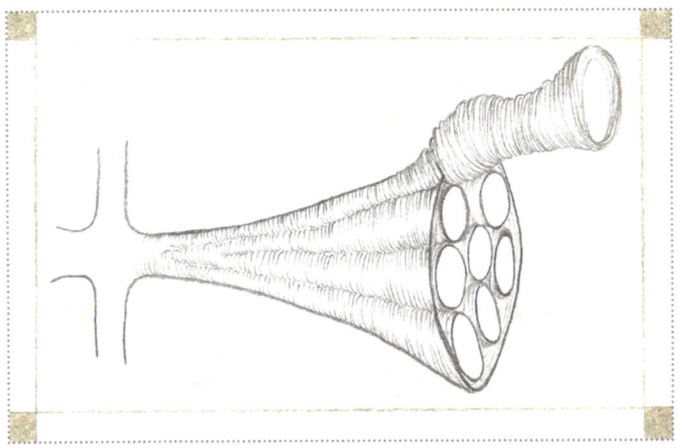

que, normalement, toute spirale de chakra est couplée à un organe ou à une partie d'organe comme le foie, la vésicule biliaire, la glande surrénale ou le poumon. J'ai vu par exemple des spirales de chakra détachées après une opération du foie, ce qui les met comme en état de choc par le traumatisme physique de l'intervention chirurgicale. Ceci ne veut pas dire qu'une opération n'est pas souhaitable. Heureusement, les chirurgiens d'aujourd'hui sont capables de faire des interventions techniques sophistiquées. Non, cela veut simplement dire qu'après une opération et une guérison physique, nous avons aussi besoin d'une guérison sur le plan énergétique et émotionnel. La bienveillance dans le soin, une attitude personnalisée, un toucher affectif et une attention sincère peuvent réaliser cela en un rien de temps.

D'autre part, j'ai vu beaucoup de spirales de chakra détachées lors de divorces. Le divorce est un processus énorme que l'on ne peut accélérer, forcer ou imposer. Si on peut traverser un processus de divorce de façon tranquille, tous les chakras pourront théoriquement le traverser sans subir des dommages. Dans la réalité cependant, nous observons que seuls ceux qui ont un très haut degré de maturité émotionnelle, mentale et spirituelle peuvent le faire. Hélas... on en trouve peu dans notre monde. Je n'oserais pas pour ma part me placer dans cette catégorie. Nous subissons tous quelques lésions dans notre champ énergétique, qui n'est autre qu'un plan de notre psyché. Hormis toutes les autres pathologies des chakras, comme les chakras divisés, explosés, etc. (qui sont les cas les plus douloureux), on observe très souvent des spirales de chakra détachées.

Dans les cas de divorce, il s'agit de décharger toutes les cordes relationnelles et de les désactiver. J'avance déjà un peu ici sur le sujet de la technologie des cordes (voir chapitre suivant). Beaucoup de gens pensent qu'ils peuvent stopper des relations en coupant les cordes, en les déchirant ou en les rompant. Mais cela ne marche pas comme ça. Ceux qui essayent de cette façon se retrouvent dans des scénarios répétitifs qui ne mènent pas à une solution. De plus, la personne se fait mal à elle-même ainsi qu'à l'autre en déchirant ses cordes de cette manière. Cela produit des spirales de chakra détachées. Dans le vécu, cela mènera à des sentiments de culpabilité, de mal-être, de malaise, de manque et de nécessité, que l'on projette souvent sur la personne dont on tente de se séparer. Tout ceci ne fait qu'accroître la confusion et la douleur dans la relation et nourrit le conflit. On manifeste ainsi le contraire de ce que l'on souhaite : on obtient plus de conflit plutôt que de trouver une solution libératrice. À la lecture de la technologie des cordes, vous comprendrez quels genres de stratégie sont plus efficaces si on veut sortir d'une relation.

• Le chakra qui tourne à contresens

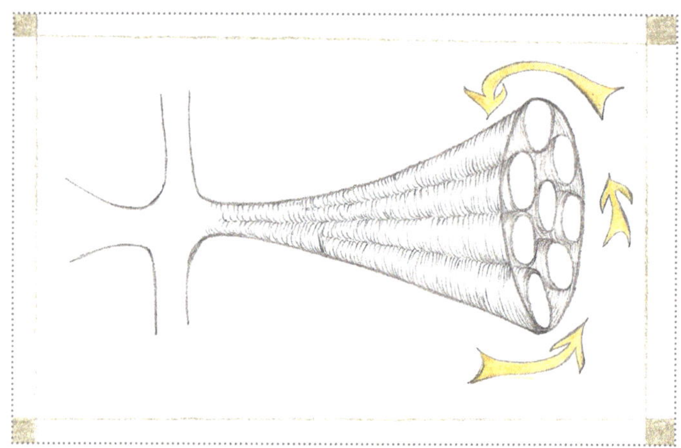

FIGURE 18 • un chakra qui tourne à contresens

Normalement, s'il est en bonne santé, le chakra tourne dans le sens des aiguilles d'une montre. Cela donne l'expérience d'une « ouverture d'esprit ». On adopte une attitude neutre et sans préjugés envers la vie, pour que les sens puissent enregistrer parfaitement toutes les images, les sons, les odeurs, les goûts et les données kinesthésiques telles qu'elles se présentent dans la réalité. Sur le plan psychologique aussi, nous prenons la réalité telle qu'elle est. Pendant ces moments, nous pouvons vraiment être à l'écoute, dans le vrai sens du terme. Nous pouvons voir l'autre personne telle qu'elle est vraiment sans l'idéaliser, sans la mépriser, sans l'attirer, sans la repousser. Nous sommes neutres, présents et ouverts dans la réalité. Sur le plan énergétique, ceci correspond à l'état dans lequel nous nous rechargeons. Souvenez-vous du sentiment de bien-être que nous ressentons quand nous nous promenons : au bout d'un certain temps, on oublie tous les soucis et pensées préoccupantes (sixième chakra tournant à contresens) et notre tête se détend. Si nous continuons à nous promener encore un peu dans cet état, nous nous sentons de mieux en mieux. On se sent rechargé, libre, léger et le sentiment de joie s'accroît indéniablement. C'est le résultat du fait que le chakra tourne dans le sens de l'horloge, ce qui donne petit à petit plus d'énergie au système. Maintenant, il est important de comprendre le juste sens du mot « énergie ». Dans le contexte social, nous associons le mot « énergique » au dynamisme, au fait d'être actif, voire même très occupé. Dans le véritable contexte de la conscience énergétique, il faut corriger cette association. Lorsque le champ énergétique humain se charge, il est question en effet d'une augmentation de vitalité, de joie et de la possibilité d'être actif. Cependant, l'état que recherche un champ énergétique sain et chargé est celui de paix et d'harmonie. Ce qui ne correspond pas toujours au fait d'être dynamique et actif. L'état chargé comprend le dynamisme, mais il est bien plus que cela. Des expériences de paix profonde et de contentement, de tranquillité et de relaxation en font partie également. Ils sont eux aussi les signaux d'un champ énergétique chargé.

Récemment, j'ai observé un phénomène intéressant lors d'une conversation pendant un dîner. Un partenaire, que j'appellerai Mark, m'a invité pour que l'on puisse parler un peu. Il était de très bonne humeur. C'était un vendredi soir, donc la fin de la semaine de travail. Il avait rangé son appartement sympathique où régnait l'atmosphère agréable d'une soirée d'été. La température était douce et tout le quartier profitait de la fin généreuse de l'été. Les chakras du cœur, de la gorge et de la tête de Mark étaient grands ouverts et notre conversation fut animée. Nous avons tous deux montré de l'intérêt pour nos opinions respectives en parlant de nos vies. Nous avons parlé des beaux moments de la vie, mais aussi des épisodes plus sombres. En le regardant, j'ai vu, pendant la conversation, plus de son champ énergétique que du mien. Je voyais régulièrement la direction de son cinquième et de son sixième chakra changer de sens en allant dans le même sens et dans le sens contraire de l'horloge, et je le regardais de façon amusée pendant que je lui parlais. Au bout d'un moment, je me suis aperçu qu'à chaque fois que son cinquième chakra commençait à tourner à contresens, il n'enregistrait plus ce que je disais. Dès que le cinquième chakra se mettait à tourner dans le bon sens, il arrivait à nouveau à entendre ce que je disais. Il me demandait à chaque fois de répéter les parties de la conversation quand son cinquième chakra tournait en sens contraire. Cela m'a confirmé qu'à ces moments-là, il n'enregistrait plus mes mots. J'ai alors compris que je pouvais attendre un peu et me détendre jusqu'au moment où son cinquième chakra se remettrait à tourner dans le bon sens, sinon je devais répéter tout le temps ce que je disais.

Le phénomène du sixième chakra alternant donna un autre résultat. Si son cinquième chakra tournait bien et que son sixième allait à contresens, son regard témoignait de sa non-compréhension ou de son « non-accord » avec moi. Il arrivait à récapituler ce que j'avais dit, c'est-à-dire qu'il avait enregistré mes mots, mais il n'arrivait pas à les placer dans un système de référence semblable au mien. Parfois, il me demandait une explication : « Que voulais-tu dire par ces mots ? » Je pouvais alors m'apercevoir que mes mots avaient éveillé certains souvenirs en lui qui avaient fait s'éloigner ses pensées (= chakra qui tourne à contresens) du message que je voulais lui transmettre. Par la répétition et les questions, le message a été transmis. Je suppose que moi-même, j'ai également eu des moments de non-compréhension de ce qu'il disait, ou de non-enregistrement.

En fait, un chakra dont le sens de rotation alterne est tout à fait normal et cela arrive souvent ; s'il existe de la souplesse et de la dynamique en son sein, il n'y aura pas de problème. Cela devient un problème si le chakra tourne à contresens de façon rigide. À ce moment-là, la personne projette une image intérieure sur le monde extérieur et ne se trouve plus dans la réalité. Au premier degré, c'est ce qui se passe quand quelqu'un est têtu ou qu'il ne veut rien entendre, ou est insensé, ou boude, ou essaye de convaincre l'autre qu'il a raison. Dans les cas un peu plus extrêmes, le chakra tourne à contresens de façon chronique et cela peut aboutir à une vie rêvée ou imaginaire pendant longtemps. Cette personne aura des problèmes de contact avec autrui et développera des difficultés de fonctionnement dans la société. Il n'y a pas une technique générale pour changer le sens dans lequel tourne un chakra. Par l'intention et des mouvements de main, on peut corriger de petits blocages. Avec de l'humour, de la compréhension et de la communication, nous arrivons à faire cesser l'obstination. Mais au cas où la personne fuit la réalité, il faudra souvent une aide plus approfondie. Il y a souvent une raison bien douloureuse à cette évasion, il faut alors regarder cette raison en face, respecter et traiter la douleur pour que la personne soit prête à renoncer à son comportement d'évasion. Il est évident que la cause de ce comportement, une souffrance intérieure, est différente pour chaque individu. Il est donc logique que l'on doive observer tout chakra tournant à contresens de façon unique avant de le traiter si besoin est.

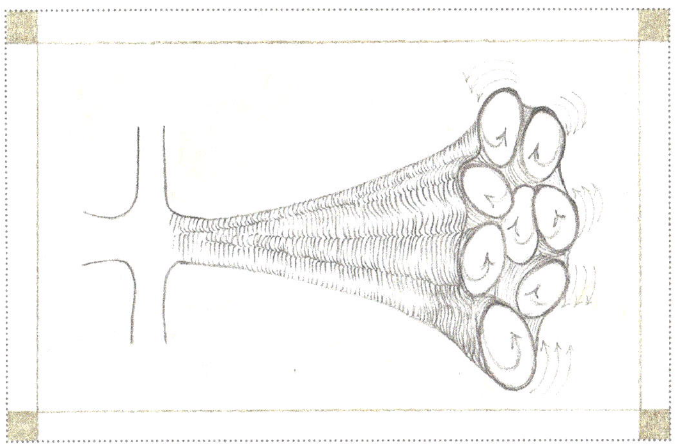

FIGURE 19 • un chakra chaotique

Il n'est probablement pas difficile d'associer un sentiment avec le chakra chaotique. Un chakra en chaos se voit presque toujours accompagné d'un état de confusion mentale et/ou émotionnelle, mais plutôt dans le sens de turbulence et d'inconstance que de comportement confus ou troublé. Au contraire, son état est certainement plus dynamique que passif et confus.

Un chakra chaotique est un état tout à fait normal que nous vivons tous plusieurs fois par jour, par exemple dans des moments de sursaut, ou quand nous sommes surpris, ou bien que nous vivons quelque chose de nouveau, etc. Il vaut mieux se soucier plutôt des chakras qui ne se trouvent jamais en chaos, car soit ils ont été freinés dans leur développement, soit ils se sont rouillés dans des schémas dogmatiques. Un chakra sain a la flexibilité de se mettre en chaos de temps en temps. La frustration de vouloir apprendre quelque chose dont on n'est pas encore capable ou de comprendre quelque chose que nous ne saisissons pas encore, le brainstorming créatif sur un projet ou même les ailes du sentiment amoureux qui touchent notre cœur comme jamais auparavant sont autant d'expressions saines d'un chakra en chaos. Toutefois, quand un chakra reste continuellement dans un état de chaos, c'est signe d'un problème. En situation normale, un chakra, après avoir subi un sursaut, l'apprentissage d'un nouveau mot ou l'intégration d'une expérience plus profonde ou nouvelle, etc., se remet en état harmonieux lui-même. Tout comme lorsqu'on laisse reposer un verre d'eau trouble, le dépôt descend au fond du verre et, au bout d'un certain temps, l'eau retrouve sa clarté. Il existe cependant des situations où les chakras restent en état de chaos. Si, par exemple, nous sommes habitués à vivre dans le stress, nous allons continuer à créer ou à rechercher du stress, même si les facteurs extérieurs de stress disparaissent. Ceux qui ont une vie extrêmement remplie en particulier ont du mal à se détendre et à ressentir le calme. Ces personnes se mettent dans un état minimum de chaos, sinon elles se sentent mal à l'aise. Elles peuvent se sentir coupables quand une certaine dose de paix, de tranquillité et de bien-être commence à s'installer dans leur ressenti corporel. Des voix typiques telles que « je ne le mérite pas », « je n'en vaux pas la peine », « je n'en ai pas fait assez », « je n'ai pas fait cela assez bien », « qu'est-ce qu'on pensera de moi » sont autant d'obstacles qui empêchent de trouver une harmonie plus profonde. Ces voix peuvent reposer sur des erreurs dualistes comme : « quand je me repose, quand je suis reposé/je suis paresseux », « quand je suis content, je ne veux plus me mettre en action », « quand je ressens cette paix, je laisse tomber les autres », « quand je me sens heureux, je suis égoïste ».

Il se peut que nous ayons quelquefois été paresseux ou égoïstes, mais nous avons associé à tort ces jugements à l'expérience de détente et de bien-être. Notre faculté de distinction entre les deux a été affectée par un jugement aveugle. Il est donc important que nous nous permettions l'expérience de tranquillité, de paix, de bien-être et d'harmonie dans une juste mesure, et avec responsabilité, sans nécessairement glisser vers de l'égoïsme ou de la passivité. Un chakra sain, tout comme une psyché saine, oscillera naturellement en cherchant un équilibre entre activité et détente. De plus, ce mouvement mènera à une productivité optimale des chakras et donc de la psyché, bien davantage que des chakras qui se trouvent en état de surexcitation permanente.

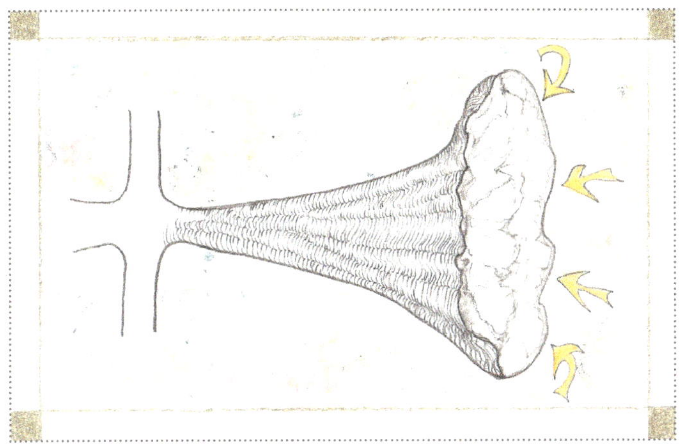

FIGURA 20 • un chakra implosé

Voilà la forme typique du chakra en cas de profonde déception ou lors d'une sévère remontrance par un supérieur, un professeur, un parent, un partenaire ou un ami. Les sentiments correspondants sont souvent le découragement, un sentiment de ne pas être sûr de soi ou bien de la timidité.

Eric, magasinier dans une entreprise portuaire, souffre régulièrement d'un chakra du cœur implosé. Sur le plan énergétique, il se remet assez facilement, donc il se sent vite suffisamment bien pour reprendre sa vie en main. Mais la guérison s'avère fragile, ce qui le fait retomber à chaque fois dans la même démotivation, que l'on observe dans son aura comme un chakra du cœur implosé. Après quelques investigations, nous découvrons ensemble le moment précis où il commence à se sentir en perte de confiance. C'est souvent une ou quelques heures après une interaction avec son chef Frank, qui passe deux ou trois fois par semaine afin d'examiner la liste des commandes et l'inventaire avec Eric. Pendant l'interaction elle-même, Eric est concentré sur les chiffres et non pas sur l'interaction avec Frank, il ne se rend donc pas compte de ce qui se passe énergétiquement dans cette situation.

Frank a un tempérament fort et parle d'une voix haute et perçante. Il dit immédiatement ce qu'il pense. Surtout lorsqu'il est impatient, ce qui intimide Eric. Raison pour laquelle son chakra du cœur implose en lui donnant des sentiments de découragement. Cela n'aidera pas Eric d'exiger de Frank de ne plus être impatient. Il est certainement beaucoup plus intéressant de rechercher d'où vient la vulnérabilité de cœur d'Eric et de la guérir. Eric aura alors la possibilité de garder son cœur fort et ouvert, même dans des circonstances plus difficiles avec des personnes plus exigeantes.

Un travail plus profond sur le chakra du cœur a permis de mieux mettre en lumière sa vulnérabilité dans ce domaine. Son chakra du cœur contenait un nœud psychique lié à la conviction négative profondément ancrée qu'il ne vaut rien. Pendant certaines interactions avec Frank, ce jugement de soi s'est renforcé et a fait son travail paralysant dévastateur. En en prenant conscience et avec quelques aides efficaces, Eric arrive à démanteler ce schéma dévastateur en lui, de sorte que dorénavant, il peut rester pleinement lui-même, même pendant ses rencontres avec Frank.

Aussitôt que la compréhension de nos actions arrive à notre conscience, des moyens simples sont souvent suffisants pour défaire un schéma qui, auparavant, était débilitant. Dans d'autres cas, il va falloir une thérapie de longue durée pour améliorer la situation, et dans d'autres cas encore il va falloir changer ou bien quitter une situation.

Nos chakras, et souvent les courants d'énergie dans le Canal vertical, sont remplis de ces nœuds psychiques. Ce sont des noyaux fortement condensés d'énergie psychique accumulée. Ces noyaux sont touchés dans des moments inattendus bien spécifiques, ou dans des circonstances typiques pour la personne en question. Chez l'un, ces noyaux seront peut-être activés quand il verra une araignée, et chez l'autre, ce sera quand il devra parler en public. Ou bien il est possible que ces noyaux soient activés spontanément dans des moments totalement inattendus. Le résultat de l'activation d'un nœud psychique est le développement exagéré des émotions ou des sentiments par rapport à la situation réelle. Dans les exemples simples décrits, ceux qui ont peur des araignées ou de parler en public peuvent ressentir une peur de la mort alors qu'en vérité, ils ne sont pas en danger du tout. En démantelant ces nœuds psychiques, les schémas paralysants, étouffants ou limitants pourront être adoucis ou carrément neutralisés. La façon de réaliser ce démantèlement est différente pour chaque individu. C'est un voyage de découverte intéressant que l'on entreprend seul ou à l'aide d'un thérapeute. Il est toujours important de viser le but essentiel (une amélioration de la qualité de vie, un développement ou une libération) afin de ne pas se perdre dans la recherche même ou dans la thérapie. Ceci n'aurait vraiment aucun sens.

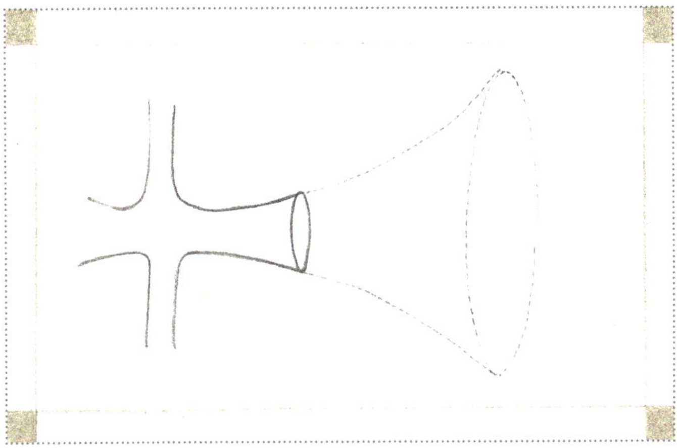

FIGURE 21 • un chakra sous-développé

Dans ce cas, il est question de l'arrêt du développement psychique de la personne à partir d'un certain âge. Cela peut commencer à n'importe quel âge et, dans des cas extrêmes, même pendant la vie intra-utérine. Le fœtus, le bébé, le tout petit ou le jeune enfant a (presque toujours inconsciemment) fait le choix de ne pas développer cette partie de lui, pour quelque raison que ce soit. Peut-être n'a-t-il pas eu de reconnaissance de ceux qui l'entouraient, peut-être qu'il a rencontré de la jalousie ou de l'agression extérieure, peut-être a-t-il connu la pauvreté matérielle ou peu d'opportunités, ou bien a-t-il connu des contraintes dès sa naissance. Vous avez déjà certainement fait l'expérience que, tout en étant adulte, votre réaction dans une certaine situation est plutôt celle d'un enfant. Ou, si vous ne vous reconnaissez pas dans ce schéma (ce qui est souvent assez difficile), peut-être l'avez-vous observé chez d'autres adultes. Dans certains domaines, ils sont matures et équilibrés, et dans d'autres domaines, ils se comportent de façon tellement enfantine que cela vous choque. Avec le terme « enfantin », je veux dire ici un type d'égocentrisme inapproprié qui démontre que cette personne ne peut se conduire en relation adulte avec le monde extérieur dans ce domaine précis. Ce phénomène peut être le symptôme d'un chakra sous-développé. Un autre symptôme est que la personne est totalement « vide », comme si elle n'était pas présente dans ce domaine précis. Pour certains, cela peut être le domaine de la parole, pour d'autres celui de la sexualité, et pour d'autres encore celui de la maturité émotionnelle ou le bon sens, bref, toute forme de développement propre à un chakra.

À côté du travail énergétique, nous nous servirons surtout de moyens d'aide éducatifs ou récréatifs. Rationnellement, on pourrait dire que le cas échéant, il faut étudier plus longuement ou faire une thérapie plus profonde afin de rattraper le retard du chakra sous-développé. C'est vrai dans certains cas. Il faut alors des années d'attention et de travail avec un hobby ou des études (le chant, la danse, une formation, de la communication, le sport, etc.) pour parvenir à ce que le chakra atteigne le niveau de développement propre à son âge.

Mais curieusement, ceci n'est pas toujours le cas. J'ai déjà vu une personne récupérer un retard de plusieurs décennies en un mois seulement. Je n'ai pas d'explication pour cela. Dans certains cas, la personne avait un lien fort avec un membre de la famille ou avec un ami dont le chakra en question était fortement développé. Peut-être est-ce là l'explication, mais c'est assez difficile à mesurer.

• Le chakra fendu

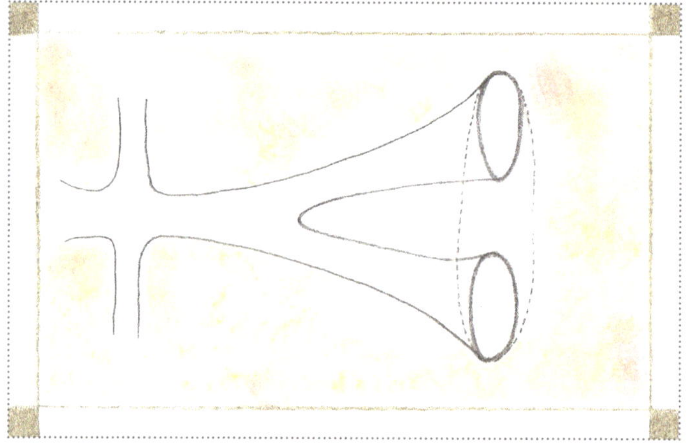

FIGURA 22 • un chakra fendu

Les deux situations de vie les plus drastiques qui résultent d'un chakra fendu sont : 1) un enfant qui prend fortement sur lui le rôle d'intermédiaire auprès de ses parents qui vivent un sérieux conflit ou qui divorcent (avant, pendant et/ou après le divorce) ; 2) quelqu'un qui a deux relations importantes en même temps dans sa vie (par exemple mariage et amant). Les deux relations peuvent avoir une profondeur et une intensité égales tant qu'elles se vivent séparément et librement. Ainsi, elles pourront coexister de façon harmonieuse et avec amour.

Mais aussitôt que les deux relations devront être rapprochées, cela aboutira à des réactions explosives accompagnées de maladies ou d'accidents. Souvent, ces phénomènes sont dramatiques, comme des accidents de voiture, de travail, une jambe cassée, une embolie pulmonaire, des disputes explosives, etc. La personne qui a un chakra fendu suivra toujours un cours sans perspective et sans issue sur le plan thématique propre à chakra. Il est impératif de se distancier totalement d'une approche moraliste de ce phénomène. Dans le cas de l'enfant dont les parents divorcent, il est important de ne pas voir les parents comme les coupables et l'enfant comme la victime. Cela ne fera qu'agrandir la fente du chakra. Même dans le cas d'un mariage avec un amant, il sera important de ne pas juger l'infidélité avec un regard réprobateur. Cela ne fera que renforcer l'impossibilité pour la personne de se lier ou de se donner dans la vie. Dans le premier cas, il est important de viser l'ensemble des personnes concernées et de leur ouvrir notre cœur. Le traitement d'une personne souffrant d'un chakra fendu est un bon exercice pour pratiquer l'impartialité, car le champ de force du chakra fendu conduit le thérapeute, soit directement soit de façon subtile, à prendre parti. Lorsque le thérapeute se laisse séduire, cela donne au client un sentiment de soulagement temporaire et il se sent satisfait. Cependant, ce sentiment superficiel de soulagement ne fait que maintenir la fente jusqu'au moment où le client se retrouve à nouveau dans une situation d'amour sans issue, de travail impossible ou dans une autre impasse. Quand le thérapeute peut résister à cette séduction, le vrai travail de guérison peut commencer.

La guérison des chakras fendus n'est pas simple, car tout en étant fendus, ces chakras peuvent être développés et fonctionner parfaitement en relation comme dans le monde extérieur. Ils ont le talent de créer des situations de vie plurielles qui sont très satisfaisantes. Le seul désavantage est que cette jouissance a un prix, soit sous la forme d'une détérioration de la relation, souvent de manière très douloureuse, soit sous la forme d'une carrière gâchée ou d'un sévère accident de voiture, de sport ou de voyage, ou d'autres changements de destin importants. Le prix que nous payons pour un chakra fendu est typiquement un long rétablissement : une période de deuil après une longue relation, une période de guérison après un grave accident, une réintégration au travail afin de remettre sa carrière en route, une réintégration difficile dans la société ou dans des groupes après avoir coupé les ponts.

Comment traiter quelqu'un qui souffre d'un chakra fendu ? Ce sera différent pour chaque individu, puisque l'histoire personnelle qui a mené au chakra fendu est différente d'un individu à l'autre, tout comme l'ouverture à l'aide le sera. Néanmoins, le traitement gagnera beaucoup en efficacité si le thérapeute prend en compte les deux grands risques des chakras fendus. Le premier est celui de la partialité et le second est la superficialité. Nous avons déjà parlé de la partialité. Le problème de la superficialité est lié au fait de continuer à trouver de la satisfaction dans les expériences de plaisir déconnectées du chakra fendu. « Déconnecté » veut dire ici « déconnecté de tout ». Une partie du chakra (la psyché, donc) est autonome dans sa déconnexion, mais travaille contre une autre partie du chakra (une autre partie de la psyché), que ce soit de façon consciente ou inconsciente. Tant que la partie déconnectée du chakra maintient sa dominance, cela mène à un sentiment de plaisir isolé. Cependant, la mise à l'écart de cette expérience aboutit à un manque et à une perte d'énergie pour le système en général et ne pourra être maintenue.

Au bout d'un certain temps, l'autre partie du chakra se sentira frustrée et c'est alors que le conflit pour le pouvoir intérieur se manifestera. La première partie, qui est satisfaite, s'adoucira un peu pour que la deuxième partie du chakra, motivée par une frustration intérieure, prenne le dessus. Cela se traduira par un grand revirement d'attitude qui aura ses effets dans la relation avec autrui. Il se peut que la partie A du chakra fendu ait un tout autre cercle d'amis que la partie B. L'affection pour le groupe A se transformera en dégoût et l'amitié pour le groupe B nourrira l'agressivité et le dégoût pour le groupe A. A et B peuvent être aussi bien deux personnes que deux milieux sociaux (famille, travail, club, etc.).

Nous pouvons éprouver du plaisir dans ce système de va-et-vient en obtenant plus d'attention, d'émotions, de sensationnel, etc., mais il sera néanmoins dépourvu d'un plaisir plus profond jusqu'au moment où l'on harmonisera les parties A et B en un tout cohérent. À partir de ce moment, nous éprouverons les sentiments de plaisir que A tout comme B génèrent, mais nous éprouverons en même temps un profond sentiment de quiétude et de paix intérieurs (à ne pas confondre avec la passivité). Un profond sentiment de bien-être qui nous indique que tout est juste. Tant que le plaisir de la partie A et de la partie B est vécu de manière fendue, il y aura toujours des sentiments de malaise, de culpabilité, d'insécurité et beaucoup de confusion et la personne se sentira perdue. Le piège de la superficialité se referme lorsqu'on est content du plaisir fendu de l'une des parties du chakra, ou du plaisir des deux parties séparées. Cela veut dire que le chakra n'a pas été mené à une émancipation complète. Pour arriver à une harmonisation, il va falloir percer au plus profond de la fente et découvrir la cause qui fend littéralement en deux le fonctionnement sain du chakra. C'est un travail très profond. Profond ne veut pas nécessairement dire long. Le temps qu'il faut pour atteindre cette profondeur dépend de l'individu, on ne peut généraliser. L'important est d'adopter une attitude de patience et de prendre le temps nécessaire sans vouloir déterminer à l'avance la durée que cela va prendre. S'il faut dix minutes, eh bien cela prendra dix minutes. Si cela prend trois ans de travail hebdomadaire, eh bien soit, cela prendra trois ans de séances hebdomadaires.

Vous aurez bien compris que ces phénomènes se produisent, dans une certaine mesure, chez chacun d'entre nous. Il s'agit là de changements de goûts, de préférences, de besoins et d'humeur qui sont les côtés charmants de la personnalité de quelqu'un. Dans des cas extrêmes, le chakra fendu rendra la vie difficile et pourra même présenter un danger réel.

• Une spirale de chakra déconnectée

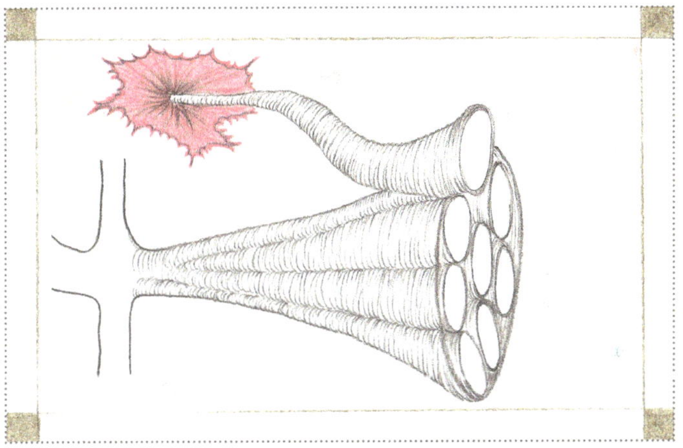

On voit clairement à la figure 23 qu'un chakra global est composé de petites spirales internes qui sont également des tourbillons énergétiques. Dans l'exemple des chakras fendus que nous venons de voir, les spirales de chakra sont partagées en deux groupes dans la plupart des cas (voir détail à la figure 22. Regardez aussi à la figure 23 le détail du sommet du chakra global ainsi que de chaque spirale.) Elles se rattachent toutes au courant d'énergie vertical pour s'y fondre par la suite. C'est là que nous voyons le contraste avec cette spirale déconnectée qui n'est pas attachée au courant vertical. Ce qui se passe là nous montre l'importance d'une connexion impeccable des dessus des chakras et des spirales au courant énergétique vertical. Cette connexion prend soin de la collaboration énergétique et de la communication entre les sept chakras principaux. Dans le cas le plus favorable, chaque chakra est soutenu par la collaboration harmonieuse de l'ensemble. Ce qui crée une solidité et une flexibilité et donne confiance pour passer à l'action, à la pensée et à l'expression de soi.

Dès qu'une spirale ou, dans des cas extrêmes, le chakra entier se déconnecte du courant d'énergie, l'expression de soi dans cet aspect de la vie est sérieusement compromise. Sur ce plan, la personne ne pourra pas fonctionner par elle-même, à partir de ses expériences de vie bien à elle et de ses propres motivations. Voyons cela, en pratique, dans l'exemple d'un employeur qui délègue du travail à une personne qui ne peut accomplir cette tâche spécifique que lorsqu'elle est sous supervision continue, avec des instructions et de l'aide. Dès que l'employeur déplace son attention vers autre chose, l'employé perd sa concentration, sa motivation ou bien sa compétence pour s'acquitter de sa tâche. Voilà l'exemple d'une spirale de chakra déconnectée. On a beau instruire, motiver ou éduquer la personne, tant que la spirale est déconnectée, la connaissance, la formation ou la motivation ne sera pas intégrée et la personne n'apprendra pas à s'approprier de manière autonome les instructions, les tâches ou le métier. Il va de soi que cela est vrai pour toutes sortes d'éducations, de formations, de travaux, d'expériences de vie et d'études. Chez certains, cela se manifestera par des problèmes de concentration.

Dans le contexte social, les déconnexions de spirales de chakras sont nombreuses. Avant-hier, au mariage de ma cousine, j'ai vu des dizaines d'exemples de spirales déconnectées momentanées.

Chaque fois que deux personnes parlent d'un sujet que la personne A connaît mais non la personne B, B s'efforce de faire de son mieux pour participer à la conversation, même si ses connaissances et son vocabulaire ne sont pas nourris par sa propre expérience de vie à propos du sujet. Il s'agit d'une participation sympathique normale afin d'entretenir une conversation vivante. Dans le champ de l'aura, on peut donc apercevoir des spirales de chakra déconnectées. Certaines personnes ne participent pas à ce genre de jeu sous prétexte qu'elles « ne peuvent pas jouer la comédie », alors que d'autres ont la souplesse et la flexibilité pour animer une conversation même si le sujet ne les intéresse pas particulièrement. Dans des situations sociales normales, la spirale de chakra déconnectée ne pose pas de problème. Souvent, elle est utile pour passer à un autre sujet de conversation où les deux participants ont des choses en commun. À partir de ce moment (lorsque les chakras des partenaires sont sur la même longueur d'onde), la communication entre eux est un vrai plaisir !

Les spirales de chakra déconnectées posent un problème surtout en cas de troubles d'autonomie ou d'apprentissage, ou bien dans le cas de relations dysharmonieuses, comme une relation d'amour dans laquelle l'un des partenaires est sérieux (établit un contact au départ d'un chakra/spirale connecté et l'autre, souvent inconsciemment, ne l'est pas (spirale déconnectée)). Il va de soi que ceci mène à un sentiment de déception et de trahison chez la première personne et vers un étonnement et une incompréhension chez la deuxième. Bien souvent, ceux qui ont des chakras déconnectés ne se rendent pas du tout compte de leur superficialité. Ils ne connaissent pas l'expérience d'un contact profond, d'un amour vrai, de la sécurité et de l'affection, mais ne font que copier les actions d'amour qu'ils ont vues dans les films et entendues dans les chansons. Ils ont souvent besoin de plusieurs relations avec des gens qui les aiment pour s'approprier cette expérience extérieure afin de pouvoir approfondir leur vie sentimentale. La leçon de vie pour ceux qui ont un chakra connecté qui s'attachent à ceux qui ont un chakra déconnecté est d'apprendre à les distinguer.

À travers la douleur de la déception, de la trahison ou du sentiment d'être abusé, ils sont forcés de regarder leur naïveté en face. Faire trop confiance aux autres peut générer de la sympathie, mais en fait, ce n'est pas l'amour vrai. Ce dernier est basé sur la réalité. Quelqu'un qui aime l'autre sincèrement mais le regarde au travers d'un voile de naïveté ne voit pas vraiment l'autre tel qu'il ou elle est. En réalité, il est amoureux d'une image intérieure idéalisée et non pas de la vraie personne, avec ses qualités et ses défauts. En vivant des expériences douloureuses comme celles-ci, les naïfs sont amenés à accorder leur amour à la personne authentique dans les circonstances réelles dans lesquelles elles se trouvent.
Relier les spirales et les chakras déconnectés est une intervention claire et nette pour le guérisseur énergétique qui a été formé en la matière. Cela demande de la force, de l'intelligence, et surtout un bon sens du juste moment. Une reconnexion énergétique sera durable si la personne en question possède la motivation ou le désir suffisant pour améliorer la situation. Si la motivation manque, la reconnexion ne durera pas et se déconnectera aussitôt lors de nouveaux challenges. Donc, dans le cas d'une absence de motivation, il faudra un travail plus profond encore. En outre, les chakras déconnectés doivent être « mûrs » pour une reconnexion, sinon cette intervention s'avérera plus traumatique que bénéfique. Ce sens du moment juste s'acquiert par l'expérience. Le bon travail énergétique est un artisanat qu'on ne peut apprendre en lisant des livres. Une formation directe par des professeurs qualifiés, des êtres inspirants, des études très rigoureuses et une pratique intensive sont les trois ingrédients essentiels pour devenir un bon thérapeute énergéticien. Mais même si on n'a pas l'ambition de devenir thérapeute (il semble que de nos jours, tout le monde veut jouer au thérapeute), la connaissance des chakras est indispensable pour pouvoir se confronter à des situations familiales ou pour offrir un « plus » à son travail.

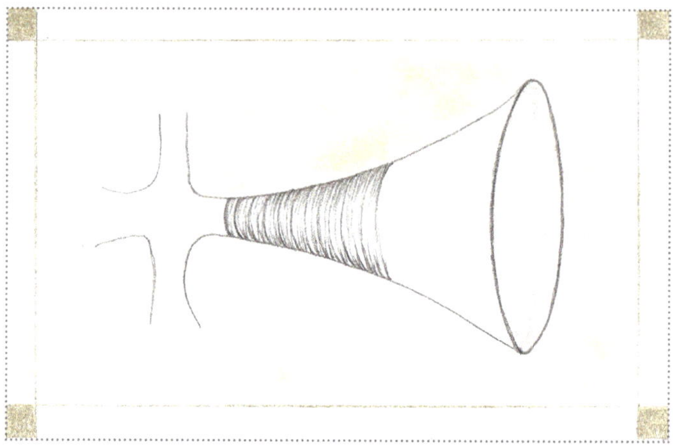

FIGURE 24 • un chakra bouché

Un engorgement dans le chakra va rendre le fonctionnement de celui-ci très difficile dans l'aspect de la vie qui lui correspond. Une personne au chakra de la gorge bouché va avoir du mal à communiquer ou va même bégayer. Celle dont l'arrière du sixième chakra est bouché aura des difficultés à organiser sa vie sur le plan pratique. Une autre qui a une obstruction dans le troisième chakra arrière négligera sa santé et son bien-être. Cela leur coûtera simplement trop d'énergie pour pouvoir le faire. Il y aura une résistance énorme. Quoique le dysfonctionnement ressemble beaucoup à celui du chakra sous-développé, la différence fondamentale entre les deux est qu'en fait, le chakra bouché s'est développé. Il y a simplement une résistance énorme au fonctionnement effectif alors que pour le chakra sous-développé, le fonctionnement est quasi nul et devra se construire entièrement.

Lors d'une obstruction dans le chakra, on doit combattre à chaque fois ses résistances. On le voit chez ceux qui demandent beaucoup d'attention, d'encouragement et d'énergie avant de pouvoir bouger. Au moment où le chakra se remet en marche, il n'y a pas de problème à rester dans ce bon fonctionnement, mais aussitôt le chakra en veille, la personne va rencontrer le même problème. Outre quelques techniques énergétiques qui facilitent la dissolution de l'obstruction dans le chakra, on ne peut pas éviter un travail sur soi pour se débarrasser de la résistance intérieure. En fait, le processus de remise en marche du chakra fait partie de la résolution du problème. Pour ceux qui ont une obstruction du chakra de la gorge, on peut penser à des leçons de chant, de diction ou de théâtre. Pour ceux qui ont une obstruction dans le troisième chakra arrière, on peut penser à apprécier ces petites choses qu'on fait quand on prend bien soin de soi : faire sa toilette, ranger la maison, choisir une nourriture saine, boire beaucoup d'eau et de thé, prendre du repos, faire de l'exercice, etc. On peut apprendre à faire toutes ces choses avec plaisir, et en faire une saine habitude. Puis le maintien des chakras en bonne santé n'est en fait rien d'autre que de se défaire de ses mauvaises habitudes au profit des bonnes.

• Le chakra explosé

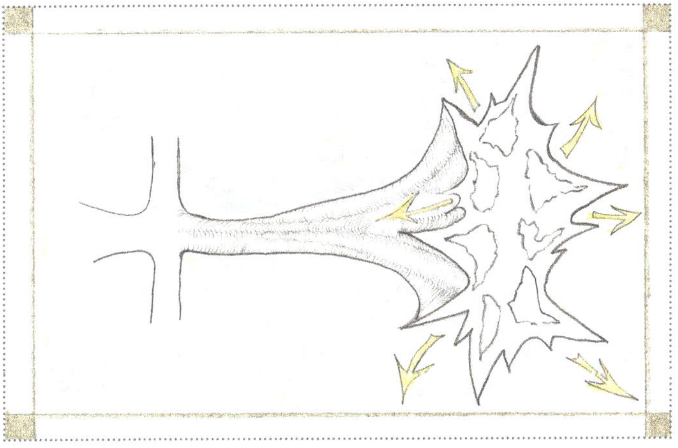

FIGURE 25 • un chakra explosé

Cette déformation du chakra se présente lors de son activation excessive et soudaine. Un exemple type qui fait exploser le chakra est une dispute violente avec agression verbale (cinquième chakra). La violence produit souvent chez le coupable un deuxième chakra explosé alors que chez la victime nous voyons une variation de différentes blessures : le chaos du chakra, dans le moindre des cas ; sinon, cela donne des chakras implosés, fendus, bouchés, déconnectés, etc. Un coureur qui se blesse lors d'un sprint pourra faire exploser son premier chakra. Chez ceux qui prennent du LSD ou d'autres drogues qui mènent à l'extase, nous pouvons, dans le pire des cas, voir le sixième chakra exploser. Il en découlera une faiblesse souvent en combinaison avec des nœuds énergétiques et du mucus dans le chakra.

La guérison d'un chakra explosé dépend de la gravité de l'explosion et prend du temps et de la douceur. Si la personne est entourée d'attention et de soins affectueux, la guérison se déroulera bien. Si cette attention affectueuse manque, cette expérience douloureuse aura des conséquences à long terme. Une séance de soins peut guérir le chakra explosé avec souplesse si la personne est prête à la recevoir. Cela veut dire si la personne est prête à laisser cette expérience douloureuse derrière elle. Vous direz : « Mais bien sûr, on veut la laisser derrière soi », mais il est étonnant de voir que souvent, nous sommes attachés aux mauvais souvenirs. Il arrive fréquemment que je rencontre des personnes qui se mettent à résister fortement au moment où l'on arrive à la guérison totale du chakra.

Cela nous mène souvent aux pulsions intérieures inconscientes de cette personne, qui sont à la base de cette mauvaise expérience. Tant que nous ne transformons pas ces pulsions inconscientes, nous continuons à résister à la guérison complète. Quelquefois, la personne guérit vite dans un cadre thérapeutique intime, mais en dehors de ce cadre, une répétition du comportement destructeur a lieu. Pour cette raison, il faut aller plus loin et découvrir d'autres couches de la conscience afin d'atteindre les pulsions autosabotantes. Cela demande beaucoup de courage et de volonté de la part du patient, mais sans cela, il n'y aura pas de guérison durable.

Vous avez sans doute compris que l'amour et la compassion sont les deux composantes de base de toute technique de soin et de guérison. Sans cette base, on peut avoir un effet sur les gens, mais cela mène à un déplacement de symptômes tout au plus, et non pas à une amélioration du vécu intérieur de la personne. Je rencontre souvent des thérapeutes mal formés manquant d'expérience qui font l'erreur dramatique de rechercher un effet intense et émotionnel auprès de leurs patients. Ce qu'ils font en vérité, ce n'est rien d'autre que de se prouver qu'ils peuvent avoir un effet sur l'autre, mais ils font l'erreur de croire qu'il s'agit là d'un véritable soin. Et malheureusement beaucoup ont de l'admiration pour les expériences sensationnelles que ce genre de thérapeute peut réaliser ! Je vois cela comme une école de vie douloureuse pour les deux personnes concernées afin de pouvoir comprendre au fur et à mesure l'essentiel du mot « soin » comparé aux tours de main énergétiques spectaculaires.
Ceux qui s'en remettent aveuglément aux mains de guérisseurs énergétiques charlatans et sous-expérimentés subiront la douleur de la déception, de la confusion et même de la trahison, ce qui les fera fortement réagir contre la dimension subtile de la vie ; ils finiront par généraliser et dire que tout thérapeute énergétique est un charlatan avec parfois pour résultat un certain cynisme. Ceux qui perdent le nord en raison des sensations et des expériences extatiques qui vont souvent de pair avec la canalisation de forces énergétiques auront inévitablement l'un ou l'autre des symptômes suivants : burn-out, dépression, isolement ou solitude. Dans le cas d'abus extrême de sensibilité énergétique (comme tromper,

soumettre, exploiter et nuire à une personne), on ne peut échapper tôt ou tard à des conséquences comme des peurs et des psychoses. La personne en question court un risque véritable de devenir patient psychiatrique si elle va trop loin dans l'utilisation de techniques énergétiques non apprises et mal acquises.

• Le film protecteur du chakra

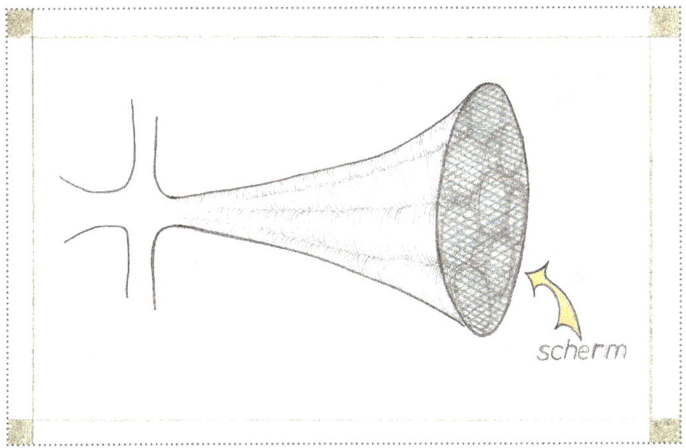

FIGURE 26 • un film protecteur du chakra

Au-dessus de tout chakra sain se trouve un film protecteur. Il s'agit d'un voile énergétique qui fait fonction de filtre. Celui-ci sélectionne en grande partie les énergies qui sont admises dans le chakra et celles qui ne le sont pas. Généralement, l'énergie sera davantage bloquée qu'admise. Un chakra moyen laisse pénétrer environ 15 à 35 % de l'énergie des environs. Ceci est un fonctionnement normal et sain. Tout d'abord, la plupart des influences environnantes ne sont pas importantes, et même contre-productives par rapport à l'intention du moment. Nous n'avons simplement pas besoin d'elles. Deuxièmement, nous serions submergés si l'énergie disponible pour nous à tout moment pénétrait entièrement nos chakras. Cette cacophonie d'énergie et d'influences émotionnelles et mentales nous rendrait fous. Nous pouvons la comparer à un récepteur radio qui reçoit tous les canaux en même temps et les transmet par les haut-parleurs. On ne pourra pas distinguer une seule mélodie dans ce fracas. C'est exactement pareil pour le réglage énergétique.

Des dommages ou des fragilités au film protecteur du chakra mènent à une sursensibilité, au désordre, à l'épuisement dans la foule, au mal-être dans un groupe, à la perte rapide du focus sur le but initial, etc. La réparation du film protecteur du chakra est souvent une technique complémentaire lors d'un traitement énergétique complet. C'est souvent un genre de finition après avoir travaillé avec plusieurs techniques détaillées et spécialisées dans le centre et le corps du chakra.

Plus loin, vous trouverez la description de la membrane du chakra qui a une fonction de réglage de la sensibilité du chakra.

• Le système des chakras

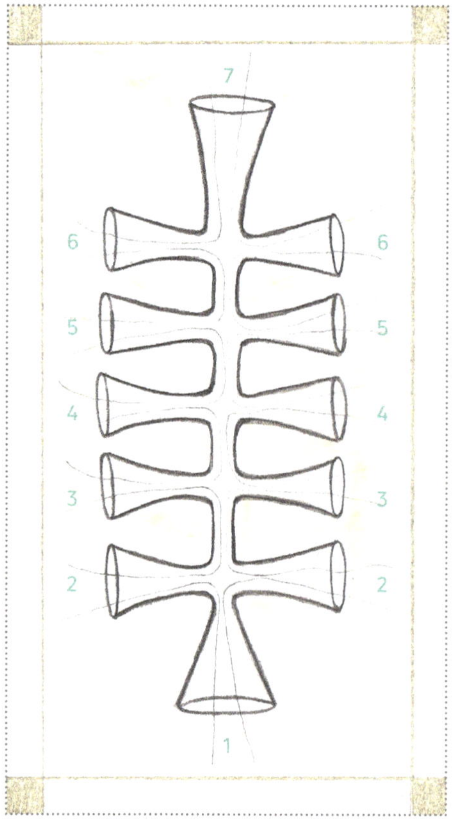

FIGURE 27 • un système des chakras

La figure 27 est une image simplifiée du système des sept chakras principaux et du courant d'énergie verticale nommé aussi « canal central ». Nous voyons que les premier et septième chakras n'ont qu'une seule sortie, respectivement vers le bas et vers le haut. Les chakras sont numérotés de bas en haut. Les chakras nos 2 à 6 ont deux sorties, l'une vers l'avant et l'autre vers l'arrière. Ces deux sorties ont chacune leurs qualités énergétiques et psychologiques spécifiques. Le message le plus important de ce dessin est que les sept chakras sont intimement liés les uns aux autres. Le trait de crayon léger montre que toutes les énergies sont en contact et reliées. Notre état d'âme, c'est-à-dire notre état émotionnel et mental, est à tout moment le résultat des échanges entre les sept chakras dans le canal central. C'est comme si, à chaque seconde, les chakras étaient en train de préparer un cocktail énergétique dans notre canal central. C'est ce cocktail qui, finalement, donne la myriade de couleurs de notre état d'être, de notre sentiment dans le moment présent.

Quoique nos pensées et nos systèmes de croyances innés le contredisent peut-être et tentent de le refouler, en vérité il nous est possible de vivre toute une panoplie de sentiments en même temps. La personne véritablement ouverte s'en rend compte. Il est normal que la joie, la douleur, la rage, la tristesse, l'amertume et l'espoir se présentent à nous en même temps. Ceux qui ont des blocages émotionnels ou qui ne se sont pas développés sur le plan émotionnel trouvent peut-être tout ceci difficile à croire. Certaines personnes ne connaissent que deux états d'âme : un bon et un mauvais. En vérité, les chakras offrent à toute personne et à tout moment une véritable œuvre d'art de tons et de couleurs différentes. Cette panoplie est tellement étendue que la possibilité de vivre exactement la même expérience deux fois ne semble guère envisageable. Les expériences peuvent être semblables et certaines peuvent éveiller des souvenirs d'expériences antérieures qui se ressemblent, mais je crois qu'elles ne peuvent pas être identiques. C'est comme avec l'océan : superficiellement, les vagues se ressemblent toutes, ce sont des vagues. Mais lorsque nous regardons de plus près et que nous distinguons le jeu miraculeux de coïncidences, d'interactions et de collaborations, nous comprenons très vite qu'il n'y a pas deux vagues identiques dans l'infini de toutes les vagues de l'océan. Il en est de même pour le système des chakras : il n'y a pas deux vécus du moment présent identiques.

Chaque chakra génère une fréquence spécifique. Sur le plan visuel subtil, cette fréquence correspond à une couleur et sur le plan auditif subtil, à un certain bruit. Pour les trois autres sens aussi, le goût, le toucher et l'odorat, ces fréquences correspondent respectivement au goût, à une sensation et à une odeur spécifiques au niveau subtil. Ceux dont l'observation subtile est active et ouverte peuvent percevoir ces fréquences à travers leurs sens subtils. Ceux dont l'observation subtile n'est pas développée réagissent souvent de façon émotionnelle lorsque les personnes sensibles partagent leurs observations subtiles avec eux à haute voix. Quelquefois, ils réagissent avec jalousie, cynisme, menace ou scepticisme, ou bien avec un sentiment d'infériorité qu'ils défendent alors avec une agression rationnelle : le sarcasme, la rigolade, l'incrédulité active. Je souhaite sincèrement que les personnes à haute sensibilité et celles qui le sont moins trouvent un moyen respectueux et constructif de valider les talents de chacun et d'établir une collaboration. Nous avons tant à nous offrir et à apprendre !

• La perle du chakra

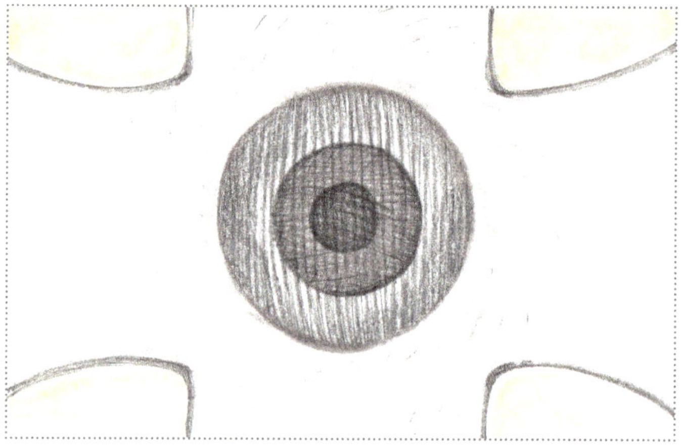

FIGURE 28 • la perle du chakra

Regardons encore plus profondément dans le cœur du chakra. En fait, nous allons deux dimensions plus loin. Si on considère le corps physique comme la première dimension, le champ énergétique est la deuxième. C'est une dimension plus subtile que celle du champ physique. Elle existe non pas dans la dimension physique, mais bel et bien dans la dimension énergétique et elle est aussi réelle que la dimension physique. Nous ne pouvons la mesurer directement avec des instruments physiques, mais nous pouvons le faire avec des instruments énergétiques (les sens). Cette dimension énergétique est en grand échange avec la dimension physique ; donc, dans ce sens, ces deux dimensions confirment leur réalité et leur existence. Nous pouvons déterminer les effets de la dimension énergétique tout comme on peut le faire pour la dimension physique. Les exemples les plus simples sont ceux des effets que nous pouvons avoir sur le corps physique en utilisant notre concentration (battements de cœur, respiration, tension musculaire, fluctuations hormonales). Des exemples moins évidents sont prouvés par la recherche scientifique qui détermine les liens entre le corps et l'esprit et entre la conscience et la matière. Les découvertes les plus récentes de la physique quantique démontrent surtout que la frontière entre la conscience et la matière s'amenuise de plus en plus jusqu'à s'avérer quasi non existante.

Revenons-en à l'étude des chakras qui se trouve à notre portée, par notre propre observation et réflexion. La seconde dimension, la dimension énergétique en soi, est composée de beaucoup de niveaux subtils, mais nous n'en parlerons pas tout de suite. Je voudrais d'abord sauter deux dimensions plus loin. La dimension qui suit la dimension énergétique est la dimension du hara. Nous voici arrivés au niveau de l'intention. À notre petit niveau humain, il s'agit du niveau de la psyché où l'on retrouve nos intentions ouvertes ou cachées, conscientes ou inconscientes. Cette dimension aussi est constituée de nombreuses couches différentes qui sont directement liées à notre patrimoine biologique-génétique. Au niveau superficiel, nos intentions peuvent être légères, comme vouloir se lever, faire le petit-déjeuner, partir au travail et assurer au mieux pendant notre journée de travail. Nous savons que certaines de nos intentions se manifestent et d'autres pas. On peut avoir l'intention de donner une superbe présentation à un client qui sera impressionné, mais nous n'avons pas le contrôle sur le résultat final. Celui-ci sera la somme de toutes les intentions conscientes et non conscientes. Ceci comprend les intentions du client, même celles de la concurrence, des collègues, des gens qui se trouvent là par hasard, même jusqu'aux intentions collectives (les tendances du moment dans le secteur et aussi une partie de forces (intentions) et de circonstances dont nous ne savons rien du tout. Toutes les lignes de force invisible et les tendances qui, à un certain moment, façonnent la réalité, nous les appelons les forces du hara, ou, autrement dit, les forces de l'intention. Nous les appellerons ici la dimension hara, c'est-à-dire la troisième dimension dont nous parlerons dans ce chapitre.

À un niveau bien plus profond de l'être humain, ce sont les tendances que suit l'âme, c'est-à-dire notre sort, notre destinée. Cela nous conduirait trop loin de creuser ce sujet philosophique profond dans le cadre de ce livre. Néanmoins, je voudrais souligner le sujet « destinée » pour ensuite continuer sur la dimension dont je parlerai ultérieurement. Notre destinée est une force profonde et puissante qui dirige les événements importants de notre vie. J'utilise le mot « diriger » plutôt que « déterminer ». Ce faisant, je tiens à créer une ouverture à la nuance que le destin est une force très puissante et profonde, mais qui n'a pas un cours fixe. Il y a de la place pour des changements de direction dans le destin, mais seulement dans le cas où la force qui crée ce changement de direction est aussi profonde, voire plus profonde que le sort lui-même. Cette profondeur est très difficile à toucher pour un être humain et elle se trouve à un niveau bien plus profond que notre conscience quotidienne, celle qui nous fait aspirer au confort puis nous éloigne de la douleur et des difficultés. L'une des conditions pour arriver à cette force profonde transformatrice est d'ailleurs tout d'abord d'accepter le sort tel qu'il est ici et maintenant. Si le destin nous mène vers un cancer, la mort, un accident ou un divorce, on perdra de l'énergie en lui résistant, en le niant ou en mettant tout en œuvre pour le contrer.

Paradoxalement, sur le plan de l'âme, nous ressentons une paix profonde dès que nous acceptons le destin tel qu'il se présente à nous. La paix qui résulte de cette acceptation totale nous donne un très grand pouvoir. En partant de cette paix, nous allons pouvoir utiliser notre volonté libre pour suivre le courant de la vie, aussi horrible que ceci puisse paraître, ou bien il se peut qu'un tournant se présente à nous. Or, ce tournant ne viendra pas de notre personnalité (notre petit ego), car cela voudrait dire que nous n'avons pas du tout accepté notre sort en ayant gardé un vœu personnel caché. Non, ce tournant, s'il arrive, viendra d'un endroit bien plus profond car il s'agit de la source créatrice d'où la vie coule et se déroule de façon créative et imprévisible. Il est difficile de décrire ce lieu avec des mots tant il est profond, mais peut-être comprenez-vous ce que je veux dire. Cette source créatrice profonde, je l'appelle « l'Être ». Dans le contexte de ce chapitre, je l'appellerai la quatrième dimension, la dimension essentielle.

Deux dimensions plus profondes que le niveau énergétique où se trouvent les chakras, l'aura et le courant d'énergie vertical dans le canal central, se trouve donc également la dimension essentielle. Ce niveau de l'Être se révèle à nous sous maintes formes, mais dans son essence, l'Être est sans forme. Néanmoins, on peut utiliser des formes et des symboles pour créer un pont vers cette essence de la vie ; voilà une façon de mettre notre conscience humaine limitée en relation, en dialogue et en interaction avec notre Être qui, lui, comprend notre conscience humaine, mais qui ne l'est pas. J'espère que ceci n'est pas trop abstrait, et si oui, pardonnez-moi ce manque de mots. La dimension essentielle perce et comprend toutes les autres dimensions, mais n'est pas limitée par celles-ci. Elle est libre, infinie, essentielle, non limitée, créative, créant et conservant et en même temps détruisant ; elle est à la fois vide et pénétrante, claire et obscure, complexe et simple. Elle est en relation avec le tout, mais n'est pas limitée.

Il n'est pas facile de bien décrire cette dimension de l'Être. Parce que, en général, la compréhension humaine et notre aptitude à traduire ce genre de choses ne sont pas assez développées pour pouvoir expliquer l'absolu. Bien sûr, des poètes et mystiques talentueux peuvent nous donner un avant-goût des extases qu'ils ont vécues au moment où leur conscience a été touchée par l'absolu. Mon ambition dans ce chapitre est bien plus modeste et pratique : je vais décrire le concept de base simplifié de l'interaction entre l'essence même de l'être humain et sa psyché. L'une des manières dont cette interaction se tisse est à travers la perle du chakra. Au centre du chakra où se terminent les tourbillons de l'avant et de l'arrière du chakra dans le courant énergétique vertical se trouve la perle du chakra. Par essence, le centre de cette perle est vide, foncé et totalement invisible. Elle n'est pas vide dans le sens d'absence ou d'épuisement, non, elle est vide dans le sens d'indéterminée, non définie, à l'écart de toute loi, de tout contrôle ou de toute convention. En même temps, elle possède une plénitude avec une immense densité dans le sens d'un potentiel infini. Les forces de cette densité sont aussi immenses que les forces atomiques qui sont libérées lors de la fusion nucléaire. Il va de soi que nous, en tant qu'êtres humains, n'utilisons effectivement qu'une infime fraction de l'immense potentiel de notre perle de chakra. Bien que le chakra soit nourri du point de vue énergétique par l'énergie environnante, c'est en fait (littéralement) la perle du chakra qui donne vie au chakra. Pour ce faire, la manifestation des pulsations de l'Être fait deux sauts de dimensions, via la dimension du hara vers la dimension énergétique. Certains thérapeutes énergétiques l'observent à travers la perle du chakra qui brille et qui tourne. Elle se met à tourner de plus en plus vite et c'est comme une fabuleuse brillance qui s'étend dans toutes les directions, dans une forme sphérique autour de la perle, grâce à la vitesse croissante. Lors d'une activité modeste, cela ressemble plutôt à la douce chaleur de la flamme d'une bougie. Lors d'activités plus intenses, elle fait penser aux rayons d'un projecteur. Pendant une activité extrême, la perle du chakra est aussi éblouissante que le soleil. Cela se passe par exemple lors d'un concert où la rock star enflamme tout un stade de fans. Ou pendant le discours d'un orateur charismatique ou avec un acteur qui émeut toute une salle ; mais cela peut être aussi un mystique paisible qui fait briller une lumière cosmique sur la terre à partir de son ermitage solitaire et qui incite des peuples entiers à faire un saut de conscience.

Si l'on considère le chakra simplement sur le plan énergétique, le chakra sain a l'air ainsi : il comprend une série de tourbillons qui sont groupés en un grand tourbillon global ayant une belle forme conique. Quand on regarde le corps de face ou de dos, tous les tourbillons tournent dans le sens des aiguilles d'une montre. De cette manière, le chakra pompe du prana pur (mot sanskrit pour « énergie vitale ») de l'énergie environnante et de là tous les organes et le corps physique sont pourvus d'énergie vitale. Du point de vue énergétique, une interaction nourrissante constante avec l'énergie environnante reste nécessaire. Ceci est le fonctionnement sain du chakra. Si on se place du point de vue de la dimension essentielle, le principe créateur et rayonnant de la perle du chakra est actif, ce qui, sur le plan énergétique, mène à un échange normal et sain avec l'environnement.

Lorsque la dimension essentielle, la perle du chakra, tourne peu ou pas du tout, elle donne peu ou pas du tout de rayonnement, ce qui se manifeste dans la dimension énergétique par l'un des dysfonctionnements du chakra dont on a parlé auparavant. Que l'on ait accès consciemment à la dimension essentielle ou non, une guérison saine du fonctionnement d'un chakra correspond toujours à un déploiement ou une utilisation accrue de la dimension essentielle.

Dans la figure 28, nous voyons une perle de chakra à rayonnement doux. Ce rayonnement varie d'une minute à l'autre, d'un jour à l'autre, et d'une année à l'autre. Elle suit toujours les mouvements naturels alternants d'expansion et de contraction, telles une marée haute et une marée basse éternelles du va-et-vient des pulsations de l'Être. L'Être génère sans cesse des pulsations aux fréquences variées. Certaines de ces pulsations ont une durée de vie de quelques secondes, d'autres d'heures, d'autres encore de semaines ou bien d'années. Tout le cours de la vie d'une incarnation humaine est en fait également une pulsation de la vie qui se manifeste dans un corps humain. Des pulsations de plusieurs années peuvent être, par exemple, une certaine carrière, ou bien une coopération active avec une organisation locale, ou bien des relations intimes, un déploiement créatif, l'écriture d'un livre, des études ou un projet de recherches.

En vérité, un ensemble de différentes pulsations de différentes fréquences émanent au même moment de la perle du chakra. Ce sont les forces créatrices et animatrices d'un sujet individualisé. Bien qu'elles découlent du noyau individualisé de l'Être, la plupart de ces pulsations sont également accordées ou ont été synchronisées auparavant avec les pulsations d'autres êtres. Un groupe d'êtres individualisés qui pulsent ensemble est alors responsable des forces collectives qui sont actives dans l'univers. Sur le plan mondial, cela se traduit en idéologies politiques, tendances sociales, innovations scientifiques, courants culturels, etc. Il est du reste remarquable que des groupes de gens se trouvant dans différentes régions du monde expriment simultanément l'esprit du temps sans se connaître. Nous retrouvons ceci à travers toute l'histoire, dans tous les domaines de la vie sociale. Et cela va encore bien plus loin que cela. Dans l'essence profonde, ce sont des pulsations de perles de chakra qui sont la force créatrice derrière l'évolution biologique des humains et des animaux. À mesure que quelqu'un approfondit la réalisation de soi dans la dimension essentielle, la personne vit des expériences conscientes des forces créatrices qui sont à la base de l'existence physique. Vous comprendrez sans doute que la profondeur de cette conscience se trouve loin de la conscience quotidienne dont nous nous servons pour faire le marché. Néanmoins, un mystique talentueux qui a une pratique spirituelle régulière peut entrer consciemment en contact avec cette dimension. Heureusement, ce niveau de réalisation de soi n'est pas nécessaire pour nous, simples êtres humains. Pour nous, une expérience de base de cette profondeur est amplement suffisante pour trouver la force, l'inspiration et la sagesse pour créer une vie heureuse et du bien-être pour nous et nos familles. Et cette expérience de base est accessible à tous ceux qui le désirent. Il suffit un développement mental et émotionnel moyen pour pouvoir vivre consciemment cette conscience essentielle. Parfois, des personnes intellectuellement fort développées ont plus de mal à trouver la profondeur que celles qui ne disposent que d'un intellect simple, même s'il n'en est pas toujours ainsi. Cela dépend simplement de la mesure dans laquelle l'intellectuel s'identifie avec ses pensées. Il y a certainement une très grande différence de profondeur entre différentes personnes et cela varie aussi selon le chakra : l'intellectuel développe les chakras de la tête, alors que le chanteur arrive à faire fleurir la perle du chakra de la gorge suffisamment pour toucher une salle tout entière, alors que l'athlète montre une perle du premier chakra en excellente forme. La différence de profondeur et la différence d'expansion des perles de chakra sont déterminantes pour la partie suivante : la membrane du chakra.

• La membrane du chakra

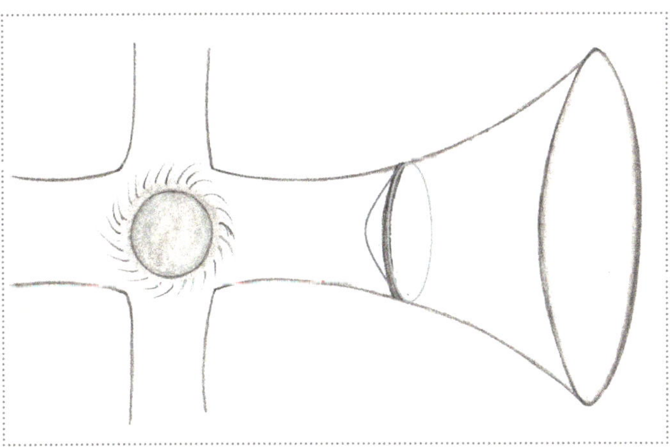

FIGURE 29 • la membrane du chakra

La membrane du chakra a plusieurs fonctions différentes. La fonction la plus importante est peut-être de former des barrières saines dans la profondeur de la conscience. L'évolution la plus fréquente de la conscience humaine est un approfondissement et un raffinement de la conscience. Il y a des exceptions, comme les mystiques qui, sans le chercher, font des expériences d'extase, ou bien des personnes qui font une EMI (expérience de mort imminente) qui produit une expansion de leur vision du monde, ou bien celles qui subissent un terrible traumatisme (de guerre, drame personnel, maladie grave, accident, destin difficile), mais qui en sortent plus fortes que jamais. Ce genre de personne passe par une croissance plus rapide à travers l'approfondissement et/ou l'expansion de la conscience. Dans le chakra, cela se voit dans la membrane qui se déplace de quelques millimètres ou centimètres dans la direction de la perle du chakra. Plus la membrane se rapproche de la perle, plus profonde et étendue est la conscience de cette personne.

Chez ceux dont la membrane se trouve loin de la perle, la conscience est plus superficielle pour le chakra concerné. Il est très important de ne pas porter de jugement là-dessus, seule une observation neutre peut expliquer les tendances, qualités et phénomènes de la conduite, de la psyché, de la santé et des circonstances de vie d'un individu. Des jugements comme bon ou mauvais, meilleur ou pire sont à exclure. L'évolution naturelle de tout individu se dirige naturellement vers une conscience plus profonde, mais il n'y a rien dans la nature qui essaye d'en faire un concours ou une rivalité. Se mesurer et se comparer à d'autres d'un point de vue compétitif est totalement à côté de la plaque. Si nous nous comparons à d'autres pour comprendre et pour avoir un regard objectif, c'est différent.

Ceux qui peuvent donner une grande expansion à leurs perles sont souvent très généreux dans certains domaines. Que ce soit au travail, dans la formation, dans le service, dans l'éducation d'enfants ou bien dans le soin, ou encore en faisant un travail innovant basé sur leurs qualités uniques pour la communauté ou, dans la plupart des cas, en faisant un simple travail avec amour et attention. Ceux dont la perle du chakra est fortement développée et se trouve plutôt à la surface du chakra ont souvent du succès en affaires, dans le sport, une popularité sociale, effectuent des travaux plus difficiles (travail de terrassement et routier), etc. Ceux dont la perle est fortement développée et se trouve plutôt près du centre du chakra sont souvent raffinés de nature. Cela peut se traduire par une compassion profonde pour tout être vivant, un talent dans les arts, une pensée philosophique qui inspire beaucoup d'autres à développer des talents ésotériques. Il n'est pas question de vouloir emmener la membrane du chakra plus près de la perle ; on ne peut le faire par la simple volonté et l'ego. Il s'agit plutôt d'une évolution naturelle dans l'humanité et où l'individu se trouve exactement n'est pas important. En fait, il est mieux qu'une membrane de chakra soit flexible, quelquefois superficielle, par moments profonde, alternant entre toutes les nuances.

Ceux qui ont une membrane ancrée près du centre ont souvent une difficulté d'adaptation sociale aux circonstances changeantes et il est assez difficile pour eux de prendre soin de leur bien-être matériel et physique, ce qui donne souvent un comportement dépendant. Ceux dont la membrane est ancrée à la superficie sont aveugles à la raison d'être et à la signification de la vie et se trompent souvent de direction. Parfois, ils ressentent ce manque en eux, parfois pas du tout. Quoi qu'il en soit, ils ratent un accomplissement plus profond qui est possible pour chacun d'entre nous.

Pour une personnalité saine, l'idéal est que la membrane du chakra bouge sans cesse dans une zone de confort, entre le haut et le bas.

• La perle du chakra et la membrane du chakra

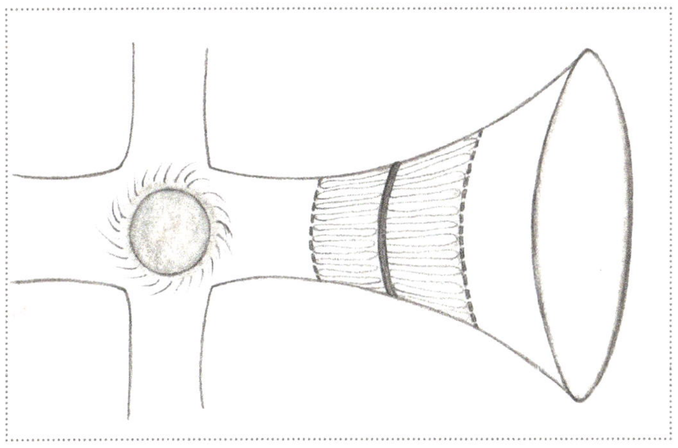

FIGURE 30 • la perle du chakra et la membrane du chakra

Cette flexibilité de la membrane du chakra fait que nous pouvons varier facilement entre des moments de profondeur et d'intimité et des moments d'interactions plus superficielles. Nous avons en tout cas besoin d'une multitude d'interactions superficielles afin de nous sécuriser dans une existence matérielle et sociale et de nous forger une situation. Mais si nos interactions ne dépassent pas du tout ce niveau, nous sommes en manque de profondeur et de sens dans notre vie. Or, ces moments d'interaction profonde sont indispensables pour une vie heureuse. Ils peuvent se manifester lors d'un dîner avec un bon ami ou un collègue, pendant une conversation intéressante, lors de moments clefs de la vie comme le mariage, un décès ou une naissance dans la famille, pendant l'amour, la méditation, des promenades dans la nature, mais aussi lors de moments créatifs tels qu'un brainstorming au travail, la négociation d'un contrat important et même pendant un agréable moment de vide ou en ne faisant rien pendant quelques heures. La nature de l'activité n'est pas déterminante pour la localisation de la membrane du chakra. La position où elle se trouve correspond à la plénitude et à la qualité de l'expérience vécue. Nous pouvons vivre profondément toute activité : depuis des discussions politiques de haut niveau jusqu'à savourer une tasse de thé. Outre la pression environnante des circonstances, c'est la qualité de l'attention qui détermine la plénitude de l'expérience vécue. Ensuite, cette plénitude se traduit énergétiquement par l'endroit où se trouve la membrane du chakra.

Le développement personnel vu selon la perspective de la membrane du chakra signifie une expansion des frontières supérieure et inférieure de la zone de confort de celle-ci. Quelqu'un qui a des peurs et des inhibitions sexuelles garde la membrane du second chakra toujours à la frontière extérieure en évitant certaines situations ou en exerçant un contrôle extrême. L'autre extrême est celle de l'accro au sexe qui garde toujours la membrane du second chakra contre la perle en ayant une attitude de drague, d'attachement ou autre. La personne libérée sur le plan sexuel a une membrane du second chakra souple qui lui donne un comportement superficiel et réservé dans des contextes moins intimes, mais qui peut se donner en intimité dans des circonstances appropriées, ce qui rapproche davantage la membrane de la perle du chakra. C'est cette flexibilité qui est plus importante que de s'efforcer de vivre le plus d'intimité possible avec n'importe quelle personne dans le plus de situations possible. Ceci est une idée pervertie de croissance personnelle. En effet, un approfondissement ainsi que le fait de pouvoir vivre son intimité de façon libre et en sécurité peuvent être le résultat de la croissance personnelle, mais pouvoir s'en dissocier et revenir à soi, tout comme pouvoir refuser quand ce n'est pas approprié ou quand ce n'est pas le moment est également une preuve de croissance personnelle.

Des expériences profondes demandent un temps d'intégration. C'est pour cela qu'il est bon d'alterner des moments d'intensité ou de profondeur avec des moments de vide, de repos ou de légèreté. La psyché humaine grandit mieux dans une alternance entre profondeur et légèreté.

La position de la membrane du chakra a une signification spécifique pour tous les chakras qui correspond à la fonction du chakra. Il y a assez de littérature sur le sujet qui décrit en détail le fonctionnement de chaque chakra, je n'ai donc pas besoin de le décrire ici. Je pense tout d'abord à La Psychologie du chakra d'Anodea Judith et La Clarté dans l'Aura de Barbara Ann Brennan. Si vous voulez en savoir plus, la lecture de ces livres et votre intelligence logique vous guideront pour connaître la signification de la position de la membrane pour chacun des sept chakras. Je vous donne ici un point de départ, mais il est important de ne pas généraliser. Chaque personne et chaque situation sont bien spécifiques et la conclusion juste est toujours une combinaison du ressenti intuitif, de la prise en compte des faits, de l'utilisation du cadre de référence, et de l'appel à notre bon sens.

En général, on peut dire que lorsque la membrane du premier chakra se trouve proche de la perle, cette personne a, à ce moment, un vécu du corps physique accru. Cela peut se traduire par un ressenti direct des organes tel que savoir quels organes sont en harmonie, ou pouvoir ressentir concrètement ce qui fait mal dans le corps. Que ce soit un muscle, une articulation, un tendon, un organe ou bien les tissus conjonctifs. Ceux qui ont une conscience du corps ressentent assez bien quel genre de nourriture leur est bénéfique à ce moment. Que ce soient des graines, de la viande, du poisson, du lait, des protéines, des hydrates de carbone, des vitamines, des minéraux, des fibres, des légumes ou des graisses. Ceux dont la membrane du premier chakra est proche de la perle ont souvent une bonne coordination motrice. En lisant la littérature sur les chakras, vous trouverez encore beaucoup plus d'exemples.

Ceux dont la membrane du chakra se trouve proche de la perle du second chakra sont souvent sensuels. Une simple caresse leur procure souvent une grande sensation de plaisir. En général, ils se sentent à l'aise dans leur sexualité et ils savent s'en servir de manière adéquate et flexible. À côté de leur sexualité profonde, ils connaissent souvent le plaisir dans d'autres domaines de la vie : les voyages, l'alcool, la relaxation, l'amusement, la danse, etc. Lorsque la membrane bouge avec flexibilité entre le haut et le bas, leur jouissance est adéquatement dosée et ils sont en relation correcte avec leur environnement. Si la membrane est attachée près de la perle, ces personnes sont souvent sujettes à des attachements de toute nature : l'alcoolisme, le sexe, la drogue, etc.

Ceux dont la membrane du troisième chakra se trouve proche de la perle ont souvent développé une autorité, soit sous forme d'expertise dans un domaine, soit dans des situations sociales avec une grande responsabilité. Quand cette membrane est plutôt inflexible, cela se manifeste sous forme d'un sens de supériorité envers autrui, d'agrippement à une position liée une insécurité plutôt qu'à un sens de responsabilité, avec des problèmes d'autorité, une fermeture d'esprit aux idées, aux techniques ou aux changements sociaux nouveaux. Quand la membrane est flexible, ces personnes peuvent diriger tout comme être dirigées, elles aiment approfondir leur étude tout au long de leur vie et l'affiner, elles connaissent et se sentent à l'aise dans leur situation familiale, amicale et au travail.

Ceux dont la membrane du quatrième chakra se trouve proche de la perle sont généreux en amour. Cela peut être un amour jovial qui vise à rendre tout le monde heureux, ou bien une compassion et une empathie profondes qu'on ne voit peut-être pas au premier regard. Nous ressentons si cette personne a de la compassion pour notre histoire ou non, si elle veut notre bonheur ou non. Ces gens peuvent nous témoigner une très profonde empathie et espérer pour nous le plus grand bonheur. Ils ne sont pas seulement forts en amour personnel, ils peuvent aussi avoir à cœur le bien-être de grands groupes de gens comme une école, une organisation ou bien un département d'une entreprise. L'impact de ces personnes affecte positivement le bien-être de l'ensemble du groupe. Dans une situation idéale, les dirigeants demandent l'avis de ce genre de personnes en plus des autres critères dont ils se servent pour gérer l'entreprise.

Quand la membrane du cinquième chakra se trouve proche de la perle, ces personnes ont un talent d'expression. Cela peut être physique, avec la beauté de leur voix, mais cela peut aussi se manifester sur le plan du dialogue verbal, du dessin, de la création, du design, du théâtre ou simplement par un don de communication. Percevoir si un message est compris ou non se fait avec la sensibilité de la membrane du cinquième chakra. Une bonne articulation, être sensible aux nuances émotionnelles de la voix est également une qualité de la membrane du cinquième chakra.

Dans le sixième chakra, la membrane représente surtout la possibilité de travailler avec des images. Plus il est développé, plus détaillées seront les images. Il peut s'agir d'architectes qui créent des maisons et des buildings, mais aussi de peintres qui représentent des émotions, des sentiments ou un concept sur la toile. À côté de cela, cette membrane est sensible aux pensées autour de soi, proches ou lointaines. Il se peut qu'on ait une agréable conversation avec une personne et qu'à plusieurs reprises on ait la même pensée qui nous vient à l'esprit à tous les deux. Cette sensibilité de la pensée est une qualité de la sixième membrane. Mais des pensées lointaines peuvent aussi être captées. Il se peut que vous portiez dans votre cœur une conviction philosophique, de l'art, politique ou bien sociale, mais que personne dans votre entourage ne la partage. Néanmoins, une synchronisation mentale peut exister avec des personnes du même avis, même sans les moyens de communication traditionnels comme le téléphone, Internet ou la télé, etc. Dans ce cas, ces sympathisants peuvent se stimuler mutuellement via la sensibilité de la membrane du sixième chakra. Lors d'une rencontre en chair et en os, ceci peut devenir une expérience libératrice : ils transcendent un sentiment d'isolement, d'illusion de se trouver seuls dans leurs convictions. Dans la pratique, les harmonisations mentales sont souvent une combinaison de communications par des moyens classiques (parler, écrire, les médias) et de sensibilité de la membrane du sixième chakra. Dans la plupart des cas, cela se passe de façon inconsciente et l'influence de cet ajustement est souvent fortement sous-estimée.

La proximité de la membrane du septième chakra avec la perle détermine combien la personne est ouverte ou sensible à l'inspiration. Je ne parle pas ici de la contagion de l'enthousiasme d'un orateur charismatique qui dure pendant quelques jours ou semaines. Il s'agit ici de l'inspiration directe qui nous vient comme du néant. C'est une inspiration doublée d'une joie intérieure et d'un enthousiasme, associés à la profonde certitude qu'elle est juste. La découverte de notre propre vérité, pour ainsi dire. La sensibilité de cette membrane augmentera le courage et la capacité d'oser penser pour soi, de prendre en compte les informations environnantes pour en tirer ses propres conclusions ou les interpréter soi-même.
Ceci est un bref aperçu incomplet de ce que peut être l'influence de la position de la membrane du chakra par rapport à la perle dans les différents chakras. Vous distinguez peut-être le lien entre le développement de la perle et le déploiement des talents personnels. Ce lien existe, certes, mais ce n'est pas aussi simple que cela. C'est-à-dire qu'une grande perle du troisième chakra ne veut pas toujours dire que cette personne a fortement développé son troisième chakra et ses talents dans sa vie personnelle. Je connais toutes sortes de gens dont la force et la générosité de leur perle de chakra sont données immédiatement à autrui sans qu'ils s'en servent pour eux-mêmes. Qui plus est, ils le font souvent de manière totalement inconsciente.

Je vous donne l'exemple d'Anita, une assistante sociale, qui a travaillé jusqu'à la retraite avec des jeunes inadaptés en les aidant à développer un respect personnel et à reprendre une place dans la famille, l'école ou au travail, ce qui, énergétiquement, revient à une harmonisation de leur troisième chakra. Bien que pendant trente-cinq ans, elle ait aidé plus de mille jeunes gens avec beaucoup de succès, son propre troisième chakra était fortement sous-développé alors que sa perle prenait des proportions énormes. Pendant toute sa carrière, elle a supporté l'expansion et le développement de beaucoup de jeunes en les nourrissant des pulsations de sa propre perle, tout en ignorant sa propre situation de travail et cette situation tordue pendant plus de vingt ans en la tolérant inconsciemment. La tolérance de cette situation tordue a résulté en un désordre alimentaire qui l'a menée à l'obésité. Puisque son troisième chakra était sous-développé, elle n'avait pas la force de prendre en main sa propre situation professionnelle, et si parfois elle y réussissait, elle n'arrivait pas à maintenir la situation. Elle a canalisé la souffrance de sa propre situation en une motivation à faire tout ce qu'elle pouvait pour ces jeunes, avec grand succès. Ainsi, elle a développé au bout de trente-cinq ans de dévotion une perle de chakra avec une générosité énorme ainsi qu'une endurance immense, mais elle ne faisait que débuter le travail de développement de son propre troisième chakra. Même si le développement d'un chakra est souvent en correspondance avec celui de la perle, je vous donne cet exemple pour démontrer qu'il n'en est toutefois pas toujours ainsi.

Comme je vous l'ai dit auparavant, les dessins du livre sont des représentations simplifiées des chakras, des membranes et des perles. Pour vous faire une idée de la véritable image, je vous conseille de regarder les superbes photos de cristaux d'eau prises par le Dr Emoto. Les chakras se développent d'une manière identique : ils sont d'une beauté inégale et raffinée s'ils sont nourris par assez d'amour (de soi ou extérieur), ou sont des images tristes et sombres s'ils sont en manque d'amour, freinés par des forces dépourvues d'amour comme la peur, l'égoïsme ou l'arrogance. Cela peut paraître un peu cru, mais si vous désirez devenir un observateur d'énergie accompli, il va falloir vous ouvrir à la variété de l'énergie quotidienne sans répugnance, sans préférence, sans extase, sans dégoût, sans fascination, sans peur et sans rébellion. C'est alors que le thérapeute énergétique peut créer un climat dans lequel les chakras développés peuvent se perfectionner, tout comme les chakras sous-développés peuvent recevoir un élan positif pour guérir et se déployer.

Outre la flexibilité et l'endroit où se trouve la membrane à l'intérieur du chakra, la forme de la membrane peut également varier. La membrane peut être épaisse ou fine, elle peut avoir une forme parfaite ou être déformée. La surface peut avoir des vagues, des plis, des trous, être tordue, etc. Toute forme qu'un mouchoir de soie peut prendre dans le vent est une forme possible pour la membrane du chakra. Si la membrane se déchire, c'est très grave. L'effet psychologique en sera une psychose ou des hallucinations. Si la membrane est forte, souple et plus ou moins égale, cela correspond à une cohérence et à une personnalité en qui on peut avoir confiance dans le domaine du chakra. De petits trous dans la membrane ne sont pas aussi néfastes que les grandes déchirures, mais ils correspondent souvent à une caractéristique typique de la personne qu'elle n'arrive pas à changer malgré sa bonne volonté. Nous en reparlerons plus loin, mais pour comprendre ce phénomène, nous devons d'abord avoir une connaissance des cordes relationnelles, et plus exactement une connaissance d'un certain type de cordes relationnelles, à savoir les cordes générationnelles.

Le respect
de la relation

Les cordes relationnelles

• Interactions énergétiques

Nombre de coachs en communication nous le répètent : le contenu de nos paroles ne forme que 20 % de l'interaction dans le dialogue, parce que le résultat ultime du dialogue (l'impression qu'il nous laisse, ce qui a été enregistré ou non, ce dont nous nous rappelons, les conclusions que nous en tirons, les choix que nous ferons par la suite, etc.) est celui d'une interaction bien plus vaste que l'échange cognitif. Les coachs soulignent l'importance du langage corporel (expression du visage, expression corporelle, mobilité du corps et des mains, attitude envers l'autre…). Certains ont aussi déjà découvert l'importance de la charge émotionnelle derrière les mots. Avec cette ouverture d'esprit, nous nous approchons du domaine de l'échange total entre deux personnes qui entrent en dialogue.

Pour mieux comprendre l'interaction totale entre deux personnes, je vous invite à imaginer l'échange énergétique qui se fait pendant une interaction. Vous avez sans doute déjà maintes fois observé que certaines interactions vous remplissent d'énergie et vous donnent un sentiment agréable alors que d'autres vous fatiguent et vous laissent un sentiment désagréable, tandis que le contenu cognitif de la conversation ne vous donne aucune raison de vous sentir ainsi. Cela vient du fait qu'il se passe bien plus qu'un simple échange de mots. Dans la perspective de la vision intégrale de la vie, il y a, à côté de l'interaction physique (l'émission de mots et le langage corporel), tout un spectre d'interactions énergétiques qui se déroulent pendant la conversation. Je vais en énumérer trois à savoir : 1) l'induction harmonique, 2) les tentacules et 3) les cordes relationnelles. J'expliquerai d'abord brièvement les deux premières interactions énergétiques pour présenter ensuite, plus en détail, la troisième car son niveau d'interactions est bien plus fondamental dans sa nature.

1. L'induction harmonique

L'induction harmonique est un terme qui vient de la physique. Pour l'expliquer, prenons deux diapasons et plaçons-les proches l'un de l'autre. Si nous faisons vibrer l'un des deux diapasons, l'autre se met à vibrer en harmonie avec le premier. Ce phénomène est appelé « induction harmonique ». Sur le plan énergétique, il se passe exactement la même chose et nous le vivons tous les jours. C'est l'ambiance que nous ressentons pendant un concert rock ou un match de foot. Que nous l'aimions ou non, si nous nous y trouvons pendant un moment, cette ambiance nous pénètre et notre propre champ d'énergie commence à résonner.

Il peut s'agir de toutes sortes d'ambiances : le chaos après un accident ou un désastre, la sensibilité d'une soirée de poésie, le drame d'un opéra ou d'une pièce de théâtre, la tension dans la classe d'un enseignant sévère, le plaisir de bonnes blagues échangées au café, la joie qui émane d'un couple d'amoureux, l'ambiance d'un festival, etc. Voilà des exemples d'induction harmonique que nous connaissons tous. Mais l'induction harmonique est un phénomène qui se déroule à chaque moment de la journée. Il y a un climat énergétique toujours et partout, parfois très évident, comme dans les exemples précédents, mais souvent moins intense ou même très subtil. Quand le climat énergétique est moins intense, nous ne le captons généralement pas consciemment, sauf en de rares moments. Le fait que l'induction harmonique ne soit pas captée consciemment ne veut pas dire que le phénomène n'existe pas. Au contraire, il a lieu partout et en tout temps. Notre expérience personnelle est toujours colorée par l'énergie environnante, que ce soit consciemment ou inconsciemment.

Un autre exemple d'induction harmonique est ce qui émane des personnes que nous rencontrons : soit dans un échange direct (leur parler, leur serrer la main, apposer notre signature au bas d'un document, payer à la caisse du supermarché...), soit dans un échange indirect comme dans les transports publics. Quand une personne se trouve dans un état émotionnel fort, la plupart d'entre nous le « captent » sauf si nous sommes vraiment insensibles ou si nous essayons de l'être par la force de notre volonté. Rien qu'en se trouvant à côté de quelqu'un qui est très fâché (ou jaloux, triste, sombre, rêveur, enthousiaste, vivant...), un effet sensible se produit déjà sur la plupart d'entre nous. Seulement, même dans les situations moins chargées émotionnellement, chaque personne émet des vibrations et lors des rencontres, celles-ci s'affectent et s'influencent continuellement dans un jeu d'attractions et de rejets. Il en résulte toujours de nouveaux mélanges d'énergies qui se sont soit renforcées, affaiblies ou neutralisées selon les circonstances. Comment réagir avec justesse selon ces différentes circonstances est une formation en soi, mais cela ne fait pas l'objet de ce chapitre.

2. Le tentacule

Le second phénomène dans l'interaction énergétique entre les gens, comme entre les objets, est le tentacule. Un tentacule est un jet bioénergétique qui émane d'une personne vers une autre personne ou vers un objet d'attention avec une émotionnelle superficielle ou un autre adjectif ? Le mot « superficiel » est utilisé ici pour catégoriser et non pour juger, dans le sens où « superficiel » serait mauvais et « profond » serait bon. Non, en disant « attention émotionnelle superficielle », je veux dire qu'un tentacule est émis la plupart du temps avec une charge émotionnelle de désir, de fascination, de rancune, de possessivité, de jalousie, d'obsession ou d'autres émotions similaires. Superficiel ne veut pas non plus dire faible. Surtout que ce genre de charges émotionnelles peut être très intense, même s'il existe aussi des versions plus subtiles comme séduire, chérir, désirer, manipuler, languir, etc. Il y a des différences fondamentales entre l'induction harmonique et le tentacule. L'induction harmonique est un phénomène passif. Cela veut dire qu'il se produit sans notre intervention. C'est un jeu d'atmosphères énergétiques et d'émanations. Le tentacule, par contre, émane toujours d'une personne même si celle-ci n'en est pas forcément consciente. Je crois que 90 à 98 % de nos tentacules sont inconscients (ce pourcentage est moins élevé pour les personnes hypersensibles).

Par exemple, nous passons devant un magasin et avant de nous en rendre compte, nous avons envoyé un tentacule vers cette chaussure élégante dans la vitrine ou vers cette voiture de sport dans la salle d'exposition. Sans parler des trente mille tentacules envoyés vers les gâteaux, les gens attrayants, les vêtements, les coiffures, les fleurs devant lesquels nous sommes passés dans la demi-heure précédente. Comprenez-vous ce que je veux dire par tentacule ? Si c'est le cas, vous en conclurez tout comme moi que la publicité et le marketing sont spécialisés dans l'art d'appâter les tentacules du public. Voilà une grande partie de leur tâche : capter l'attention, stimuler le désir et le besoin du public pour un produit. En un mot, le tenter. Mais nous ne jetons pas seulement des tentacules vers des objets. Nous ciblons aussi des personnes. Un chanteur de rock est chargé de tentacules qui lui ont été envoyés pendant et après le concert par ses fans enthousiastes. Peut-être cela fait-il partie de son amour pour son métier, cette extase suscitée par le désir de centaines, voire de milliers d'admirateurs à la fois...

Depuis la nuit des temps, la « mode » invite aussi bien les hommes que les femmes à perfectionner l'art du tentacule avec le maquillage, les vêtements et les coiffures, leur façon de se montrer, en bref, le look qu'ils adoptent. Et beaucoup d'entre eux savent aussi cultiver le genre de tentacules qu'ils désirent recevoir. Certains apprécient la nature discrète et réservée du tentacule, tandis que d'autres veulent des tentacules sexy, directs. D'autres encore optent pour la classe et l'exclusivité. Les tentacules existent au sein de toutes les catégories sociales et servent en grande partie à trouver ou à reconnaître les personnes similaires à soi. C'est, en quelque sorte, une forme de communication et de catégorisation sociale. Le contenu et l'effet du phénomène des tentacules constitueraient, j'imagine, un bel objet d'études pour les sociologues et les anthropologues.

Une autre différence fondamentale entre le tentacule et l'induction harmonique
est que cette dernière se trouve toujours en échange avec d'autres champs (de
personnes, d'environnements, d'animaux ou de plantes), tandis que le tentacule
part toujours d'un seul point de départ, à savoir d'une personne. Il peut provoquer
une réaction qui entraîne une interaction, mais le point de départ sera toujours une
personne. L'échange qui découle d'un lien établi à travers un tentacule peut être
une induction harmonique ou une corde relationnelle.

3. La corde relationnelle

Qu'est-ce qu'une corde relationnelle ? Une corde relationnelle est une liaison
fonctionnelle entre deux personnes. Qu'est-ce que cela veut dire ? C'est une
connexion énergétique entre deux ou plusieurs personnes basées sur des faits.
Par faits ou liens factuels, j'entends les liens issus de relations familiales, d'amitié,
d'amour, de travail, d'études, d'appartenance, de collaboration, de projets ou
de destins communs, etc. Les tentacules et les cordes relationnelles n'ont rien
en commun et pourtant, cela n'affecte en rien les personnes car celles-ci sont,
en général, inconscientes de l'essence de leurs interactions entre elles. Ce qui
caractérise une corde relationnelle, c'est son origine au cœur d'un chakra. Le
tentacule, par contre, émane du champ d'énergie de la personne, que celui-ci se
trouve à l'intérieur ou à l'extérieur du corps. Les cordes relationnelles se tissent
entre les chakras de deux ou plusieurs personnes alors que les tentacules sont
projetés dans l'environnement comme des lassos. Il apparaît comme une évidence
que les cordes relationnelles sont basées sur une réciprocité, alors que les
tentacules sont émis à sens unique. L'interdépendance des cordes relationnelles
n'est pas toujours vécue consciemment ni même voulue. Pour ma part, j'observe
que le courant dans les cordes relationnelles est, la plupart du temps, inconscient
entre les gens sauf entre ceux qui sont hypersensibles. Bien qu'une corde
relationnelle se forme en un instant, par le contact du regard par exemple,
nous prenons en compte uniquement, dans l'étude des cordes relationnelles,
la phénoménologie des relations fondamentales. Ce qui, de fait, place les
cordes relationnelles en contraste profond avec les tentacules qui sont souvent
l'expression d'une impulsion de très courte durée (avec quelques variantes selon
les situations).

Une corde relationnelle est caractérisée par cinq paramètres : la fonction, la
modulation, le poids, l'ordre et la transmission. Ces paramètres s'expliquent
plus facilement par une série d'exemples, ce qui vous permettra d'avoir
une compréhension cognitive de la nature et de la signification de la corde
relationnelle, ce qu'elle est et ce qu'elle n'est pas.

La fonction de la corde relationnelle, comme son nom l'indique, est déterminée par l'intention à l'origine de la relation. La fonction relationnelle primordiale est celle de parent-enfant. Ce type de cordes est si profond que je lui ai donné le nom spécifique de « corde générationnelle ». J'en parlerai davantage plus loin.

Exemples de cordes relationnelles ayant des fonctions particulières:

- Parent – enfant
- Homme – femme
- Père – mère divorcés
- Frère – sœur
- Partenaires
- Grands-parents – petits-enfants
- Amant – amante
- Ancêtre – descendant
- Oncle/tante – cousin/cousine
- Parent nourricier – enfant
- Professeur – élève
- Éducateur – jeune
- Employeur – employé
- Professeur – étudiant
- Entraîneur – coaché
- Gourou – disciple
- Juge – inculpé
- Artiste – public
- Collègues
- Roi/Reine – sujet
- Président – citoyen
- Animateur radio – auditeur
- Manager – membre de l'équipe
- Présentateur télé – spectateur
- Chanteur – fan
- Docteur – patient
- Infirmier – malade
- Aidant – victime
- Criminel – victime
- Agent de la circulation – automobiliste
- Vendeur – acheteur
- Producteur – consommateur

Vendeur en gros – vendeur au détail
Actionnaire – directeur
Président – conseil d'administration
Maire – échevin
Ministre – conseiller
Membre du parlement – électeur
Journaliste – lecteur
Écrivain – lecteur
Inventeur – industriel
Peintre – marchant d'art ou galeriste

Vous voyez que cette liste peut être interminable.

Après la lecture de tout ceci, vous commencez probablement à comprendre que la fonction d'une relation est liée à l'intention et au cadre de cette relation. Il y a une délimitation qui indique la portée de la relation, qui dit ce qu'on peut en attendre, qui détermine donc le but de la relation. C'est l'aspect organisateur d'une relation.

Il y a deux autres conclusions à tirer de ces exemples : 1) une corde relationnelle ne se noue pas uniquement entre deux personnes et 2) une corde relationnelle n'est pas systématiquement un choix personnel.

Si nous prenons le cas d'un professeur d'école, d'un présentateur télé, d'un animateur de séminaire, etc., il est clair que la relation se noue entre plusieurs personnes. D'un chakra situé chez le professeur ou le présentateur ou l'animateur part tout un ensemble de cordes relationnelles : une corde par receveur du message. Chaque corde est en soi une connexion d'une personne à l'autre, mais dans ce cas, il y a un seul émetteur et une multitude de receveurs. Il en découle que parler devant un groupe ou un public peut être une expérience plus intense que face à une seule personne, mais ce n'est pas toujours le cas. En effet, tout dépend de notre habitude à parler devant un groupe ou du développement de notre chakra. Par exemple, si nous avons l'habitude de ce genre de contacts, nous pouvons nous sentir tout à fait confortables quand nous nous trouvons au centre de l'attention. Autre situation possible : si notre chakra est grand mais peu développé (du point de vue technique : lorsque le chakra a un grand volume mais que le voile du chakra se trouve vers l'extérieur), nous nous sentirons peut-être tout à fait à l'aise dans un groupe tant que le sujet est superficiel et simple, mais dès que nous nous trouverons face à une situation intime ou à un petit comité, nous nous sentirons mal à l'aise. La zone de confort est différente pour chacun d'entre nous et une situation n'est pas meilleure que l'autre. Cette explication sert à donner un cadre clair afin de pouvoir observer plutôt que de juger.

Dans certains cas, les cordes relationnelles sont basées uniquement sur le choix conscient et la volonté personnelle d'un des membres ou de l'ensemble des membres de la relation. Mais c'est vraiment très rare car de manière générale, les cordes relationnelles échappent généralement au contrôle personnel. Prenons par exemple une situation classique de travail dans laquelle quelqu'un sollicite un emploi et où l'employeur et l'employé trouvent un accord. Dans cette relation qui se noue, les interprétations et formations personnelles vont façonner le cadre de cette corde relationnelle. Cependant, même si nous voulons garder l'illusion que nous pouvons influencer notre vie grâce à notre volonté individuelle (notre besoin de contrôler est généralement très important), dans cette situation, comme dans la majorité des cas, la relation de travail prendra une direction que ni l'employeur ni l'employé ne pouvaient prévoir ni totalement contrôler. Tant de facteurs imprévus déterminent également la fonction d'une relation qu'il est impossible d'exercer un contrôle total. Je pense que formuler cette phrase autrement, sans les négations, serait plus heureux, comme « Cependant, négocier en se servant de sa volonté personnelle dans la relation nous permet de garder notre force et autonomie. »

L'autonomie individuelle doit être développée complètement, mais il faut réaliser que d'autres facteurs jouent un rôle important et que le résultat final sera toujours un ensemble de différentes influences.
A contrario, il n'y a pas non plus de fatalisme ou de déterminisme total. Tant de facteurs imprévus déterminent également la fonction d'une relation qu'il est impossible d'exercer un contrôle total. Le résultat final sera toujours la somme d'influences diverses.

Prenons un autre exemple de cordes relationnelles qui échappent au contrôle personnel : les liens familiaux. À moins d'être un maître extrêmement évolué en méditation, nous ne choisissons pas nos parents. Ni nos frères et sœurs !
De manière générale, parmi nos relations, certaines sont nées de choix conscients et personnels, d'autres sont la conséquence de situations ou de coïncidences de travail ou des loisirs. Néanmoins, un mécanisme très spécifique est à l'œuvre ici, basé sur des lois concrètes qui déterminent la nature et la qualité de nos relations. Mais le réseau de facteurs d'influence est tellement grand et complexe qu'il est impossible de calculer tous les paramètres et encore moins de les diriger pour régler totalement notre vie relationnelle. Cela ne veut pas dire que nous sommes complètement impuissants. Au fur et à mesure que nous apprenons à connaître ces lois, nous pouvons également apprendre à nous en servir dans la mesure de notre puissance personnelle. Et il est bon de pouvoir se servir de son pouvoir personnel pour faire le bien, en sachant et en acceptant que notre impact personnel est limité. C'est ainsi que nous développons la plus grande autonomie et liberté possible dans notre vie humaine.

Pour éclaircir ceci, prenons l'exemple de la recherche d'un emploi. Notre pouvoir personnel est tel que nous choisissons nous-mêmes où et comment solliciter un emploi, quels habits porter, comment nous présenter, comment nous préparer, etc. Mais nous n'avons aucun contrôle sur l'autre : comment il nous verra, recevra, interprétera, et s'il nous aimera ou non. Ensuite, il y aura peut-être d'autres personnes ou d'autres facteurs qui détermineront si nous sommes embauchés ou pas. La limite entre notre pouvoir personnel et celui des facteurs environnants est claire. En regardant la situation de notre point de vue, notre pouvoir est assez restreint, mais en regardant plus largement, il s'avère que les facteurs environnants sont le résultat d'un grand nombre de « résonnances ». L'induction harmonique joue un rôle ici également, mais sur un plan plus profond. Dans ce cas, je ne parle pas de l'induction harmonique énergétique entre des champs d'énergie. Cette dernière en fait partie également, mais n'est pas vraiment déterminante pour nos choix de vie fondamentaux. Il s'agit dans ce cas-ci d'une induction harmonique des champs d'énergie des forces qui déterminent notre destin et qui se déroulent à un niveau bien plus profond que le niveau du champ d'énergie personnel, ou le champ de l'émanation d'une personne. Une explication des lois du jeu des forces déterminantes du destin nous dévierait trop de notre introduction sur les cordes relationnelles. J'en parle ici seulement parce que ces forces déterminantes du destin sont souvent les facteurs décisifs dans les relations les plus fondamentales de notre vie, celles avec nos parents, notre partenaire, nos enfants ou nos mentors les plus importants et les gens qui ont le plus d'impact sur notre vie.

Modulación

Lorsque nous parlons du contenu d'une relation (travail, passe-temps, amour, instruction, soin, etc.), nous parlons de la fonction de la relation. Mais lorsque nous parlons de la valeur émotionnelle de la relation, il s'agit de la modulation de cette relation. Si, dans notre fratrie, nous avons, par exemple, deux frères, les deux relations ont la même fonction, mais nos sentiments envers l'un ou l'autre sont probablement différents. Dans ce cas, nous parlons de relations qui se modulent différemment. Peut-être qu'avec l'un de nos frères, nous avons beaucoup de plaisir tandis qu'avec l'autre nous avons plutôt une fonction protectrice. La modulation de la première corde relationnelle est alors le plaisir, tandis que pour l'autre, il s'agit de protection. Ici encore, une énumération démontrera rapidement ce que la modulation d'une corde relationnelle veut dire exactement. Vous comprendrez facilement que la modulation peut changer rapidement et que la même relation peut être très agréable à un moment donné pour devenir ennuyeuse quelques instants après. Il est tout à fait normal que la modulation d'une relation change sans cesse, d'instant en instant, parfois rapidement, parfois lentement.

- Aimable
- Méfiant
- Hostile
- Agréable
- Savoureux
- Enjoué
- Léger
- Profond
- Joyeux
- Sérieux
- Concentré
- Jaloux
- Fier
- Irrité
- Triste
- Fâché
- Doux
- Pinailleur
- Lunatique
- Passionné
- Superficiel
- Sombre
- Désespéré
- Réconfortant
- Plein d'espoir
- Intense
- Faible
- Fade
- Pétillant
- Excitant
- Demandant
- Rejetant
- Peureux
- Colérique
- Ardent
- Enthousiaste
- Patient
- Agité
- Confiant
- Dévoué
- Déçu
- Dévot
- Blessé
- Rancunier
- Manipulateur
- Ignorant
- Inconscient
- Ennuyeux
- Courageux
- Déterminé
- Doutant
- Pleurnicheur
- Encourageant
- Dans l'expectative
- Donnant
- Prenant
- Amer
- Soignant
- Plein d'amour
- Amoureux
- Naïf
- Déroutant
- Intègre

Cette liste peut évidemment être plus longue : chaque émotion, chaque sentiment ou vécu émotionnel peut colorer notre relation et la moduler. Il est extrêmement intéressant de regarder de près comment sont formées nos cordes relationnelles, parce qu'elles ont un impact énorme sur notre qualité de vie et, surtout, sur nos choix de vie. Ceux qui ont un travail de leader ne voudront peut-être pas l'admettre, mais beaucoup de décisions sont prises sur une base émotionnelle, ou intuitive bien plus qu'on ne peut l'imaginer. Ce n'est pas mauvais du tout, mais dans notre système éducatif, la raison a plus de valeur que l'émotion ou que l'intuition. Bien que dans la pratique, la charge émotionnelle prenne une grande place dans une décision, nous ne nous en rendons pas compte, surtout si l'on a tendance à traiter avec condescendance tout ce qui est intuitif. Cependant, les plus grands leaders, les managers, les inventeurs et les scientifiques sont précisément ceux qui ont développé un bon équilibre entre le rationnel et l'intuitif. C'est la combinaison des deux qui mène à un développement élevé, et non pas, comme c'est le cas de nos jours, la primauté du rationnel sur l'intuition ou les émotions.

Certains refoulent leurs émotions, mais cela ne veut pas dire pour autant qu'elles sont désactivées. Le seul résultat du refoulement est que nous perdons la connexion avec nos émotions, que nous devenons inconscients des courants émotionnels qui nous traversent. Cette perte de contact diminue notre puissance car, d'une part, les émotions agissent à notre insu et, d'autre part, nous nous privons de leurs enseignements. Des modèles économiques et statistiques de plus en plus complexes sont développés afin de tracer la carte du marché, de l'évolution du monde et la sociologie de l'humanité, mais si le développement intuitif des travailleurs était égal au développement rationnel, il en découlerait une compréhension bien plus réaliste et dès lors bien plus efficace des tendances et des phénomènes qui se présentent à nous dans le monde. Ne croyez pas que j'encourage un affaiblissement ou une éradication du rationnel. Je plaide par contre pour une égalité entre les aspects émotionnels et rationnels d'une éducation. Je pense qu'il y a des lacunes dans ce domaine et que l'étude des cordes relationnelles pourrait jouer un grand rôle dans ce développement. Nous avons un retard émotionnel à rattraper afin d'arriver à un discernement équilibré de la réalité.

Ce que j'observe régulièrement lors de conversations et de réunions d'affaires, c'est que l'aspect émotionnel tant des projets que des collaborateurs est rationalisé, dévalorisé, mal compris et donc largement sous-estimé. Je vois les charges émotionnelles qui vont et viennent autour de la table tandis que les participants les vivent différemment. Certains ont leurs pensées bien alignées avec leurs émotions et contribuent ainsi de façon cohérente à la collaboration. D'autres se construisent un « look professionnel » tandis qu'ils manipulent leurs émotions à l'infini. Enfin, il en est également qui restent trop longtemps plongés dans leurs émotions, ce qui leur empêche tout regard lucide et proposition rationnelle.

Cette différence entre les états émotionnels des participants mène souvent à des blocages. Toute la table est sous une certaine tension car les participants évitent ou contournent les sujets sensibles. Ceci est littéralement frustrant pour toutes les parties concernées et peut mener à un échec. La conscience du fonctionnement des cordes relationnelles et de leurs modulations pourrait apporter une solution libératrice.

J'utilise le mot « conscience » intentionnellement. La connaissance simple n'est pas suffisante, elle ne dépasse pas le rationnel alors que la conscience va bien au-delà. Elle comprend le ressenti. Développer cette attitude consciente bien plus difficile que d'acquérir des connaissances car elle se base avant tout sur l'expérience. La connaissance est le premier pas, puis vient le processus effectif de l'apprentissage, la confrontation avec les difficultés, les défis à relever, les revers à surmonter, persévérer, être soutenu par ceux qui ont plus d'expérience, être contrecarré, surmonter les difficultés, goûter le succès, gagner en confiance en soi, pour finalement arriver à une conscience adéquate avec laquelle on peut entreprendre quelque chose. Au sein de chaque entreprise se trouve un grand capital de conscience. La gestion des données, de la connaissance et de l'information est d'ores et déjà un point d'attention accepté dans le monde des affaires. La gestion de la conscience sera l'étape suivante. L'approche des cordes relationnelles pourrait être avantageuse, tant pour les employés que pour l'entreprise. Les travailleurs se sentiraient reconnus et l'entreprise utiliserait au mieux les sources plus profondes de son succès et de sa puissance.

Le monde des affaires ne serait pas le seul à bénéficier des avantages d'une approche par les des cordes relationnelles. La qualité de nos relations personnelles se verrait évidemment affectée par la modulation de nos cordes relationnelles. Là aussi, le développement de la conscience sera inévitable afin de vivre des relations saines et satisfaisantes. En fait, le développement de la conscience est une chose qui se fait automatiquement dans nos relations, même si nous n'utilisons pas cette terminologie. Par exemple, si nous sommes blessés par une de nos relations, nous nous retirons souvent pour nous protéger. Aussitôt notre sentiment de sécurité retrouvé, il se peut que nous donnions une direction nouvelle à notre vie et que nous abandonnions complètement cette relation. Peut-être est-ce la seule chose à faire. C'est possible. Mais si cette blessure revient à nous de la même façon à travers une autre relation, et encore, et encore, peut-être allons-nous réfléchir un peu à la nature de cette blessure. Comment se fait-il que nous la vivions à chaque fois ? D'où vient-elle ? Comment est-ce possible ? Ce sont les toutes premières questions à se poser, celles qui nous guideront dans notre quête d'une compréhension plus profonde des relations et de leurs dynamiques : les premiers pas donc dans la conscience de la relation.

Le poids

La troisième propriété d'une corde relationnelle, c'est le poids de la relation. Alors qu'en général, il y a beaucoup de confusion concernant la modulation d'une relation, on distingue encore moins bien le poids d'une relation. Qu'est-ce que le poids d'une relation ? Le poids d'une corde relationnelle est la dimension de l'impact de cette relation sur notre psychisme et, à travers notre psychisme, sur notre corps, notre système énergétique, notre esprit et les circonstances de notre vie. Comment comprendre le terme « poids » d'une relation ? Par exemple, il est fort probable que la personne à qui nous avons acheté une bouteille de shampooing une fois dans notre vie aura moins d'impact sur nous que le professeur de physique que nous avons eu pendant trois ans même si certains souvenirs peuvent laisser une empreinte profonde en nous. Il est tout aussi probable que la relation que nous avons avec la personne qui nous a éduqué, enfant, ait plus de poids que les relations avec nos oncles et tantes. Ces deux comparaisons donnent quelques précisions sur ce que veut dire le mot « poids ».

Pourquoi est-il important d'y songer ? Même si on n'aime pas se l'avouer, nous sommes tous interdépendants. D'un côté, nous sommes invités à nous défaire de nos dépendances malsaines afin de devenir des êtres indépendants et sains et d'un autre côté, nous aurons toujours besoin d'autrui. On ne peut tout faire seul. Devenir adulte et s'émanciper ne veut pas dire devenir une île déserte qui n'a plus besoin de personne. Devenir adulte, c'est apprendre à se mouvoir en douceur et à s'épanouir dans le réseau infini de nos relations. L'émancipation est l'évolution d'une indépendance malsaine vers une dépendance et un échange mutuels sains. Nous aurons toujours besoin des autres, nous ne pouvons y échapper. Mais à travers la nature et la qualité de nos échanges, nous pouvons trouver soit beaucoup de joie, de succès et de satisfaction, soit vivre une terrible misère, et tout le spectre entre les deux, bien évidemment. L'étude des cordes relationnelles peut nous aider à créer plus de joie et moins de peine.

Afin d'estimer le poids d'une relation, nous pouvons utiliser une formule. Elle est symbolique plutôt que le résultat de recherches statistiques, mais vous allez en découvrir la logique évidente :

Poids = profondeur x durée (de la relation)

La profondeur est déterminée par deux facteurs, à savoir la fonction et l'implication. Nous avons vu précédemment ce que recouvrait la notion de fonction pour comprendre aisément que la fonction frère/sœur a plus de profondeur que la fonction vendeur/acheteur. À côté de cela, l'élément engagement est d'importance. La notion d'implication est en fait la mesure avec laquelle nous voulons, pouvons et osons vivre la relation. Lorsqu'un enseignant ne prend pas en charge son rôle dans la classe et qu'il n'a pas de passion pour son travail, l'effet de cet enseignant sur les élèves sera bien moindre que celui d'un collègue qui fait son métier avec zèle. Cela semble évident, n'est-ce pas ? Naturellement, la quantité de temps passé avec les élèves influera aussi sur le poids de l'influence totale de cet enseignant.

Pourquoi prendre du temps pour parler du poids de la relation ? Pour plusieurs raisons dont la plus importante est que la notion de poids sert de guide efficace pour le développement d'une personnalité harmonieuse. Apprécier le poids de chaque relation puis honorer cette relation en concordance avec l'ordre naturel de son importance mène à l'ultime harmonie intérieure. Honorer veut dire honorer, ni plus ni moins. La quantité de temps, de mots, de cadeaux et d'attention que nous donnons à quelqu'un ne signifie pas nécessairement que nous l'honorons. Nous pouvons très bien rencontrer un de nos grands-parents seulement une ou deux fois dans notre vie et néanmoins honorer cette personne du fond du cœur sans extérioriser ce ressenti. Ce respect est tout à fait légitime. Nous pouvons aussi vivre notre respect de manière bien plus sociale et visible en rendant, par exemple, visite à une personne et en la soignant. Comment le respect se manifeste n'est pas l'élément le plus important car c'est sa qualité intérieure qui détermine l'effet harmonisant.

> Relation envers soi
> Relation avec les parents et les ancêtres
> Relation avec le partenaire
> Relation avec le foyer familial
>> Enfants
>> Enfants adoptifs
>> Petits-enfants
> Relation avec les études / le travail / la carrière
> Relation avec la famille directe
>> Frères / sœurs
>> Oncles / tantes
> Relation avec les amis / connaissances
> Relation avec la commune
> Relation avec le monde

La personne qui honore ces relations vit une immense harmonie intérieure. Voilà la véritable base de votre pouvoir et ce pouvoir peut être la force directrice pour tout ce que vous désirez accomplir dans la vie : le bonheur, l'amour, le succès, la liberté ou quoi que ce soit. Je répète qu'il s'agit d'un guide pour le respect et non pas pour le temps que nous devons y consacrer. Nous pouvons parfaitement passer du temps à faire carrière tout en donnant priorité à notre famille et vice versa. C'est l'attitude intérieure sincère qui est le facteur déterminant et les résultats parlent pour eux. Cela vient du fait que celle-ci dépasse les mots, les hypocrisies et le « faire semblant » ; elle va de chakra en chakra, directement vers la source, en passant par la corde relationnelle. C'est l'essence de la force vitale même qui travaille ici, et il est impossible de tromper la vie même, ni en mentant, ni en utilisant la technologie, les interventions thérapeutiques, la manipulation, la menace ou la séduction.

Le mot « soi » est une notion bien spécifique qui désigne le contact avec notre être intérieur. En termes des quatre dimensions, il s'agit de la dimension essentielle de l'être que nous pouvons contacter à travers les perles de chakra (voir le chapitre 5). C'est la mesure dans laquelle nous sommes en contact avec et dans laquelle nous nous consacrons à notre être profond qui détermine notre aptitude à avoir du respect pour nos relations. Et l'inverse est vrai aussi. Les autres ne peuvent nous honorer que dans la mesure où ils sont en contact avec leur être profond. C'est simple comme bonjour.

Quand vous vivez un mécontentement intérieur, il est utile d'examiner si votre respect intérieur correspond à l'énumération mentionnée ci-dessus et avec son ordre d'importance. Cela indique bien vite à quel niveau se trouve votre problème. Il n'est pas toujours facile de rétablir le respect. Il se peut que nous soyons remplis de rancune, de déception, de naïveté, de revanche ou de jalousie ou d'autres émotions douloureuses qui empêchent le pardon et le rétablissement du respect. Et simplement dire les mots : « Je te pardonne » ou « J'ai du respect pour toi » ne suffit pas, bien sûr. Pour certaines relations, cela peut prendre des dizaines d'années pour les rétablir, mais il peut aussi y avoir des transformations miraculeuses. Qui dira quand et comment cela se fera ?

La paix intérieure et l'harmonie sont des motivations importantes pour observer le poids que nous attribuons à nos différentes relations. Une autre motivation importante est notre capacité à créer une vie satisfaisante. Nous vivons dans une dépendance mutuelle et nous avons besoin d'autrui pour satisfaire nos besoins. Il en est ainsi pour tous et il n'y a pas de honte à cela, quoique souvent, nous le déguisons avec des constructions mentales compliquées. En découvrant nos véritables besoins et désirs, en les distinguant des faux (qui ne mènent pas à une satisfaction totale, mais plutôt à de l'agitation, à la maladie et au stress) et en comprenant quelles relations nous aident à remplir ces besoins et désirs, puis en sachant quel poids attribuer à ces relations afin de trouver la satisfaction totale, alors... ne serions-nous pas des maîtres de satisfaction ?

Il est important que chaque individu commence à appliquer cela pour lui-même. Il est inutile de vouloir attendre les autres ou le moment où la société aura changé. Prenons le cas utopique que ceci soit possible et que la société et les autres changent en mieux : cela ne nous aura pas encore transformé, nous. Ce n'est pas un processus automatique, il faut toujours faire un effort soi-même. Une société idéale, une famille idéale, des amis idéaux ne vont pas transformer nos propres habitudes destructrices ; nous resterions donc les seules personnes misérables dans un monde où tous seraient heureux ? Ne serait-ce pas l'enfer ? De plus, notre société est le reflet de ses individus. Si tous les individus perdaient toutes les habitudes malsaines et ne faisaient que le bien, par force des lois de l'économie, la société suivrait aussitôt. Tous les livreurs de produits et de services sains fructifieraient. Les problèmes de la société se règlent instantanément dès que tous les individus se donnent la peine de transformer leur destructivité. Logique simple, n'est-ce pas ?

Après ce petit détour, j'en reviens au sujet de la conscience du poids de la relation, ce qui est important pour pouvoir développer la capacité de créer une vie satisfaisante. Dès que la connaissance de soi ou plutôt la conscience de soi sera développée, il sera important de trouver la juste personne pour chacun de nos besoins. On achète le pain chez le boulanger et l'essence à la station-service. On trouve l'éducation auprès des professeurs et l'amitié auprès des amis. On trouve l'amour (j'espère) dans la famille et le salaire auprès du patron. Pour remplir tous nos besoins, il faut viser le but avec détermination et la juste dose. Avec le mot « détermination », je veux dire qu'il va falloir trouver la relation juste qui correspond à chaque besoin et avec « juste dose », je veux dire ne pas faire plus ni moins que nécessaire pour satisfaire ce besoin ou ce désir. Afin de toucher un salaire, il va falloir faire un effort dans cette société économique. Faire plus d'effort que nécessaire vous épuise et vous fait négliger vos autres besoins, voire même est contre-productif (parce que votre concentration devient plus faible, vos collègues sont jaloux ou votre patron ne peut plus supporter votre présence). Faire moins d'efforts que nécessaire va donner moins de résultats. Je suis sûr qu'il y a des domaines dans votre vie où vous donnez soit trop, soit trop peu pour arriver à un échange optimal dans une certaine relation.

Des relations entre partenaires sont des domaines où on trouve souvent de mauvais dosages. Il y a des gens qui ont tendance à négliger leur bien-aimé(e) et il y a des gens qui ont tendance à étouffer leur partenaire en le comblant d'amour et d'attention. Il en va de même pour les relations avec les enfants : dans certains domaines, nous les protégeons trop et dans d'autres, il y a des lacunes. Ceci n'a pas pour but de critiquer, car on fait tout ce que l'on peut, c'est simplement un panneau indicateur vers la conscience du poids idéal dans les relations et une invitation à un meilleur dosage. On apprécie mieux un plat quand il est savamment dosé en épices. C'est pareil pour les relations. Il faut le juste dosage d'attention, de paroles, d'amour, d'explications ou quoi que ce soit d'approprié pour ce type de relation dans cette circonstance. Passionnant, n'est-ce pas ?

Il se peut que leur grand-père soit décédé, ou bien qu'ils n'aient pas de partenaire, pas de frère, ou pas de travail actuellement. Dans le cas d'un décès, il n'y a pas de problème. En ce qui concerne le respect d'une relation, que la personne soit en vie ou décédée, l'effet intérieur reste le même. Le fait de ne pas avoir d'amoureux n'est pas un problème non plus. La liste n'est qu'un guide pour l'ordre d'importance et non pas un guide pour tout ce nous devrions avoir. Nous n'avons pas besoin d'avoir de frère, de sœur, d'oncle ou de tante pour ressentir une harmonie globale dans notre univers relationnel. Nous avons tous des parents, qu'ils fassent partie intégrante de notre vie ou non. Et nous n'avons pas besoin d'avoir d'amoureux de chair et d'os pour atteindre une harmonie intérieure totale, car il peut s'agir d'une réalisation symbolique. La semaine dernière, j'ai entendu un joueur de cithare qui était dans un tel état d'harmonie avec son instrument qu'il était l'image même de l'unité totale avec sa musique. Vous vous doutez que j'étais transporté en l'écoutant...

Un autre exemple intéressant dans le domaine du poids de la relation, ce sont les situations d'apprentissage et de travail. Les enseignants et les élèves se sentent au mieux quand ils se trouvent à peu près dans la même classe de poids du point de vue de l'éducation. Là encore, le poids est déterminé par la profondeur x la durée, tandis que la profondeur est déterminée par la fonction x l'application (voir remarque plus haut). Concrètement, la profondeur est déterminée par la discipline et le niveau d'intelligence. Quand le professeur et l'élève s'intéressent tous deux à la matière, cela stimule leur passion, ce qui entraîne implication et effort dans le cours. Quand le professeur ou l'élève ne s'intéresse que peu ou pas du tout à la discipline, l'implication pendant le cours sera minime. Dans ce cas, le professeur ou l'élève fera mieux de trouver une autre discipline, à moins que l'élève n'ait pas le choix et que cette discipline soit obligatoire. Dans ce cas, il faudra d'abord travailler la sensibilisation autour de la nécessité et de l'importance de la matière et à partir de cette notion, on pourra continuer le travail. L'idéal serait aussi que le niveau d'intelligence corresponde. Quand les élèves sont plus intelligents que le professeur, ils vont rapidement atteindre la limite de leur absorption de connaissances et par la suite se trouver désintéressés, ce qui arrêtera leur développement. Quand le professeur doit travailler sous le niveau de son intelligence, il risque de perdre toute passion pour sa discipline, à moins qu'il puisse l'élargir à un affinement et à une optimisation de l'encadrement des trajectoires de formation, faire plus qu'uniquement s'occuper de la matière même. Par exemple, il s'occupera alors également de l'optimisation des méthodes pédagogiques.

Les meilleurs professeurs que j'ai connus étaient ceux qui avaient une immense maîtrise de leur discipline, mais qui savaient approcher l'étudiant à son propre niveau. Ils donnaient à chaque étudiant exactement ce qu'il était capable d'assimiler et rien de plus. De cette manière, celui-ci pouvait porter sa pleine attention sur ce qu'il pouvait assimiler et n'était ni intimidé ni démotivé par l'autorité du professeur. Je rends de temps en temps visite à certains de ces professeurs et ils m'étonnent toujours par leur immense réservoir de connaissances et d'expériences. Ce qui m'inspire le plus de respect est le fait

qu'ils montrent leur savoir uniquement quand c'est nécessaire et quand il peut
être reçu par l'étudiant. Ils ont dépassé leur ego sans que leur amour et leur
dévouement pour leur discipline en aient souffert. Au contraire.

Il en va de même dans les situations de travail. Quand le contenu, la responsabilité,
la quantité et la complexité du travail sont en concordance avec l'ambition
personnelle, l'intelligence et la capacité de travail de l'employé, celui-ci pourra
s'épanouir totalement et être tout à fait productif, ce qui est bon pour lui ainsi
que pour son employeur. C'est une joie immense de bien fonctionner, d'utiliser
ses capacités au maximum, ce qui les fait s'épanouir et aboutira à la croissance.
Un travailleur dont le poids du travail est plus grand que sa capacité ou son
intelligence va tomber dans une spirale descendante de stress et d'épuisement
en se sentant inadéquat, ce qui fera diminuer encore sa capacité naturelle et
accroître le décalage entre le poids et ses capacités. Cette spirale descendante
mènera à des conflits au travail ou à la maladie. Mais l'inverse existe aussi, quand
un employé travaille sous son niveau d'intelligence ou sa capacité. La partie
non utilisée de son énergie ou de son intelligence cherchera de toute façon une
manière de se manifester si elle n'est pas bien canalisée (à travers un hobby, un
engagement social dans ou à l'extérieur de l'entreprise, un sport, une formation,
etc.). Cette surcapacité peut chercher aussi un moyen de se manifester de façon
destructrice : à travers des jeux de puissance, le bavardage, l'ennui, etc. Enfin, si
tous les chemins d'expression sont bloqués, l'employé va diriger cette surcapacité
envers lui-même en buvant, à travers la dépression, une addiction ou la léthargie.
Dans ce domaine, il peut être intéressant de développer la conscience du poids
des cordes relationnelles qui, dans le cas idéal, est un reflet de l'état intérieur et
des capacités de la personne. Quand le poids de la relation est bien établi, les deux
partenaires arrivent à une transmission optimale dans cette relation.

On pourrait parler bien plus encore du poids des cordes relationnelles, mais
on y reviendra plus loin dans ce chapitre, quand on parlera de la théorie des
cordes avec des exemples pratiques. Je voudrais finir cette introduction en vous
donnant un dernier exemple qui peut clarifier le poids des cordes relationnelles.
Le poids d'une relation peut, dans de nombreux cas, se révéler soudainement, par
exemple quand on perd cette relation de façon subite par un décès, une dispute
ou un déménagement. La perte que nous subissons quand quelqu'un nous quitte
soudainement nous fait ressentir clairement le poids et l'impact de cette personne
dans notre vie. On tente parfois d'échapper à cette souffrance en la refoulant, en
s'échappant dans le travail, en l'étouffant ou à travers d'autres émotions comme la
colère, l'amertume et la dépression. La seule réponse valable lors d'un décès est
le deuil. Plus la relation perdue avait de poids, plus profond sera le processus de
deuil.

Ici nous regardons de plus près encore la fonction et le contexte élargi. L'« ordre »
veut dire ici ranger dans un ordre précis et indique également si la relation et
le contexte sont « en ordre », c'est-à-dire adéquats. En expliquant le poids de
la relation, j'ai déjà touché au sujet de l'ordre. J'ai alors indiqué le lien entre
l'harmonie intérieure de la psyché et l'ordre d'importance dans lequel on
honore et respecte intérieurement les relations importantes (qui ont du poids).
J'ai alors suggéré une liste de priorités, mais cette liste ne fait pas loi, elle sert
plutôt d'instrument de réflexion. L'ordre intérieur de l'image relationnelle de la
famille est tellement individuel et unique que chacun doit apprendre par son
expérience personnelle à voir comment son ordre intérieur se présente. Le
système des constellations familiales nous donne une méthode forte et directe
afin d'extérioriser l'image intérieure qu'un individu se fait de sa famille et de plus,
cela donne un outil de travail pour une intervention thérapeutique afin de mettre
de l'ordre dans l'image intérieure du patient. Les bienfaits de cette technique sont
bien connus et décrits dans la littérature que l'on peut trouver sur le sujet.

Bert Hellinger, dans ses recherches phénoménologiques concernant les
constellations familiales, dit que trois lois de base jouent:
1.   Le rapport : chacun a un droit égal à sa place dans le système.
2.   Le rang : dans chaque système, il y a une hiérarchie.
3.   Il y a un équilibre entre le donner et le recevoir.

Des atteintes à une ou plusieurs de ces trois lois génèrent des problèmes dans
le système. Souvent, le problème refait surface sur une personne qui vient plus
loin dans le système. Celui qui porte le symptôme du problème est souvent
quelqu'un d'autre que la personne ou le groupe de personnes qui a fait infraction
aux lois. Les symptômes peuvent être des peurs, la dépression, la maladie, ne
pas être disponible en tant que parent ou partenaire, se trouver à l'écart de la
vie, être faible, ne pas pouvoir atteindre ou déterminer un but, ou des problèmes
relationnels.

Les fautes de rapport se manifestent quand une personne a été rejetée, non
acceptée ou honnie dans la famille. Le rejet peut avoir lieu pour maintes raisons :
comportement social, valeurs, crime, accident ou autre. Un rejet qu'on voit
souvent est la négation de l'importance d'enfants avortés ou mort-nés dans le
système. Les infractions dans l'ordre sont de deux natures : dans le temps et
dans la génération. Les parents viennent avant les enfants et les enfants ont un
ordre selon la chronologie de la naissance. Les infractions dans l'équilibre entre
prendre et donner ont également deux natures. La génération plus vieille donne à

la génération plus jeune, qui, à son tour, transmet à la génération suivante. C'est là le courant naturel de la vie. Donner à contre-courant perturbe l'harmonie. Dans d'autres relations, les courants entrants et sortants des cordes relationnelles doivent être en équilibre.

Lors de ces infractions, des dynamiques se produisent immédiatement dans le système. Les dynamiques sont des interactions ou des modèles relationnels qui vont à l'encontre de l'ordre sain, c'est pour cela qu'ils sont ennuyeux et parfois très nocifs. Quelques dynamiques importantes :

1.   ubir quelque chose à la place d'un autre
2.   suivre quelqu'un
3.   faire quelque chose à la place d'un autre
4.   se mettre au-dessus de quelqu'un d'autre, la parentification
5.   vivre la vie de l'autre
6.   la triangulation
7.   tu m'as pris quelque chose
8.   personne manquante
9.   projection / double imag

Il y a cinq points d'attention qui aident à faire prospérer une famille:
1.   maintenir et honorer le droit d'être membre de la famille
2.   maintenir le système complet
3.   garder l'ordre chronologique
4.   respecter l'ordre des différents systèmes
5.   laisser le temps faire son œuvre.

Pour une étude approfondie de ces lois, des dynamiques et de leurs solutions, je vous renvoie à des livres qui traitent des constellations familiales.

Qu'est-ce que la transmission ? Là encore, je vous donne une formule fictive afin d'expliciter la notion :

Transmission = substance x poids

Transmission = substance x poids
Il est important ici d'apprendre la différence entre la substance et la modulation. Quelques exemples de substance vous aideront à comprendre, mais pour ceux qui n'ont pas d'expérience avec la méditation ou la contemplation, cela ne sera probablement pas facile. La substance est en effet une donnée de la conscience qui a une grande teneur en réalité, mais qui est beaucoup plus subtile et se trouve au-delà du rationnel. Elle comprend le rationnel mais va bien plus loin.

Des exemples de substance :
* La connaissance
* L'expérience
* La culture
* L'éducation
* L'autorité
* L'expertise
* L'amour
* La compassion
* L'extase
* La confiance
* Le pouvoir
* Les possessions
* Les biens matériels
* Les dettes
* Le style de vie
* La tradition
* La sagesse
* Le patrimoine
    financier
    charismatique
    psychique
    spirituel

La substance est ce qui coule d'une personne à l'autre à travers une corde relationnelle. Cela demande un peu de discernement pour connaître la différence

entre la modulation et la substance de la transmission. La modulation est
le ressenti qui permet la transmission et la substance est le contenu de la
transmission. Un simple exemple : mère et fille ont un entretien intime. La mère
parle d'un sentiment de culpabilité qu'elle éprouve envers son mari. Une demi-
heure plus tard, la fille éprouve un sentiment de culpabilité envers son père.

Les quatre paramètres de la corde relationnelle dans cet exemple sont:
*   la fonction : mère-fille
*   la modulation : l'intimité
*   le poids : très grand (à cause de la fonction de la relation)
*   la transmission : la culpabilité de la mère vers la fille

Si la fille avait une conversation similaire avec une amie, elle n'éprouverait
sûrement pas un tel sentiment de culpabilité par la suite. Le poids de la relation
avec une amie est beaucoup moins lourd que celui de la relation mère-fille.

Il va probablement falloir un peu plus d'explications quant à la liste de substances
ci-dessus. Est-ce que nous pouvons transmettre le pouvoir, l'amour, le charisme,
l'autorité, etc. ? Bien évidemment ! Le charisme d'un groupe rock peut toucher
tout un stade. Avec la combinaison de l'induction harmonique de l'atmosphère
et de la foule, les spectateurs sont imprégnés de l'expérience rock des artistes
sur scène. Et une fois le concert terminé, l'écoute du CD offrira une expérience
plus intense qu'avant. Une transmission s'est créée de la part du groupe vers le
spectateur. Et dans la mesure où celui-ci est enthousiaste, ouvert et attentionné,
il est réceptif à la substance que les artistes projettent dans le public. Dans la
relation enseignant-élève et professeur-étudiant, la transmission est soumise aux
mêmes paramètres. Quand l'étudiant ressent un dévouement, une attention et une
ouverture d'esprit pour la matière, il sera un bon récepteur pour la connaissance,
l'expérience et peut-être même l'autorité du professeur.

Il faut répondre à de nombreuses conditions afin de transmettre avec succès
dans une corde relationnelle. En fait, la vie quotidienne est une suite de tentatives
pour réussir des transmissions avec l'autre, tant sur le plan personnel que
professionnel. Peut-être que seuls 5 % de ces essais quotidiens pour obtenir
des échanges efficaces réussissent. Les échanges peuvent varier d'une simple
poignée de main à la signature d'un contrat qui vaut des milliards, mais les
principes de la transmission sont toujours pareils. Il y a deux parties et il y a tous
les paramètres des cordes relationnelles : la fonction, la modulation, le poids et la
transmission.

Les paramètres d'une poignée de main peuvent être:
- Fonction : amitié
- Modulation : amabilité
- Poids : peut être plus profond qu'on ne le croit
- Transmission : appréciation, affection (expression d'amour)

Les paramètres du contrat aux milliards peuvent être:
- Fonction : acheteur – producteur
- Modulation : direct, excitation, retenue, respect, état d'alerte
- Poids : en relation avec le patrimoine total des parties et les motivations personnelles éventuelles
- Transmission : produit, paiement, garanties

L'utilisation de toutes ces définitions rend mon récit plutôt technique, n'est-ce pas ? Peut-être est-ce le bon moment pour vous proposer quelques illustrations.

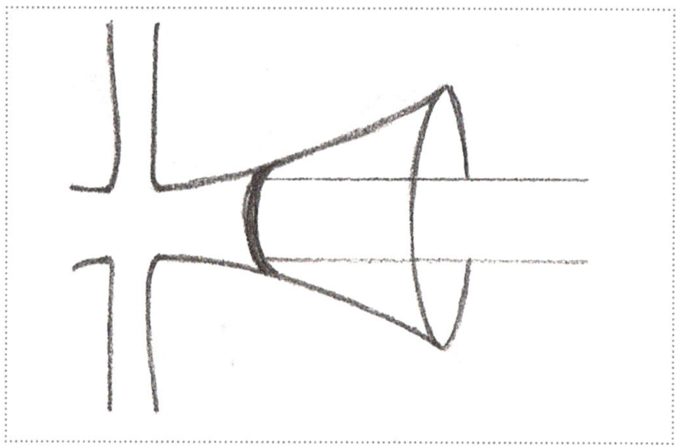

FIGURE 31 • point de raccord d'une corde relationnelle

La corde relationnelle va toujours de chakra en chakra et se relie au voile du chakra. On peut voir les dessins qui suivent, comme des symboles visuels de la théorie de la relation, afin d'illustrer la notion de « dynamique » dans les relations et de la clarifier. Sur le plan énergétique néanmoins, les cordes relationnelles existent vraiment et elles ont une véritable forme dans le champ d'énergie de deux personnes. Ceux qui ont des capacités de perception subtile peuvent distinguer ces cordes de manière visuelle, kinesthésique ou bien auditive, cela dépend du domaine dans lequel leur sensibilité est la plus forte. Quand nous observons les dessins partant de cette perspective, il faut réaliser qu'il s'agit d'images fortement simplifiées en comparaison avec le modèle véritable de l'énergie qui se dessine dans la corde relationnelle. Le jeu énergétique réel qui se déroule entre les chakras de deux personnes qui sont liées est un réseau très complexe et sophistiqué de courants d'énergie et de matrices d'énergie qui, ensemble, forment la corde relationnelle simplifiée ici sur l'image. Il faudrait être un maître en peinture pour rendre justice au génie majestueux des véritables réseaux d'énergie.

La figure 31 démontre clairement qu'une corde relationnelle part et arrive dans la membrane du chakra. Comme on l'a vu auparavant, le voile du chakra représente la profondeur de la conscience de soi, ce qui correspond au raffinement et à la subtilité de la personne. Nous avons vu également que les membranes de chakra de chacun bougent dans une certaine zone de confort partant du plus superficiel et simple (vers l'extérieur du chakra) vers le plus profond et raffiné (vers l'intérieur du chakra).

Quand les zones de confort des membranes de chakra des deux personnes
se chevauchent, elles trouvent facilement un point de rencontre, on dit alors
qu'elles sont sur la même longueur d'onde. Dans le cas contraire, le contact passe
difficilement et péniblement. Ou peut-être ont-elles l'habitude de se rencontrer
facilement, mais la première personne se trouve dans un état réceptif ou créatif alors
que l'autre a faim et ne veut parler que de nourriture. Voilà un cas où les différents
états d'âme temporaires rendent la résonance difficile à ce moment précis.

En termes d'échange, les membranes de chakra et les points de raccord des
cordes relationnelles peuvent nous apprendre quelque chose sur la qualité de la
transmission. Prenons l'exemple de l'autorité. Une personne autoritaire n'est pas
simplement quelqu'un qui se fait valoir en se plaçant au-dessus de l'autre. Non,
une véritable autorité est une personne qui, à travers ses études et une large
expérience, a acquis une certaine expertise dans un domaine. Voyons par exemple
le physicien. Lorsqu'il était étudiant, sa membrane de chakra se trouvait plutôt vers
l'extérieur du chakra. Il a acquis des connaissances et peut-être les a-t-il comprises
sur le plan cognitif. Mais, en travaillant la matière, en parlant du sujet, en étant
passionné, en participant à des recherches, en voyant les effets des recherches
dans la réalité matérielle, en cherchant des domaines d'application dans le monde
social, en améliorant des produits de consommation, en utilisant son savoir, etc., il
développe de plus en plus de maîtrise dans son domaine. C'est en collectionnant ces
expériences qu'il devient une autorité dans son domaine. Quand quelqu'un d'aussi
expert parle d'un sujet, il est pris au sérieux, beaucoup plus que si celui qui en parle
n'a que peu de connaissances. Le cas échéant, l'autorité est donc la substance qui
est transmise. Quand les étudiants qui ont une attention clairvoyante et fondée
écoutent et discutent avec un expert, ils sont de très bons récepteurs et il y aura
beaucoup de transmission, ce qui est agréable pour le spécialiste qui cherche à
partager son savoir, tout comme pour l'étudiant qui pourra évoluer rapidement de
cette manière. Quand il y a peu d'attention ou de la méfiance à l'égard du supérieur, il
n'y aura pas beaucoup de transmission. Tout cela semble bien logique, n'est-ce pas ?

Dans des relations affectives comme celles entre partenaires et amis, il en va de
même, mais la substance sera d'une autre nature, par exemple l'affection, l'amour,
le soutien, le style de vie, etc. Pendant les moments où notre membrane de chakra
se trouve près de la perle, nous avons beaucoup à offrir, et lorsqu'il se trouve plutôt
vers la superficie, c'est à notre tour de recevoir. En théorie, tout cela est assez
simple, mais en pratique, c'est toute une école d'apprentissage que de pouvoir
harmoniser notre vie affective en y mettant de l'amour et de la joie. Là encore, la
conscience des cordes relationnelles, les dynamiques et la connaissance de soi
peuvent nous offrir un cadre utile pour évoluer de manière positive.

Quand vous parlez avec une personne d'un sujet quelconque, vous ressentez bien rapidement lequel d'entre vous a davantage de connaissances et de savoir sur le sujet. Si tous deux suivent le courant naturel, la personne la plus mûre prendra automatiquement une position de leader ou dominante alors que l'autre prendra la position du second ou du receveur. Ce courant naturel se voit souvent dérangé par la rivalité, la jalousie, les insécurités et par des dizaines d'autres petits maux qui empêchent de saines relations. Partant d'un sentiment de rivalité, d'égocentrisme ou d'insécurité, on peut toujours diriger l'échange vers le domaine de l'expertise qu'on connaît le plus, parce qu'on veut à tout prix être le leader ou se trouver au centre de l'attention. Certaines personnes font le contraire, elles cachent leur savoir ou leurs connaissances, par égocentrisme ou par insécurité, peut-être même par fausse modestie ou par angoisse. Deux partenaires adultes, qu'ils soient des professionnels, des amis ou des amoureux, jouent le jeu de donner et de recevoir dans le courant d'énergie. En alternant, ils donnent ou reçoivent ce dont ils ont besoin dans le moment présent. En alternant, ils se donnent du savoir, des moyens, du pouvoir, de l'amour ou quoi que ce soit d'autre, sur base de ce qui coule naturellement sur le moment. Il existe beaucoup de difficultés et de confusion en ce qui concerne l'autorité. Ceux qui en ont n'osent pas toujours l'utiliser et ceux qui en ont besoin s'y opposent souvent à tout prix, que ce soit l'autorité intérieure ou extérieure. En termes de membrane de chakra, l'autorité est un niveau de développement du chakra. Il est évident que nous nous trouvons tous à un niveau différent de développement, dans chacun de nos chakras. Il est normal que dans une relation, A ait plus d'autorité dans certains chakras et que B en ait plus dans d'autres chakras. Au moment où elles se connectent, où elles ressentent un « clic », les deux personnes partagent à partir de leurs chakras les plus forts et reçoivent avec les chakras les plus faibles. La relation est alors nourrissante, stimulante, enrichissante, instructive, ce qui donne un sentiment de joie et de satisfaction. Voilà une situation gagnant-gagnant. Cela se produit autant sur le plan amical ou personnel qu'au niveau professionnel, et même entre entreprises, institutions, organisations et gouvernements. Au moment où il y a un conflit, les chakras les plus forts sont utilisés pour dominer ou pour blesser l'autre et on essaiera de cacher ou de nier les chakras les plus faibles. Bien sûr, cela fait mal. Tout d'abord parce que les deux parties perdent l'opportunité de vivre une relation nourrissante (profit, avantage, bonheur, harmonie, paix), et ensuite parce que la force des chakras est employée pour blesser. Celui qui est blessé ressent de la douleur et la personne qui blesse vit des moments de plaisir négatif. Les deux parties sont perdantes, à moins qu'elles utilisent le conflit pour apprendre et, là où c'est nécessaire, pour corriger. Les deux parties perdent parce que la force vitale est détournée de son courant naturel. Même la partie dominante qui vainc aux dépens de la partie la plus faible se fragilise car le profit est basé sur une forme de vol énergétique et non pas sur un échange uniforme.

Les chakras dominants peuvent utiliser leur autorité pour manipuler les chakras plus faibles, pour les blesser ou encore pour les soumettre. Mais en le faisant, les chakras dominants s'amenuisent eux-mêmes à long terme. Leur profit, bonheur ou plaisir vient partiellement des autres chakras et ne provient donc plus de la source même. Et voilà exactement l'élément affaiblissant de la domination négative : la déconnexion de sa propre source. Sur le plan social, cela correspond au déclin d'une civilisation, comme à l'époque de la Rome décadente. Mais sur le plan relationnel, cela se passe sans cesse à travers une dépendance malsaine. Si on a besoin d'aide, on va trouver des gens bienveillants sur le plan relationnel. Le jeu de donner et de recevoir est tout à fait normal et nous sommes tous interdépendants, mais ce jeu a des règles importantes bien précises. L'échange d'une dépendance mutuelle saine est délimité par un début correct, par un échange et par une fin. Et dans chacune de ces trois phases, il peut y avoir des heurts.

Certaines personnes ont trop peur ou trop de fierté pour céder à un besoin. Elles n'osent pas se placer dans une position humble et fragile pour demander de l'aide. Souvent, ce sont ces gens qui essayent d'obtenir ce qu'ils veulent en utilisant la manipulation, la domination ou le vol. Il leur est difficile de prendre un bon départ sain dans un échange sain. Souvent, ils ont le talent de trouver des personnes qui laissent facilement les autres dépasser les bornes ou qui se laissent facilement abuser. D'autres encore ont du mal à recevoir. Dès le moment où l'échange prend son départ, toutes sortes de mécanismes de fuite ou de destruction se mettent en marche. La distraction, la maladie, la grossièreté et la nervosité sont quelques-uns de ces mécanismes de défense qui peuvent faire surface quand nous nous trouvons dans un échange actif. Ces personnes arrêtent l'échange prématurément ou le perturbent, ce qui ne satisfait pas aux besoins et met en danger la relation avec celui qui donne, voire même rendra cette relation impossible.

D'autres encore arrivent difficilement à terminer un échange. Celui-ci est agréable, nourrissant et donne tant de joie que l'on ignore les signaux qui indiquent qu'il faut arrêter. La conscience de pauvreté sous-jacente (il n'y a pas assez, je ne suis pas suffisant) est souvent responsable du dépassement des signaux de limites saines. Pourtant, un bon arrêt fait en temps voulu fait partie intégrante et incontournable d'une dépendance mutuelle saine. Il y a beaucoup de conscience de pauvreté dans le monde, autant parmi ceux qui ont une aisance matérielle que parmi les défavorisés sur le plan matériel. Dans la première catégorie, cela se vit dans la surconsommation. Les gens se rendent malades en mangeant et en consommant. À cause de toutes sortes de névroses intérieures et de séductions extérieures, ces gens se gavent de nourriture, d'actions, d'amusements et de produits qui ne sont pas du tout en accord avec leurs besoins sains. Les conséquences en sont la faiblesse, la misère, l'épuisement, la dépression, la maladie et un sentiment douloureux d'abandon et d'inutilité dans la vie. À mes yeux, la surconsommation est tout autant une forme de conscience de pauvreté à l'œuvre que l'incapacité à créer un bien-être sur le plan financier. La pauvreté n'est donc certainement pas un problème du tiers-monde, c'est un problème mondial et cela commence dans notre psyché. Le développement du chakra et surtout de la perle du chakra aidera à la transformation des racines les plus profondes de cette conscience de la pauvreté.

• L'anatomie d'une corde relationnelle

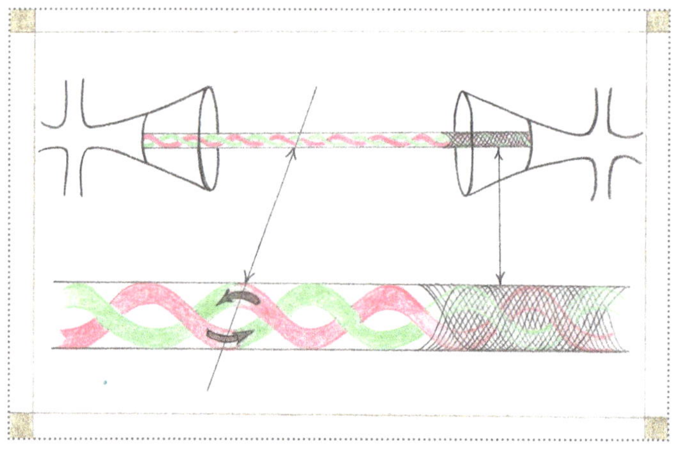

FIGURE 32 • corde relationnelle, double hélice et gaine

Les cordes relationnelles se trouvent dans la deuxième dimension, c'est-à-dire dans l'aura ou dans la dimension énergétique. Souvenez-vous que le plan de ce livre est fait de quatre dimensions : la dimension physique, la dimension énergétique, la dimension du hara et la dimension de l'essence de l'être. Les cordes relationnelles font partie du jeu de l'évolution énergétique entre individus, groupes, entreprises et nations. Un jeu incessant d'évolution que nous avons nommé « substance » : amour, énergie, pouvoir, moyens, capacité, affection, haine ou bien d'autres. Je répète que nous pouvons regarder les dessins des cordes relationnelles comme des symboles abstraits qui illustrent le savoir profond des dynamiques de relations et qui aident à le rendre tangible. Mais les cordes relationnelles sont également directement visibles pour ceux qui ont développé la perception intuitive. Que ce soit de manière visuelle, sensorielle, auditive ou intellectuelle. L'appareil de perception se présente à nous quand un ou plusieurs chakras sont suffisamment forts et mûrs pour faire face à l'aspect énergétique de la réalité du cosmos. Lorsque l'appareil de perception se met trop tôt en marche, il en résulte des problèmes physiques et psychologiques. `

Les figures peuvent donc également servir de guide pour apprendre à apercevoir les cordes relationnelles de manière visuelle et intuitive. Là aussi, je répète que la perception énergétique réelle est mille fois plus sophistiquée et détaillée que les dessins simplifiés montrés ici. Personnellement, je ne possède pas la capacité de garder ce détail dans ma mémoire visuelle assez longtemps pour le traduire dans un dessin. Garder longtemps l'image en mémoire affecte souvent le travail thérapeutique énergétique, je me suis donc donné la liberté de lâcher ces images et de les utiliser seulement quand j'en ai besoin pour un but bien déterminé. Dans ce livre, j'utilise quelques dessins simplifiés de perception de cordes relationnelles pour illustrer les connaissances qui se développent à ce sujet.

La figure 32 démontre une corde relationnelle entre les chakras de deux personnes. Nous avons parlé du point de raccord à la figure 31 ; je voudrais parler ici de trois autres parties des cordes : la paroi, le courant entrant et le courant sortant. Chaque relation a un courant énergétique qui entre et un courant énergétique qui sort. Parfois, il semble qu'on ne fait que donner à certains, alors qu'avec d'autres, on ne fait que recevoir, mais en fait c'est impossible. Il y a toujours un courant qui va dans les deux directions. Il y a cependant souvent des courants dont nous ne sommes pas conscients qui bougent aussi, cela dépend de l'échange que nous vivons consciemment. Et, comme vous l'avez certainement souvent remarqué avec frustration, il peut y avoir une grande différence entre ce que nous investissons dans une relation et ce que nous en récoltons. Il y a beaucoup de malentendus sur cette question de donner et recevoir, de conflits et de mécontentement qui proviennent tous de l'inconscience de ce qui coule vraiment dans une relation. Des milliers d'avocats dans le monde gagnent grassement leur vie en négociant, en combattant et en maniant la balance entre donner et prendre dans les relations. Cela illustre bien la charge de ce thème.

Le savoir et surtout la conscience du fonctionnement des cordes relationnelles pourront éclairer amplement la genèse des conflits relationnels. Cette connaissance peut fournir assez de solutions aux médiateurs pour qu'ils puissent encourager leurs clients vers plus de compréhension et stimuler leur créativité afin de trouver des solutions. Mais la solution durable dans les conflits relationnels ne naît que par le développement de la conscience des cordes relationnelles, et elle en est également le résultat naturel. Car, au fur et à mesure que la conscience des cordes relationnelles s'accroît, la force vitale des individus crée automatiquement de nouvelles possibilités et des solutions qui mènent à l'accomplissement, au profit et à l'harmonie dans la relation. C'est une remarque importante qui a une conséquence assez grande dans la manière dont on traite les conflits. Traditionnellement, dans la science cartésienne, nous partons d'une image, d'une stratégie ou d'un plan qui nous dit comment améliorer une situation. Ensuite, nous soumettons la stratégie à toutes les parties et nous exécutons le plan au mieux. Dans le processus de la prise de conscience, il n'en est pas ainsi. Nous ne ciblons pas l'élaboration d'un plan afin de le réaliser et de voir où cela nous mène. Dans le travail de la conscience, nous dirigeons notre attention sur la compréhension et sur le ressenti de la situation telle qu'elle est actuellement. Voilà la partie la plus difficile du travail, car la plus grande résistance vis-à-vis de l'amélioration d'une situation est presque toujours une résistance contre le ressenti ou l'expérience même. Quand toutes les parties sont aidées pour comprendre, ressentir et vivre la réalité actuelle dans les quatre dimensions, une intelligence se mettra au travail, inhérente aux chakras et aux perles de chakra et bien plus rapide, plus directe, plus efficace, plus réaliste et plus globale que notre raisonnement mental personnel ou celui du génie le plus brillant au monde. Et cette intelligence innée commence immédiatement à soigner les cordes relationnelles des deux parties, à les harmoniser, à les optimiser et à les enrichir. Ceci n'est absolument pas de la magie, mais le déploiement naturel de la force vitale qui se trouve en tout un chacun. Cela demande beaucoup d'expérience et de finesse de la part du médiateur pour supporter et guider un individu ou un groupe dans ce processus de prise de conscience. C'est un véritable art.

Pour en revenir au courant entrant et sortant : le fait qu'il y ait tant de conflits au sujet de l'équilibre entre le donner et le recevoir entre les individus, les groupes et les organisations, rend très intéressantes la collecte de connaissances et surtout la prise de conscience du courant sous-jacent, peut-être subtil mais qui a tant d'impact sur les relations.

Partant du point de vue de l'individu, le courant entrant est l'énergie que nous recevons dans une relation et le courant sortant est l'énergie que nous y investissons. Dans les cordes relationnelles, il s'agit toujours d'énergie, tout échange physique ou matériel sera accompagné d'un échange énergétique. Par exemple, quand on donne de l'argent à quelqu'un qui nous a rendu service, on lui donne de l'énergie en même temps. La substance peut être alors : la capacité et l'appréciation. Dans ce cas, il est question d'un processus enrichissant pour la personne qui reçoit et donc la relation peut rester simple, mais il peut y avoir aussi beaucoup de substances secondaires qui découlent du fait de donner de l'argent. On peut en donner dans le but de contrôler quelqu'un ou pour démontrer sa propre supériorité. La substance de cette relation est alors : l'échange (pour le service rendu) mêlé au pouvoir et au dédain. Outre l'effet économique ou d'affaires, cette relation active certainement aussi une dynamique émotionnelle. L'effet des dynamiques émotionnelles est énormément nié dans notre société qui opère de façon totalement rationnelle.

« Opérer de façon rationnelle » n'est pas tout à fait juste, car les facteurs opérants dans notre société sont émotionnels autant que rationnels. Mais la partie rationnelle est pour la plupart des gens le seul aspect qu'ils arrivent à apercevoir de manière consciente, tandis que la partie émotionnelle a autant d'influence mais n'est simplement pas perçue. Le fait d'être pratiquement inconscient de tout cela nous rend presque impuissant dans ce domaine. Ceux qui au contraire s'ouvrent à la compréhension des courants sous-jacents dans leur conscience peuvent se rendre compte de ce qui se passe sur le plan émotionnel et où se situent les charges, les obstacles et le potentiel. Ils peuvent apprendre comment fonctionnent les lois émotionnelles et ensuite commencer à les gérer. Non pas pour manipuler (ce que les personnes rationnellement limitées font d'habitude), mais pour utiliser pleinement la force émotionnelle en harmonie avec une raison saine. Quel groupe de gens est le plus fort, le plus harmonieux et le plus productif, pensez-vous : ceux qui refoulent ou nient leurs émotions à l'aide de la raison et agissent stratégiquement à partir de ce principe, ou ceux qui reconnaissent autant le monde émotionnel que le monde de la raison et qui utilisent les deux selon leurs propres lois dans un tout harmonieux ?

Il y aura donc toujours un courant entrant et un courant sortant. Vous avez cependant déjà remarqué que ce que vous investissez dans une relation n'est pas toujours accepté ou même est interprété tout à fait différemment de ce que vous avez voulu initialement. Ce phénomène fréquent de troubles de la communication sera expliqué ultérieurement, quand nous allons combiner la connaissance des cordes avec les instruments du développement de la conscience. Et vous allez probablement devoir avouer franchement que l'inverse est vrai aussi : ce que l'autre investit dans la relation n'est pas toujours reçu ou accepté, ou est interprété différemment de son l'intention. Cela nous apprend déjà beaucoup sur la relation. Lors d'un échange, il est question d'un émetteur, d'une énergie émise, d'une énergie reçue et d'un receveur. En même temps, le receveur renvoie quelque chose vers l'émetteur. Il ne peut y avoir d'émission à sens unique, il y a toujours une réciprocité. Pour pouvoir recevoir de l'énergie, il faut qu'il y ait une ouverture de la part du receveur. Cette ouverture demande un minimum d'attention consciente ou inconsciente pour l'émetteur. Et lorsque vous recevez un message ou une énergie, vous renvoyez aussitôt et toujours une réaction : la compréhension, la frustration, le rejet, la joie, la neutralité, le mécontentement ou quoi que ce soit.

Au premier abord, on dirait qu'un enseignant envoie de la connaissance dans une direction : vers les élèves, donc le professeur aurait uniquement un courant sortant. Mais lorsqu'on regarde la réalité de plus près et si on essaie de ressentir ce qui se passe, on réalise que chaque élève renvoie également constamment une réaction vers l'enseignant. Et un professeur expérimenté et ouvert saura gérer, consciemment ou inconsciemment, cette réaction. Il sait quand la classe comprend ou ne comprend pas quelque chose. Il ressent le combat pour l'autorité. Il ressent l'admiration et l'aversion. Toutes ces substances et modulations coulent sans cesse entre le professeur et les élèves pendant qu'il enseigne. Les enseignants expérimentés ont appris au fur et à mesure à se servir des substances et des modulations. Ils utilisent leur conscience de la relation, que ce soit de manière consciente ou inconsciente, pour créer les circonstances les plus favorables possible dans la classe et pouvoir transmettre l'enseignement de façon optimale. Ceci est en fait la fonction principale de cette relation. Mais un enseignant exerce généralement plus de fonctions que la simple transmission de savoir.

Il y a bien sûr une liaison directe entre la fonction d'une relation et le contenu du courant de la corde relationnelle. Quand le contenu du courant correspond exactement à la fonction de la relation, la relation est correcte et cela la renforce. Quand des parents séparés ne partagent plus que leur relation de parenté commune, cela peut se faire en parfaite joie et harmonie. Cependant, quand une des deux parties a d'autres intentions, d'autres substances circulent à travers la corde relationnelle, ce qui peut créer des dynamiques dérangeantes. Des exemples types d'intentions cachées dans le cas de parents séparés qui exercent la garde alternée sont : ne pas pouvoir lâcher prise des besoins sexuels, de la dépendance émotionnelle et du contrôle ainsi que le rejet de la responsabilité financière. Il est important également de ne pas porter de jugement sur ceci afin de faciliter l'émergence d'une clarté sur les dynamiques actives. On a souvent besoin d'une personne neutre pour nous éclairer, car les amis proches ou la famille ont souvent un intérêt trop grand pour pouvoir rester objectifs. Une deuxième raison pour ne pas juger les substances cachées qui circulent est que souvent, elles ne sont pas très nocives. Il s'agit souvent uniquement du fait que nous ne sommes pas conscients d'une dynamique qui nous apporte bouleversement, mécontentement et conflit. Aussitôt qu'on a conscience de ces choses en les nommant et en les clarifiant, le conflit se résout automatiquement. On crée un espace où les dynamiques ont le droit d'exister et la relation se tranquillise. Et même quand les dynamiques annexes sont nocives, il est toujours important de ne pas agir à partir d'un jugement. Cela ne fait que figer la dynamique. Si une transformation est le résultat d'une attitude dure et jugeante, elle ne peut que remplacer le symptôme par une autre dynamique nocive, et ne mène donc pas vraiment à une solution. Les substances annexes doivent être amenées à la conscience et on doit creuser jusqu'à la racine de la dynamique. Le dialogue et l'analyse peuvent nous aider, mais ce qui amène vraiment à une conscience profonde, c'est le ressenti sans jugement de la situation avec beaucoup de compassion pour soi. Ce sont la force et la profondeur de la compassion qui font que les tendances négatives se mettent à changer. La compréhension mène à une lucidité, mais c'est la compassion qui est la force créatrice quand il s'agit de résoudre la souffrance dans une ouverture à la guérison. Voilà le message : utiliser la compassion afin de rendre conscients les courants invisibles !

Le troisième élément que je voudrais expliquer en utilisant la figure 32, c'est la paroi de la corde relationnelle. La perception énergétique de la paroi d'une corde relationnelle saine ressemble à une gaine qui aurait été tissée. Le modèle de tissage ressemble à la couche externe du câble de télédistribution : un tuyau de fins fils de cuivre ou de fer qui sont tissés en spirale vers la droite et vers la gauche, l'un autour de l'autre. Ce genre de gaine tissée est très souple, flexible, pliable, étirable et facile à mobiliser. La gaine d'une corde relationnelle saine est exactement pareille. La paroi est finement tissée, n'a ni trous ni fuites. Elle maintient en place les courants entrants et sortants en les protégeant contre les troubles, la perte et les attaques. Vous reconnaîtrez peut-être l'effet de ce genre de paroi de corde relationnelle dans la description suivante. Deux collègues ont une conversation intéressante. Ça a l'air tellement intéressant que vous vous déplacez vers eux en essayant de trouver une manière de prendre part à la conversation. Vous ressentez facilement le plaisir et l'enthousiasme qui émanent des deux à travers leur langage corporel et les champs d'énergie. À travers l'induction harmonique, vous arrivez à résonner avec leur échange. Cependant, lorsque vous essayez d'entrer dans la conversation, vous n'y parvenez pas. Vous êtes là, mais vous n'arrivez pas à participer à la conversation. Dans ce cas, c'est que vous butez sur la gaine de leur corde relationnelle mutuelle qui contient un courant d'énergie très agréable. On ne peut jamais entrer en relation de manière agréable ou saine à travers la gaine. C'est toujours accompagné d'irritabilité ou de souffrance. La seule manière serait de jeter des cordes relationnelles vers les deux interlocuteurs en espérant qu'elles soient acceptées. À partir de là, vous faites partie de la conversation.

Une paroi faible ou abîmée va créer des problèmes. Cela peut donner une fuite d'énergie, et 60 % de tout l'effort que vous mettrez dans la relation sera perdu. Cela peut aussi perturber l'échange, parce que la corde renvoie également des énergies environnantes contenant un message qui, à l'origine, n'a jamais été envoyé par l'émetteur. Il peut y avoir également des parasites qui s'installent dans les trous de la paroi. Ceux qui sont affamés de sensation tirent beaucoup de leur nourriture émotionnelle des fuites de cordes relationnelles d'autrui. Le show-business s'en sert volontiers sous forme de feuilleton et de magazines à sensation. Quoique socialement, il ait une connotation négative, je n'utilise pas le mot « parasite » dans le sens de « jugement ». Je l'utilise plutôt pour décrire objectivement le phénomène des gens qui se nourrissent du courant énergétique relationnel qui a été généré par d'autres individus. Je n'ai pas à juger si c'est bon ou mauvais. Mais si vous vous rendez compte que les magazines à sensation et les feuilletons télévisés vous donnent un sentiment agréable, vous pouvez partir du principe que vous vous nourrissez d'une énergie secondaire. Il se peut même que ce ne soit pas malsain, mais au contraire utile et bon. Qui pourra le dire ?

Une énergie secondaire est une énergie qui a été générée par une autre personne et qui est consommée par vous. Une énergie primaire est une énergie que nous créons nous-mêmes. L'énergie que nous générons par nous-mêmes est l'énergie que les chakras actionnent dans notre champ d'énergie. Quand vous avez beaucoup d'énergie primaire, vous vous sentez très autonome, indépendant et capable de vous défendre, et vous avez beaucoup de substance, ce qui vous permet d'être en échange avec d'autres et le monde extérieur. Quand vous avez peu d'énergie primaire, vous vous sentez plutôt dépendant, fragile et inférieur. Dans beaucoup de cas, recevoir un peu d'énergie secondaire peut aider à repartir en vous remettant en contact avec votre propre source d'énergie primaire. Par exemple à travers un compliment, un regard encourageant, une poignée de main, une embrassade, une remarque gentille, un encouragement ou une blague. Tout cela est tout à fait normal. Se stimuler mutuellement dans les chakras est un comportement quotidien dans notre société et nous en avons tous besoin en tant qu'espèce sociale.

• La corde relationnelle idéale

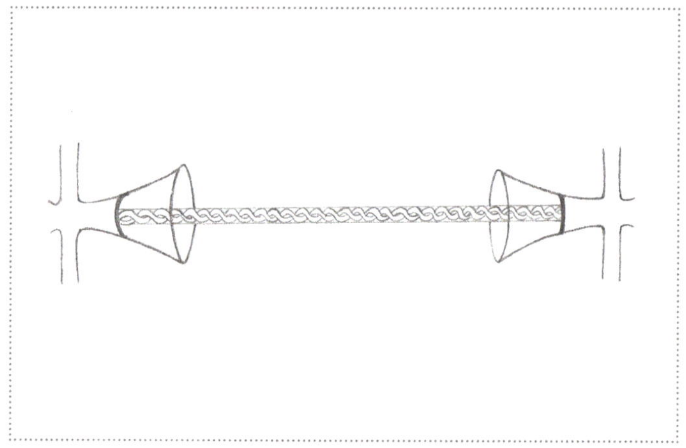

FIGURE 33 • corde de relation saine

À la figure 33, vous voyez l'image d'une corde relationnelle idéale. La corde relationnelle saine est caractérisée par différentes propriétés que l'on peut distinguer plus facilement par opposition aux cordes relationnelles malsaines. Des cordes saines sont souvent caractérisées par le calme, l'harmonie et la paix et sont de ce fait souvent sous-estimées et sous-évaluées. Si, à cause d'un dysfonctionnement, des souffrances se manifestent dans la corde relationnelle, vous allez vous rendre compte de l'importance de cordes relationnelles saines. La corde saine à la figure 33 est caractérisée par un échange égal d'énergie dans le courant entrant et sortant, une paroi de corde lisse, de la même largeur des deux côtés et une profondeur égale (raccordée au niveau de la membrane du chakra). « Égal » ne veut pas dire ici « identique ». On utilise le terme dans le sens de l'équilibre et de l'harmonie. Il est logique que ce qui coule d'un employé vers l'employeur n'est pas identique que dans l'autre sens. L'employeur est fournisseur de travail, il dirige et paye pour les services rendus. Ici, les courants entrants et les courants sortants de l'employé ne sont pas identiques du tout. Mais pour que la relation soit fructueuse et constructive pour les deux parties, le poids des deux courants doit être en équilibre, du point de vue quantitatif. Bien sûr, dans de nombreux cas, il existe une intention annexe de vouloir recevoir le plus possible tout en investissant le moins possible, mais votre raisonnement logique vous dira quels effets ce genre de courant annexe peut générer. Cela va créer des conflits, de l'irritation et du mécontentement dans la modulation de la relation, ce qui diminue de façon drastique le plaisir dans le travail. Lorsque, de temps à autre, on « gagne » le conflit et que l'on réussit à faire basculer la balance quantitative entre courant entrant et courant sortant à notre profit et au détriment de l'autre, cela crée une dette karmique. La difficulté avec les dettes karmiques est qu'il s'agit là d'une force très subtile que nous ne pouvons généralement pas percevoir directement, mais qui subsiste infailliblement. Les forces karmiques cherchent toujours un moyen de mûrir. Cela veut dire que si on crée une dette dans ses relations, cette dette devra être acquittée d'une façon ou d'une autre. L'acquittement peut se faire à travers la maladie, des schémas autodestructeurs ou l'autosabotage (accidents, erreurs ayant des conséquences néfastes importantes, violence destructrice, angoisse et influence désavantageuse sur la destinée). La destinée n'est autre que le mûrissement des forces karmiques avantageuses et désavantageuses que l'on a accumulées ou héritées. Même si les forces karmiques ne mûrissent pas dans votre propre vie, elles vont trouver un essor à travers ceux qui vous sont les plus proches, surtout les descendants. Nous-mêmes avons également hérité des bagages karmiques de nos ancêtres, autant dans le sens favorable que défavorable. Mais nous en parlerons davantage lors de l'explication des cordes générationnelles.

Je vous entends peut-être déjà protester : est-ce qu'il est interdit d'avoir des avantages ? Est-ce qu'il est interdit de créer du profit ? Est-ce qu'il est interdit de trouver du plaisir, de la joie, un avantage et un profit dans la relation ? La réponse à toutes ces questions est : mais bien sûr que non ! C'est là le but d'avoir des relations saines, afin de cultiver plus de bonheur, de joie, de contentement, de progrès, d'évolution, de bien-être, d'harmonie et de paix dans la vie. Pourquoi, alors, tout ce défaitisme karmique ? Eh bien, l'observation des lois karmiques n'est pas du tout du défaitisme. C'est une observation des mécanismes du jeu de prendre et de laisser et de la destinée des individus dans la vie réelle. Il s'agit, si on veut, des règles du jeu cosmiques et naturelles qui sont applicables à toutes nos relations. En observant et en comprenant les règles du jeu karmique vous pouvez apprendre à être en relation de telle manière que cela vous évitera les influences négatives au profit des influences positives qui s'accroissent. Et ce en utilisant les choix intérieurs et extérieurs que vous faites de jour en jour, d'une minute à l'autre. Nous n'avons pas ou peu de contrôle sur notre destin avec notre petite volonté personnelle. Cette force est simplement plus grande que nous et elle nous fait suivre et atteindre impitoyablement notre destinée. Notre ego n'aime pas du tout entendre ce genre de chose. L'ego aime maintenir l'illusion qu'il est le chef et le gérant de la vie. Honnêtement, si vous regardez de près, vous allez constater que l'ego est bien petit comparé à la grandeur de la vie et que son impact est minuscule. Voilà une constatation désagréable, n'est-ce pas ?

Cela ne veut néanmoins pas dire que nous sommes tout à fait impuissants. Notre sort n'est pas une donnée statique, prédéterminée, mais une grande force dirigeante qui détermine notre destinée en correspondance avec toutes les lois naturelles, psychiques, relationnelles et cosmiques. Il y a une interaction entre notre ego et notre destinée. La force de l'ego est infiniment petite comparée à de l'immense force de notre sort qui, finalement, détermine notre durée de vie, notre santé, notre bonheur, notre constellation familiale, notre succès et notre prospérité. La force de notre ego est restreinte aux choix individuels que nous faisons à tout moment : les pensées que nous émettons, les sentiments que nous ressentons, les mots que nous disons, les gestes que nous faisons, les désirs que nous chérissons, les intentions que nous avons et les décisions que nous prenons. Voilà le terrain de l'ego. Pour ce qui est du résultat ultime de nos choix individuels, nous n'en avons pas le contrôle (même si nous tenons tant à le croire), mais chaque choix, geste, sentiment, décision et pensée laisse une empreinte karmique dans le grand réservoir des forces karmiques qui dirigent notre sort dans une certaine direction. Et chaque empreinte que laissent nos choix quotidiens, pensées, sentiments, désirs et actions dans le réservoir karmique détermine notre sort. Il va de soi que, si ces actions, pensées et sentiments sont marqués par une grande profondeur et un lâcher-prise, cette influence est plus grande que s'ils sont superficiels et légers. Donc, en créant de la profondeur dans votre vie, vous augmentez la capacité d'influencer votre destinée. Et la création de profondeur correspond, énergétiquement et techniquement parlant, au développement des chakras, ce qui fait évoluer graduellement la membrane du chakra vers le centre de celui-ci, et ce qui correspond, dans la dimension de l'essence, au déploiement de la perle du chakra. Vous voyez donc que tout est en corrélation.

La création de profondeur augmente donc votre capacité d'influencer votre sort.
Cela peut mener dans deux directions. La profondeur dans la destructivité crée
des conditions puissantes pour la maladie, la misère, le déclin, l'accident et le
contretemps, alors que la profondeur dans l'amour crée des conditions fortes
pour la santé, le bonheur, la joie, l'harmonie, la prospérité et la paix. À côté de la
profondeur personnelle, il y a un facteur plus important qui influence notre sort,
qui est l'intimité. En fait, l'intimité est la même chose que la profondeur, mais
elle est partagée avec une ou plusieurs personnes. Je parle ici de l'intimité dans
le sens le plus large du mot et non pas seulement de l'intimité sexuelle entre
amants. L'intimité se trouve dans toutes les fonctions relationnelles : parent-
enfant, liens familiaux, amitiés, collègues, employeur-employé, entre artistes, etc.
Plus le poids de la relation est grand, plus les moments d'intimité sont profonds
et longs. Ensuite, nous avons tous nos plafonds de tolérance dans le ressenti de
l'intimité. Techniquement et énergiquement parlant, cela correspond à la zone de
confort de la membrane du chakra. Quand le niveau de l'intimité touche le plafond
inférieur de la zone de confort de nos membranes de chakra, cela nous fait perdre
intérêt, plaisir et satisfaction dans la relation. Ou bien nous oublions la relation,
ou elle disparaît totalement de notre spectre de perception. Quand le niveau
d'intimité touche le plafond supérieur de la zone de confort de la membrane du
chakra, nous ressentons toutes sortes de réactions émotionnelles, allant de de
l'angoisse, du sentiment d'infériorité et de nervosité jusqu'à l'irritation, la jalousie
et la colère. Souvent, ces réactions émotionnelles nous incitent à fuir ou bien à
agresser la relation. Ceux qui ont une maturité plus développée, plutôt que de fuir
ou de se battre, observent et soignent leurs réactions dans ces cas-là. C'est ainsi
qu'ils apprennent à approfondir la zone de confort de leur membrane de chakra,
ce qui accroît leur capacité d'intimité, ce qui à son tour amène une plus grande
capacité à pouvoir changer leur destinée.

L'un de mes étudiants m'a décrit l'expérience suivante : « Hier, j'ai rencontré une
ancienne collègue. Elle m'a posé quelques questions. Un contact intense s'est
développé, et petit à petit, tous les sons environnants se sont estompés, et dans
mon souvenir, il n'est resté que nous deux, alors qu'en fait, on se trouvait parmi
une centaine de personnes. Il est difficile de décrire ce qui se passait là. Comme
si un courant constant coulait entre nous, allant et venant de son cœur et du
mien. Alors qu'en fait, on ne parlait que des difficultés que son enfant avait en ce
moment. »

Voilà un exemple d'une connexion de cordes relationnelles entre deux chakras du
cœur dans laquelle apparemment, les deux personnes se trouvent dans la zone

de confort de leurs voiles de chakra. Dans de tels moments, quelque chose de très beau peut se développer. Les chakras du cœur se stimulent mutuellement et quelquefois, comme c'est le cas ici, les perles de chakra sont stimulées également. C'est alors qu'elles commencent à générer des vibrations bienfaisantes et harmonisent les chakras. Ce sont les instants où on est totalement absorbé dans la conversation ou dans l'échange, les moments où se crée un enrichissement mutuel. C'est une expérience relationnelle saine, nourrissante et bienfaisante, une codépendance mutuelle saine. C'est un instant de cocréation, un terme qui recouvre beaucoup de choses. Nous en reparlerons.

• La différence d'épaisseur des cordes

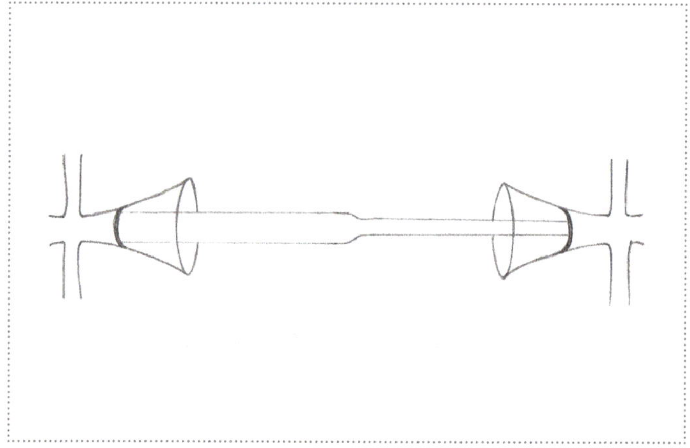

FIGURE 34 • différence d'épaisseur des cordes

Les variations dans les cordes relationnelles peuvent nous apporter une grande compréhension des dynamiques qui se présentent dans les relations.

La figure 34 montre une corde relationnelle plus épaisse d'un côté que de l'autre. Voilà un exemple d'une situation où l'une des personnes désire, demande ou exige un plus grand échange que l'autre. Dans certaines limites, ces fluctuations sont normales et on les rencontre tous les jours. On n'est jamais synchronisé à 100 %, il y a donc des différences de poids des deux côtés de la corde relationnelle. Mais, lors d'une très grande différence de poids ou une différence de poids qui dure, les situations deviennent désagréables, douloureuses, voire même nocives. La partie qui demande un plus grand échange se sent peut-être frustrée, puis, selon son caractère, elle deviendra provocatrice ou plutôt étourdie et éparpillée. La partie qui veut moins d'échange se sent peut-être intimidée ou contrôlée et développe ses propres réactions : elle va peut-être essayer de tempérer l'autre, se renfermer sur elle-même, ou même quitter la relation. Souvenez-vous que le poids est le résultat de la profondeur et de l'ancienneté de la relation.

Nous avons tous des chakras plus développés que d'autres. Si nous entrons en contact avec une personne, nous activons immédiatement une ou plusieurs cordes relationnelles entre nos chakras et ceux de l'autre. Il est évident que nous recherchons toujours le contact en partant de nos chakras les plus forts, d'où nous lançons des cordes que nous essayons d'accorder aux chakras de l'autre. Il est évident aussi que l'autre accepte le contact plus facilement dans ses chakras qui sont les plus fortement développés et qu'il est plus hésitant ou qu'il refuse le contact dans les chakras moins forts. Et vice versa. Dans les domaines psychiques de nos chakras les plus faibles, nous avons simplement moins de confiance en nous ainsi que moins de souplesse d'esprit et nous nous sentons moins résistants. Voilà la raison pour laquelle nous n'acceptons pas ou nous limitons les liens avec l'autre. Cela semble tout à fait logique, n'est-ce pas ? Et cela explique clairement comment le contact dans nos interactions quotidiennes peut s'établir, être évité, être rompu ou bien rétabli. Cela peut nous aider également à ne pas nous sentir rejetés dès lors que nous n'arrivons pas à établir le contact. Peut-être devrions-nous utiliser d'autres chakras pour nous mettre en lien, ou légèrement tempérer l'intensité de nos chakras afin de ne pas envahir, ou encore soutenir nos chakras les plus faibles pour nous connecter avec l'autre. La prise de conscience des cordes ouvre notre esprit pratique à plus de créativité et à plus de possibilités d'entrer en contact avec l'autre.

Lors de toute interaction humaine, des échanges entre plusieurs chakras via les cordes relationnelles ont généralement lieu. Je ne sais pas si vous avez déjà entendu une conversation où deux personnes parlent de façon animée sans pour autant vraiment s'entendre. Dans ce cas, les cordes du chakra de la gorge sont en interaction, mais les sixièmes chakras ne sont pas du tout en contact. L'histoire de l'autre est à peine enregistrée et certainement pas comprise, mais cela n'importe pas pour eux. C'est l'alimentation du chakra de la gorge qui est le centre de l'intérêt. Autre exemple d'interaction : lorsque deux personnes s'entendent mais ont des chakras dominants différents. Dans ce cas, l'épaisseur de la corde des deux côtés de la relation diffère et chaque personne investie alors surtout dans l'aspect du sujet qu'elles connaissent le mieux. La personne A investie par exemple totalement dans la corde du troisième chakra, alors que celle-ci n'est presque pas acceptée par l'autre, tandis que la personne B s'exprime totalement à partir du chakra du cœur, alors que A peut accepter peu de choses dans son chakra du cœur.

Voilà un exemple de la teneur d'une telle conversation:
    A : Eric a réussi à obtenir ce contrat hier.
    B : En effet, est-ce que tu as remarqué la joie sur son visage ?
    A : Je suis curieux de savoir quelles stratégies de négociation il a utilisées.
    B : Il a immédiatement appelé sa femme après la réunion.
    A : Est-ce qu'il a vendu le projet de manière agressive ou est-ce qu'il a choisi
    une approche plus diplomatique ?
    B : Je suis sûr qu'il a pu bien ressentir les acheteurs.
    A : Ce contrat va donner trois mois de travail pour l'imprimerie.
    B : L'appréciation des imprimeurs lui fait très plaisir.
    A : Notre firme aura plus de poids sur ce segment du marché.
    B : C'est excitant de pouvoir toucher plus de gens, n'est-ce pas ?

Est-ce que vous remarquez la différence entre la personne A, qui a un troisième
chakra dominant, et la personne B, avec une dominance dans le chakra du
cœur ? Dans le meilleur des cas, ces personnes peuvent se compléter. Dans
toute interaction normale, il y a toujours plusieurs cordes relationnelles qui
sont en connexion en même temps. Avec le septième chakra, nous échangeons
connaissances et inspiration ; avec le sixième, nous échangeons visions, images et
pensées ; avec le cinquième, c'est l'expression verbale et créative ; avec le chakra
du cœur, c'est l'amour, l'amitié et l'affection ; avec le troisième, la solidarité et la
puissance ; avec le deuxième chakra, c'est le plaisir, la jouissance et l'intimité ; et
avec le premier chakra, l'acceptation, l'ancrage et la vitalité.

Quand vous faites du jogging avec quelqu'un et que vos tempos sont en harmonie,
cela se fait souvent à travers la corde du premier chakra. Quand vous allez dîner
avec quelqu'un et que vous partagez des choses personnelles, que l'atmosphère
est intime, il y a souvent une forte connexion dans le deuxième chakra. Quand
quelqu'un gère un projet, cela se fait avec la corde du troisième chakra. L'amour
et la chaleur sont souvent partagés avec les cordes du cœur, alors que la
communication et le partage sont typiquement le fait des cordes du chakra de
la gorge. Partager des visions avec autrui, de près ou de loin, se fait à travers la
corde du sixième chakra, tandis que la passion et l'inspiration sont transmises
avec les cordes du septième chakra. Voilà les courants stéréotypés d'échanges
entre les chakras, mais dans la pratique, toutes sortes de combinaisons sont
possibles. Chaque type de substance (voir la liste des substances plus haut) peut
théoriquement s'écouler à travers chacune des sept cordes de chakra, mais par
nature chaque chakra a sa propre « spécialité ». Souvent, les chakras sont bloqués
et c'est inhérent à notre nature de toujours essayer de trouver des manières
créatives de mettre en place la juste substance au juste endroit. Tout comme l'eau
dans un ruisseau fait un détour autour des pierres et des branches, la substance

énergétique qui est échangée entre deux personnes se fraye un chemin à travers les chakras et les cordes relationnelles disponibles.

Un exemple pour illustrer cela est celui d'un parent qui n'est pas en mesure d'ouvrir son cœur, mais qui a beaucoup de succès en affaires. Dans ce cas, le premier et le troisième chakra sont dominants et le quatrième chakra est fermé. L'amour du parent essaie toujours de trouver un chemin, ce qui se fait à travers les chakras disponibles, dans ce cas, les chakras un et trois, par conséquent le parent montre son affection à travers des cadeaux matériel et en donnant des instructions utiles pour la vie. Montrer son affection par une étreinte ou un geste affectif va être difficile pour ce parent. L'inverse peut s'avérer également : le chakra du cœur est dominant et le troisième chakra n'est pas développé. Dans ce cas, il n'y a pas de manque d'affection, mais le parent n'a pas d'autorité sur l'enfant. L'enfant doit s'auto-éduquer, mais bénéficie d'un climat de vie plein d'amour dans lequel il peut tomber et se relever. Encore un autre exemple : l'employé dont le chakra de la gorge est bloqué, alors que les chakras trois et six sont fortement développés. Cette personne communique difficilement, mais essaie de transmettre ses messages à travers la position qu'elle prend et en espérant que les autres comprendront ses pensées. Vous voyez que la nature trouve toutes sortes de moyens à travers les obstacles afin de faire circuler l'énergie et de créer des échanges.

• Le bouquet de cordes

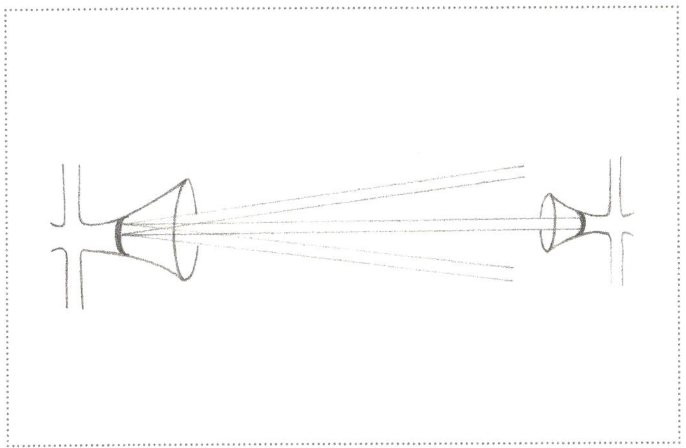

FIGURE 35 • le bouquet de cordes

Le dessin du bouquet de cordes montre clairement que toutes les cordes relationnelles sont en connexion de façon individuelle, mais qu'elles ne sont pas pour autant orientées personnellement de façon consciente. Quelques exemples : les enseignants devant leur classe, des artistes sur scène, les dirigeants d'un pays, des stars de cinéma et leurs fans, le manager avec son équipe, le propriétaire d'une usine avec son personnel, un parent ayant plusieurs enfants, etc. Il est évident qu'un artiste sur la scène se donne entièrement à son public, mais qu'il n'observe pas consciemment tous les spectateurs individuellement, alors que plusieurs personnes dans le public peuvent faire l'expérience véritable d'un contact personnel avec l'artiste. Le propriétaire d'une grande usine ne connaît probablement pas la plupart de ses employés, mais toutes ces personnes ont un impact sur son champ d'énergie ainsi que sur sa famille. Tout le monde ne peut pas supporter l'intensité de l'énergie et la force psychique qui sont échangées à travers un bouquet de cordes assez large. Cela demande une grande maturité et une force d'esprit pour pouvoir le gérer de manière équilibrée et nous voyons beaucoup de figures publiques s'effondrer sous le poids psychique qui entre par le bouquet de cordes, aboutissant à l'autodestruction, la maladie, les accidents, les drames familiaux ou un comportement malsain.

D'un autre côté, le bouquet de cordes est une très belle manière de partager ses talents, ses connaissances et sa générosité avec le monde extérieur. C'est l'évolution normale dans une croissance personnelle. Les chakras se développent tout d'abord à travers notre connexion avec nos parents biologiques, ensuite via les gens qui prennent soin de nous (parents biologiques, parents nourriciers, nourrices, baby-sitters, etc.) et ensuite via des gens qui nous éduquent et nous forment. Les chakras se développent à travers le jeu avec d'autres enfants, des copains, des copines, des camarades de classe, des étudiants, etc. Au fur et à mesure que le chakra mûrit et devient plus fort, lui aussi partage avec autrui. Il lui est inné de vouloir donner ce qu'il a reçu et c'est là le prochain pas dans le développement du chakra. En fait, il en va de même dans le développement psychologique et dans l'émancipation énergétique de la personne. La première phase du partage se fait dans le cadre du cercle familial, amical, entre étudiants, etc. Ensuite vient la phase de la transmission à des individus et peut-être aux quelques personnes que l'on connaît bien. Au fur et à mesure du renforcement du chakra, le développement s'enrichit et on s'aventure dans le monde en prenant plus de risques.

S'exprimer à travers les bouquets de cordes est une phase d'évolution normale du chakra. Ces bouquets peuvent se présenter dans l'interaction avec une personne, mais également à travers un médium comme un livre, un journal, un magazine, le téléphone, des CD, DVD, Internet ou autre. À partir d'une certaine force du chakra, certaines choses perdent tout intérêt, stimulation et fascination pour la personne. C'est le moment où le chakra est devenu plus fort ou plus grand comparé au champ d'utilisation. On travaille alors en dessous de sa capacité ; les chakras ne fonctionnent plus à leur volume de confort et le plaisir s'efface, parce qu'on passe du développement créatif à un repos dans la routine. D'un autre côté, les situations dans lesquelles les personnes doivent travailler au-dessus de leur capacité ou essayer de le faire arrivent fréquemment aussi. Un volume de substance énergétique plus grand que ce que le chakra peut endurer circule alors via le bouquet de cordes. Cela mène donc à des détériorations de chakras, comme on l'a vu dans un chapitre précédent. Des détériorations de chakras de longue durée mènent à la longue à la maladie physique ou psychique.

La croissance d'un chakra n'est pas forcément considérée en volume, mais par essence plus en qualité. Pour survivre, pour fonctionner et pour répondre à nos besoins fondamentaux, nous devrions en effet tout d'abord renforcer suffisamment nos chakras. De là, nous puiserions de l'énergie et de la force pour maintenir le corps en forme et en bonne santé, pour vivre des sentiments, émettre des pensées, réfléchir et agir. Pour cela, nos chakras ont besoin d'un volume et d'une force de base. Mais dès que nous réussissons à survivre et à prendre soin de nos besoins, les chakras, par nature, vont à la recherche de quelque chose de plus, c'est-à-dire le développement de soi. Ils produisent juste un peu plus d'énergie afin de prendre soin de leurs besoins primaires. Avec ce surplus d'énergie, le chakra s'affine. S'élever est un processus autonome de croissance d'un chakra dans lequel celui-ci s'affine, se renforce, s'assouplit et se perfectionne. La conséquence psychologique-énergétique de cette épuration est que l'individu peut obtenir une qualité de vie supérieure à partir de ce chakra. Pour celui qui croit que notre qualité de vie est uniquement déterminée par des circonstances extérieures, cela peut sembler étrange. Quand un chakra est sous-développé, il ne peut pas savourer ou utiliser les chances favorables que nous présente la vie. Elle ne peut tout simplement pas pénétrer la personne, dans le sens le plus littéral du mot. Mais quand un chakra, à partir de son processus de mûrissement naturel, fait un saut dans l'évolution, la personne par elle-même ira trouver les circonstances de vie qui sont en concordance avec le niveau de développement du chakra. Elle devra alors générer suffisamment de force primaire dans le chakra afin de créer des conditions optimales de collaboration avec les autres, de manière à ce que ce nouveau niveau de qualité de vie puisse se maintenir. Si on utilise toute l'énergie du chakra pour maintenir un certain niveau de développement mais qu'on n'investit pas d'énergie dans une cocréation honnête des circonstances de vie qui lui correspondent, l'environnement ne va pas continuer à le tolérer et va rejeter la personne, fidèle aux lois de l'équilibre entre donner et recevoir. Sur le plan restreint de la compréhension humaine, il y a beaucoup d'injustice dans le monde, mais du point de vue de la perspective élargie du cosmos, l'injustice n'existe pas. Il y a tout simplement la nature qui cherche sans cesse l'harmonie et l'homéostasie selon un jeu complexe de lois.

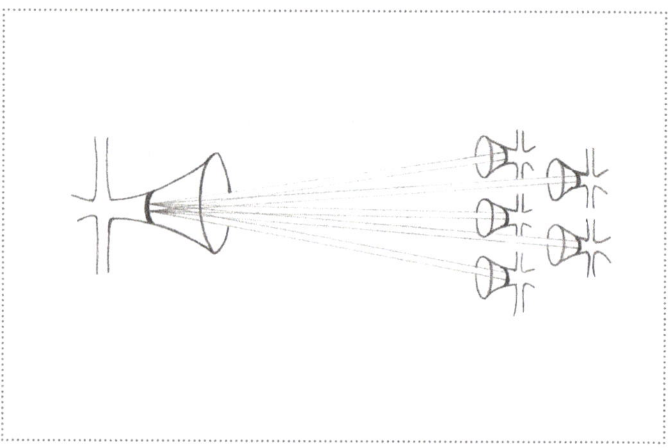

FIGURE 36 • les cordes publiques

Les cordes publiques ne sont autres qu'une situation spécifique d'un bouquet de cordes. Un bouquet de cordes peut naître d'un parent vers plusieurs enfants, ou d'une personne vers un groupe d'amis, alors qu'une corde publique est en fait un bouquet de cordes bien spécifique, c'est-à-dire quand la fonction de la relation est un rapport entre un orateur, un enseignant, un artiste et son public. Dans la figure 36, on constate que la relation entre l'orateur et le public est bien un lien personnel, bien que ce soit peut-être difficile à accepter mentalement. Il est important de rendre ceci correct et concret : lorsqu'une personne parle devant une salle de trois cents personnes, elle n'enregistre certainement pas consciemment ces trois cents personnes. L'orateur ne retient pas tous les visages, ne se souviendra pas de quoi ils avaient l'air, quels vêtements ils portaient, quelle attitude ils adoptaient, ni l'histoire personnelle de chaque individu ni ce que chaque individu a vécu pendant la conférence. Le conférencier gardera certainement des images et des impressions globales et retiendra quelques-uns de ces trois cents visages.

Cependant, de l'autre côté du bouquet de cordes, chacun de ces trois cents auditeurs peut vivre une connexion très personnelle avec le conférencier à travers l'extrémité relationnelle du bouquet de cordes. On peut par exemple se sentir visé personnellement, ou bien se sentir inspiré ou touché, ou bien se sentir attaqué et insulté. On peut recevoir de manière personnelle la transmission complète donnée par une personne à des centaines de personnes à la fois, sans que le nombre de personnes diminue la qualité et la quantité de ce que vous recevez effectivement. Au contraire. Il se peut bien que nous recevions plus par un bouquet de cordes que par le contact individuel avec ce même enseignant. Cela est en rapport étroit avec l'optimisation des circonstances. Un large public excitera les chakras de l'enseignant d'une autre manière qu'une seule corde relationnelle et l'immense excitation d'un grand bouquet de cordes pourra mener le chakra de l'enseignant à des sommets tellement hauts que des forces cosmiques seront canalisées et versées dans tout le public. Il est évident que cette excitation n'est pas la même dans le cas de contacts individuels, surtout si le receveur se sent intimidé par la personnalité et le charisme de l'animateur.

D'un autre côté, cela ne veut pas dire qu'un bouquet de cordes est toujours nécessaire pour mener les chakras vers une excitation plus grande et canaliser ainsi les forces cosmiques. On peut très bien le faire dans des relations individuelles, mais d'une tout autre nature. L'excitation se fait alors à travers l'intimité et la profondeur et crée une tout autre dynamique que la dynamique de masse. L'un n'est pas meilleur que l'autre. Les deux coexistent et ont chacun leur raison d'être, leurs avantages, leurs fonctions et leurs désavantages propres. Avec ce savoir, nous pouvons maintenir une souplesse d'esprit et de volonté afin de déterminer la manière avec laquelle nous voulons rencontrer nos besoins. Il est important lâcher-prise par rapport à l'obsession de vouloir obtenir, exclusivement pour nous, l'attention et l'amour de personnes importantes et charismatiques. Il peut aussi y avoir transmission quand l'attention est partagée avec un grand public, ce qui vous fait finalement recevoir plus en tant qu'individu que dans des circonstances où vous avez toute l'attention de cette personne pour vous.

L'inverse est possible aussi, à savoir que pour certains besoins, l'intimité, la concentration et l'exclusivité d'un échange individuel seront nécessaires afin de créer une excitation optimale du chakra. Dans ce cas, il peut être essentiel de lâcher prise par rapport à l'obsession de vouloir être invisible, la fausse modestie ou le désir de disparaître dans la foule.

J'utilise ici le mot « excitation ». Celle-ci se manifeste quand le chakra est fortement stimulé par une incitation du monde extérieur, mais c'est bien plus que cela. Un chakra stimulé se met en mouvement et il y a un échange avec le monde extérieur. Lorsque la stimulation dépasse un certain niveau, le chakra se met en excitation. C'est le processus qui fait que la stimulation est tellement grande ou spécifique que la perle du chakra en est activée. C'est alors qu'on parle d'excitation du chakra. C'est la perle du chakra qui représente notre essence même et qui génère nos qualités essentielles. Ces qualités essentielles sont la nourriture primordiale de nos chakras. En voici quelques exemples types :

l'amour, la présence, la patience, la gentillesse, la force, la puissance, la discipline, la spontanéité, l'enthousiasme, la sagesse, l'authenticité, la vitalité, la fertilité, l'inspiration et la force vitale. Quand les qualités de vie sont générées dans les perles du chakra, elles sont injectées dans le chakra lui-même par un saut dimensionnel. Il s'agit d'un saut dimensionnel car la perle du chakra et le chakra lui-même se trouvent dans deux dimensions différentes. Ils coexistent dans des dimensions parallèles et ont un effet immédiat l'un sur l'autre en transcendant ces dimensions. Ils sont toujours en contact.

Je viens d'utiliser la notion de « forces cosmiques ». Il va falloir être très prudent en l'utilisant pour ne pas tomber dans la superstition ou dans la science-fiction. Ne pensez surtout pas à Star Wars, où les guerriers ont des pouvoirs psychiques comme la clairvoyance pour pouvoir manipuler le monde matériel. Non, au contraire, pensez plutôt aux qualités fondamentalement humaines comme l'amour, la simplicité, la présence et la gentillesse. À travers les perles de chakra, nous sommes en contact direct avec le courant cosmique de la vie. En essayant de comprendre ces forces cosmiques, il faut résister à la tentation de se laisser aller à un langage grandiloquent et à des fantaisies grandioses mais ne pas se laisser limiter non plus par la petitesse d'esprit et le scepticisme. L'art réside dans le fait de se rendre complètement à la grandeur et au génie du courant cosmique tout en adoptant une attitude d'humilité, d'ouverture et de dévouement.

• La connexion oblique de la corde

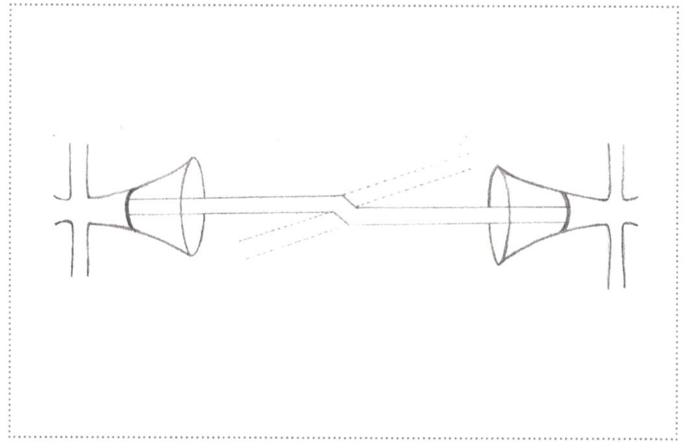

D'innombrables dynamiques se manifestent d'une manière bien spécifique dans les cordes relationnelles. Il faudrait un autre livre pour les décrire et les expliquer. Je vais en citer quelques-unes.

La connexion oblique est une connexion relationnelle avec des compromis, ce qui est le cas de la plupart des relations. Les intentions originelles des deux parties de cette connexion de chakra n'étaient pas tout à fait identiques, mais elles étaient suffisamment de nature similaire pour qu'une connexion puisse naître. Ici aussi, il est important de répéter que les dynamiques d'origine, les intentions et les échanges dans les relations se déroulent sur le plan de l'inconscient. Souvent, on ne reconnaît et on ne vit que le sommet de l'iceberg de manière consciente. Les intentions originelles des deux personnes sont souvent un mélange d'intentions conscientes et inconscientes nées à partir d'une série de besoins et de désirs conscients et inconscients. La véritable connexion est le résultat d'un mécanisme de calcul (en grande partie inconscient) d'acceptation et de rejet des énergies et des intentions. Même ceux qui essaient de contrôler leurs relations avec le plus grand soin n'évitent pas les échanges inconscients qui échappent à leur contrôle.

La connexion oblique peut naître d'un choix mutuel conscient qui est le résultat d'une concertation, de la pesée du pour et du contre et même d'un peu de négociation. En même temps, il y a des courants inconscients dans le processus de prendre et de donner, tout comme dans l'expérimentation de cet échange et dans la réaction à ce processus. Tout le spectre de demander, supplier, intimider, insulter, tâter, sucer, couver, susciter la compassion, mépriser, admirer, inspirer peut se jouer en quelques secondes. Souvent, les gens se concentrent sur ce qu'ils veulent de la relation ou projettent des rêves sur celle-ci. C'est pour cela que 80 % de l'échange spontané se déroule sur le plan inconscient.

Alors, si tout cela se joue de manière inconsciente, pourquoi s'en occuper ? Cela ôte toute spontanéité et tout plaisir si l'on veut par obsession contrôler tout ce qui se joue dans une relation. Admettre l'idée qu'il y a beaucoup d'inconscient met notre identification mentale dans une perspective plus réaliste, lisez : plus modeste. Cela donne un peu plus d'espace pour considérer les possibilités de ce que la réalité pourrait être. Vouloir à tout prix nier et ignorer ces choses crée beaucoup de stress dans nos corps et nos esprits et est souvent la cause de l'arrêt du courant dans une certaine relation. Simplement admettre qu'il y a des possibilités crée déjà une ouverture, ce qui remet le courant en marche.

En outre, il est surtout intéressant d'explorer tous ces courants inconscients qui se dévoilent lors de difficultés et de conflits, bien qu'il soit préférable de ne pas attendre ce moment. Utiliser l'attention affective pour entretenir toutes les cordes relationnelles est un passe-temps sain qui traite de façon préventive beaucoup de problèmes. Mais quand on se trouve dans une période de difficultés, la réflexion et l'examen des cordes relationnelles peuvent apporter un grand éclairage sur la nature, et plus important encore, sur l'essence même du problème. Dans 90 % des relations problématiques, l'attention des deux parties est fixée hors de l'essence du problème. Les émotions, les intérêts ou les demandes se sont tellement accumulés que les deux parties ne peuvent voir qu'un seul élément du puzzle, sans pouvoir discerner le tout. Quelquefois, le problème se trouve dans la fonction de la relation, quelquefois dans la substance, le poids, la transmission ou la modulation. Ces problèmes s'expriment également dans des dysfonctionnements dans les cordes relationnelles : problèmes de fixation, de courant, d'épaisseur et de raccord. Ou parfois des problèmes de paroi. En utilisant des techniques de coaching spécifiques, on peut dévoiler la nature du problème et avec attention et présence, aller jusqu'à la base de celui-ci. Devenir conscient est parfois déjà suffisant pour résoudre le problème. Dans d'autres cas, il faut plus de soutien, d'aide ou d'ajustement. Dans d'autres cas encore, le problème ne peut être résolu parce que les attentes des deux parties ne sont pas compatibles avec la réalité. Le cas échéant, la solution se trouve sur le chemin de l'acceptation de la situation et dans la réorientation des attentes des parties.

Problèmes dans la fonction de la relation

• La fonction n'est pas remplie

Chez tous ceux qui s'intéressent plus au salaire qu'au contenu du travail, il y aura un vide dans la relation professionnelle.
Les parents qui veulent faire adopter leur enfant ne remplissent pas leur rôle d'éducateur. Leur rôle biologique de parents continue d'exister toute la vie, il n'est pas rompu par l'adoption.

La fonction n'est pas reçue

Un élève qui n'écoute pas en classe vivra un vide dans la relation.
Un enfant qui hait ses parents nie et perd une partie de son éducation.

La fonction est conflictuelle

Dans le conflit de la fonction, les deux parties attendent une fonction différente
d'une même relation.
    L'un demande l'amitié et l'autre veut du romantisme.
    L'un voit en l'autre un mentor, l'autre le voit seulement comme un collègue.
    L'un se sent une figure maternelle pour l'autre alors que l'autre ne cherche
    rien d'autre qu'une amie.
    Le parent se donne la fonction de juge, alors que l'enfant a besoin de présence
    affective.
    Un collègue veut toujours dominer l'autre. Le membre de l'équipe prend le rôle
    d'entraîneur, etc.

La fonction n'est pas claire

Dans la confusion de la fonction, les deux parties ont une autre attente ou
concrétisation d'une même fonction.
    Entre le directeur et l'actionnaire d'une entreprise il peut y avoir un
    malentendu sur certaines tâches et sur la définition des responsabilités de la
    fonction de directeur.

Quand on ne discute pas des différences d'attentes, on parle de confusion
de fonction. Quand on parle des différences dont on est conscient mais pour
lesquelles on n'a pas trouvé d'accord, on parle d'un conflit de fonction. Le mariage
est le genre de relation où, inévitablement, maintes confusions de fonction et de
nombreux conflits de fonction doivent être élucidés ; il s'agit là peut-être bien du
travail d'une vie.
Des désirs non énoncés mènent souvent à la confusion de fonction et sont
toujours source de déception quand ils ne sont pas assouvis. L'importance du
désir est alors déterminante pour l'intensité des émotions qui se présentent
lors de la déception. L'intensité dépend de la profondeur du désir et de la durée.
Pour cela, il est toujours important de reconnaître clairement et expressément
la fonction de chaque relation, pour que des désirs non exprimés qui ne font
pas partie de la fonction puissent être réorientés. Par réorientation, je veux dire
l'évaluation permettant de déterminer si le désir est opportun et nécessaire. Si
ce n'est pas le cas, on peut lâcher prise sur ce désir ou le laisser s'éteindre. Si
le désir est nécessaire et honnête, on peut créer une ouverture vers une autre
approche ou une autre relation afin de combler ce désir.

Les fonctions cachées ou fonctions annexes

Parmi les exemples classiques, citons les relations amoureuses au travail, ou des motivations financières pour la séduction romantique ou sexuelle, ou le choix d'un certain dentiste car elle a des sentiments pour lui. Si cela met en marche une dynamique (même non vécue), on peut parler d'intention cachée. Une fonction annexe classique est l'aspect social d'une visite chez le coiffeur. On se fait couper les cheveux, mais on apprend en même temps les dernières nouvelles du village. Les fonctions annexes dans les relations sont peut-être bien plus grandes que les fonctions principales. Il n'y a rien de mal dans le phénomène de la fonction annexe mais il est important d'y accorder suffisamment d'attention et de conscience pour clarifier comment les courants à l'œuvre et les résultats d'une relation (soit agréables soit désagréables) se sont manifestés. Quelquefois, les fonctions annexes ont eu plus de poids que les fonctions principales. Les amitiés du golf peuvent évoluer en relations d'affaires importantes et des collègues peuvent devenir amis pour la vie. C'est le temps finalement qui exprime quels sont les courants et les fonctions effectifs dans les relations.

Le mélange des fonctions

La dynamique des fonctions plurielles est presque la même que celle des fonctions annexes, mais la différence de nuance de la définition réside dans la formalisation des fonctions de la relation.

> Quand une femme dit qu'elle va boire un thé avec ses amies, la fonction principale est de passer un moment social ; se désaltérer est une fonction annexe.

Le mélange de fonctions se fait souvent dans des relations professionnelles.

> Un entrepreneur peut par exemple exercer trois fonctions dans la relation avec un même employé : employeur, professeur et, avec le temps, peut-être mentor.

Ceci peut toujours être une relation claire et effective, mais plus il y a de fonctions dans la même relation, plus complexe et souvent aussi plus intime devient cette relation, ce qui lui donne plus de poids. C'est tout à fait normal et cela arrive souvent dans les relations. Il n'est pas du tout nécessaire de simplifier chaque situation jusqu'à une fonction seulement, mais il est important d'y mettre de la clarté et de la conscience afin de rendre les relations plurielles efficaces et saines. Le piège des relations plurielles est des espoirs et des attentes non prononcées. Ce piège existe pour toute relation, mais surtout pour les relations plurielles.

Les problèmes dans la modulation

Quand on lit la liste des modulations, on peut se faire très vite une image de quelles modulations peuvent poser des problèmes dans la relation, quelles sont celles qui la rendent facile et quelles sont celles qui la rendent agréable ou douloureuse. Il se peut aussi que certaines modulations ne puissent pas s'appliquer à certaines fonctions.

La modulation politesse pourra peut-être rendre une relation amicale un peu froide et laborieuse, alors que la modulation gaieté pourra diminuer la crédibilité d'une autorité dans certaines situations. Dans certains pays, la modulation affection pourra sembler étrange en affaires, alors que dans d'autres pays, les gens font confiance seulement à ceux qui leur sont proches.

Problèmes de poids

• Appréciation erronée

Nous vivons tous dans une société d'interdépendance. Nous avons besoin de l'autre pour nos besoins primaires et pour notre développement. Si nous n'apprécions pas nos besoins et nos relations qui les remplissent, il est possible que nous fassions des choix qui compromettent la satisfaction de nos besoins. Si, par exemple, nous avons un grand besoin de stimuli intellectuels mais que la relation avec l'enseignant est désagréablement modulée, nous pouvons choisir de rompre ou de minimiser cette relation, principalement sur base de la modulation, mais pas en fonction du besoin sous-jacent. Dans ce cas, nous nous débarrassons de la stimulation intellectuelle, alors que nous en avons besoin. Nous avons donc mal interprété le poids de cette relation pour notre bien-être total. Une meilleure solution aurait été de se fixer sur la modulation plutôt que sur le poids de la relation. En termes pratiques : dirigez votre attention sur le climat de la relation plutôt que sur le rejet ou non de celle-ci.

Nous surestimons parfois l'importance de certaines personnes dans notre vie. Nous pensons avoir besoin d'elles, ou nous les admirons beaucoup, mais en fait nous en obtenons peu d'amour, d'inspiration, de connaissance ou d'autres transmissions en comparaison avec notre investissement. Ainsi, nous gâchons notre puissance, qu'il vaudrait mieux investir dans des relations qui méritent plus de poids.

Un psychisme sain a une hiérarchie intérieure qui organise la relation. Si l'on honore toutes les relations par ordre d'importance, le psychisme sera plus équilibré, plus paisible et plus fort. Dans le paragraphe traitant du poids de la relation, vous trouverez une suggestion d'ordre qui pourra être un guide pour parvenir à un équilibre harmonieux. N'acceptez surtout pas cet ordre comme une loi, mais plutôt comme une référence pour la réflexion, afin que vous puissiez découvrir quel ordre est le meilleur pour vous. Vous verrez également qu'on ne peut artificiellement honorer des relations vis-à-vis desquelles on ressent encore beaucoup d'amertume. Et si vous voulez travailler cette colère et cette amertume, vous allez découvrir qu'on ne peut pas pardonner artificiellement. Cela demande beaucoup plus de profondeur qu'une simple bonne intention. Mais ceci est une autre histoire.

Il se peut que dans une certaine relation, vous ressentiez une bonne modulation. Une réaction tout à fait humaine est dès lors de donner plus d'attention à cette relation. Tant que ceci ne s'accompagne pas d'une ignorance ou d'une dévaluation des autres relations qui ont plus de poids, il n'y aura pas de problème. Mais parfois, nous nous laissons séduire par le charisme ou la force de conviction d'une personne afin de, consciemment ou inconsciemment, nier ou négliger d'autres relations importantes. Dans un moment extatique de plaisir, de séduction, de magie, d'inspiration, de manipulation, d'intimidation ou quelle que soit la forte modulation, cette expérience intense peut déranger l'ordre harmonieux d'autres relations. Cela peut ne pas poser de problèmes pendant un temps, tant que la force de la magie ou de l'intimidation dure. Cette force est néanmoins moins importante que la force plus profonde de l'ordre naturel des relations et va pour cela s'épuiser au bout d'un certain temps. Si, par cette expérience intense, des relations qui ont plus de poids sont mises en danger, cela ronge la force intérieure de la personne concernée. Cette force ne peut revenir que lorsque l'on restaure l'ordre naturel et qu'on l'honore. Le travail de constellations familiales est une méthode très efficace pour rétablir l'ordre naturel.

Problèmes d'ordre

Voyez les problèmes et les dynamiques au paragraphe « ordre » ci-dessous.

Problèmes dans la transmission

• Non-correspondance à la fonction

Cela touche au problème de la confusion de la fonction. Les deux parties attendent une fonction différente de la relation, alors les deux vont tenter des choses différentes en émettant et en recevant. C'est aussi simple que cela, mais ça peut être très douloureux.

• Non-correspondance au poids

Parfois, le volume de la transmission ne correspond pas au poids de la relation. Par exemple, le professeur passionné par son sujet et qui exige beaucoup trop de ses élèves. Ou bien quelqu'un qui étouffe l'autre avec trop d'amour. Si on regarde les listes de fonctions et de transmissions, on trouve des dizaines d'exemples dans lesquels on donne ou demande beaucoup plus de transmission que le poids de la relation ne peut en porter.

Il est également possible qu'il n'y ait pas assez de transmission par rapport au le poids de la relation. Par exemple, un parent qui n'est pas assez présent pour l'enfant. Ou l'employé qui n'a pas assez de challenges dans son travail pour ses talents et ses capacités. C'est une chose aussi frustrante que son contraire : vivre beaucoup trop de pression au travail.

> Citation d'un étudiant :
> « La dernière fois que j'ai souffert d'un grand chagrin d'amour, le moment de déclic m'est venu quand j'ai compris que la relation était finie, qu'il était préférable de ne plus se voir, mais que je pouvais continuer éternellement à aimer cette personne. C'était avant de connaître les cordes relationnelles, mais je les ai néanmoins senties très consciemment avec mon ancien amour et le calme s'est installé en moi. »
> (autorisation d'utiliser la citation de façon anonyme)

Les interactions
de cordes

Dans ce chapitre, nous observons une série d'interactions entre les différents territoires de la conscience comme le masque, le soi inférieur, le soi supérieur, les croyances, etc. dans les relations individuelles. Cette observation peut s'étendre évidemment aux relations de groupe, mais cela augmente énormément la complexité de l'observation. Ici, nous allons considérer l'interaction d'un seul territoire de conscience en relation avec celui d'une autre personne. Concrètement, les relations ne sont pratiquement jamais réduites à un seul modèle simplifié. Pendant une interaction ordinaire, différents territoires d'interaction sont actifs à tout moment et un territoire change tout le temps de place avec un autre. Ces exemples sont des dynamiques partielles isolées d'un ensemble plus complexe d'interactions ordinaires. Les dessins qui illustrent les observations sont des images simplifiées qui ressemblent largement à l'aspect énergétique d'une interaction.

Masque / interaction de masque

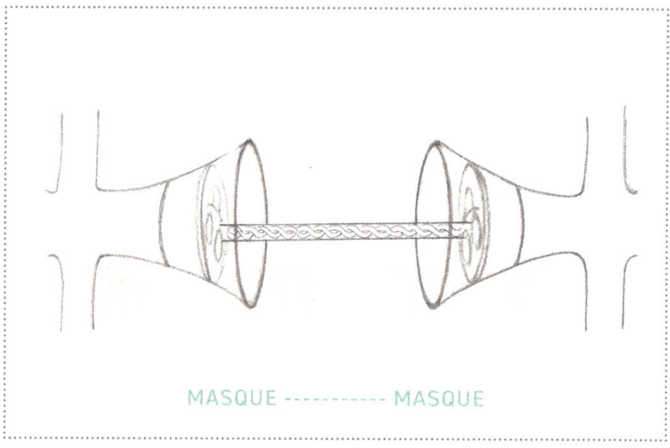

FIGURE 38

L'interaction de masque se déroule de façon superficielle. Les deux personnes donnent une image d'elles-mêmes et la présentent au monde extérieur. L'image que l'on choisit est souvent une image idéalisée de soi à laquelle on aspire et dont on veut faire croire à l'autre qu'elle est réelle. Cette image peut aller dans le sens de « je suis au-dessus de tout cela », « rien ne peut me toucher ». C'est ce que nous appelons le masque de sérénité. Pour ceux qui sont dépressifs ou qui ne vivent pas pleinement leur vie, c'est un masque de sécurité. Il n'y a pas de véritable échange ni de confrontation et la vie semble moins menaçante.

sécurité puisqu'elle maintient la dépression et la faiblesse. En général, ce masque de sérénité peut entraîner beaucoup de colère puisqu'il s'agit en réalité d'une expression d'arrogance.

On peut aussi choisir de porter le masque de puissance : « moi, je suis capable de tout », « je sais comment il faut faire », « suivez-moi et tout ira bien ». Ceux qui aiment être soumis et céder leur puissance trouvent en ce genre de masque un leader adéquat. Ceux qui sont en plein développement de leur propre force peuvent ressentir une grande aversion ou une jalousie envers ceux qui portent le masque de puissance.

Ceux qui connaissent déjà assez bien leur propre force et autonomie comprennent très vite qu'il s'agit d'un masque de puissance et ne gaspillent pas beaucoup de mots ni d'énergie pour ce genre de personne. Ils vont à la recherche de vraies leaders et autorités.

Nous parlons de masque d'amour quand on choisit une image ou un masque avec lequel on pense pouvoir plaire à autrui ou dont on pense qu'il nous aidera à obtenir quelque chose de l'autre. Le masque d'amour veut plaire avant tout et c'est tout autre chose que de vouloir sincèrement rencontrer l'autre. Les narcissiques aiment à s'entourer de personnes qui portent un masque d'amour car elles les flattent et ils veulent leur plaire. Ceux qui le sont moins ne supportent pas le masque d'amour. Il est collant, non libre, faux et hypocrite.

Chacun des trois masques crée des interactions creuses : il peut y avoir beaucoup d'apparences et de paroles, mais peu de contenu et de substance. Ils nous laissent souvent un sentiment de vide, d'inutilité et d'épuisement. Les masques demandent beaucoup d'énergie et ne contribuent pas à une interaction effective ayant un sens. Au contraire, ils creusent la vie et la tuent. Comme je l'ai dit dans l'introduction, les interactions ne partent jamais d'un seul territoire du psychisme, car il s'agit toujours d'une combinaison. Le masque / l'interaction de masque veut dire que soit l'attention est surtout dirigée vers le territoire du masque, soit la conscience se restreint vers la partie du masque tandis qu'au niveau de l'inconscience, il se passe nombre d'autres interactions simultanément. Dans le premier cas, cela donne une interaction creuse et morte et dans le deuxième, il s'agit d'une interaction dont l'extérieur est parfait, mais où secrètement, il se passe tout autre chose, comme le reproche, la rivalité, la tromperie, la séduction, l'insécurité, l'escroquerie, la jalousie, le désespoir, les jeux de culpabilité, la manipulation et encore d'autres « belles » choses.

Blessure / Intéraction de blessure

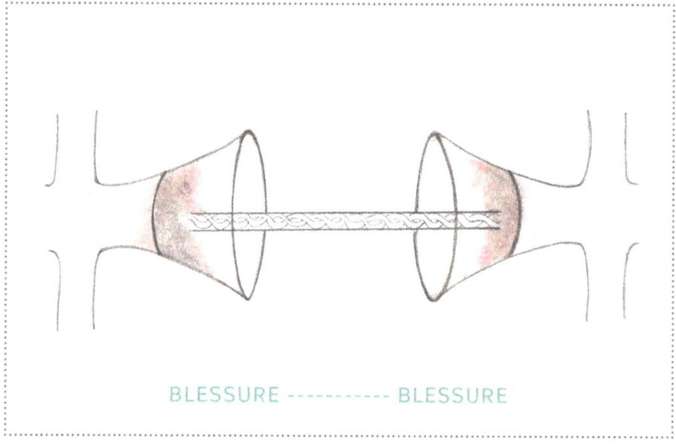

FIGURE 39

Lors de la blessure ou de l'interaction de blessure, le poids de l'échange porte surtout sur la douleur que l'on ressent dans la vie. C'est tout autre chose que de se plaindre de la vie ou d'adopter une conscience de victime, quoique les deux sont toujours mêlés. Se plaindre de la vie est égal à un rejet de la vie et tombe dans la catégorie des masques plutôt que dans celle des blessures. Pour établir un rapport avec l'autre, il est souvent très populaire dans les conversations de se plaindre du temps, du gouvernement, de la misère dans le monde, des enfants, des (beaux-)parents, d'un ennemi commun, d'une connaissance, etc. La plainte est alors à la fois la combinaison de projections négatives et un rapport émotionnel. C'est une combinaison d'amour et d'un mécanisme de défense, ou plutôt un courant d'amour qui coule dans un tuyau tordu, ce qui pourra être aussi une définition du soi inférieur. Le soi inférieur est rempli de force vitale. C'est pour cela que tant de plaisirs, de jouissance, d'urgence et d'addiction y sont liés. Le seul problème, c'est que ce plaisir ou cette jouissance coule d'une manière qui blesse, soit l'autre soit soi-même. Bavarder sur les autres est une dynamique identique à la plainte.

Les dommages créés par la plainte et le bavardage sont grandement sous-estimés :
*   les relations se détériorent,
*   les systèmes familiaux se disloquent, et

l'atmosphère de travail est gâchée au détriment de beaucoup d'efficacité et même des chances de survie économique.

Se plaindre beaucoup ainsi que critiquer sont les manières les plus efficaces pour générer la conscience de victime. Le plaisir de ce comportement de plainte et le papotage se trouvent dans le profit émotionnel. Cela donne une forme de pitié ou une sorte de rapprochement émotionnel, ce qui crée un lien entre deux personnes. Ce que l'on ne voit pas, c'est que le contenu de la plainte et le bavardage ne sont pas si innocents que l'on croit. Vous pouvez vous imaginer l'effet douloureux sur la personne ou le groupe de personnes qui sont le sujet de la critique, puis l'effet acidifiant sur la joie, l'affection et l'harmonie dans une famille ou au travail. Mais pour soi-même aussi, la plainte et le papotage sont des hobbies risqués. Chaque mot que nous disons, surtout quand une charge émotionnelle y est attachée, a un effet sur le champ d'énergie du soi. Il est peut-être agréable de projeter un sentiment de mécontentement vers un ennemi extérieur à travers la plainte ou la critique, mais en réalité, la projection trouve aussi une place dans l'inconscient de la personne elle-même, celle qui se plaint et critique. Cela peut donner toutes sortes de maux : nervosité, peurs, morosité, dépression, haine, phobies, addictions, pensées obsessionnelles, etc. Lorsque l'énergie sarcastique ou amère que la critique et la plainte génèrent reste de façon chronique dans le champ énergétique, le corps et la santé vont aussi se détériorer.

Toute cette introduction n'est pas encore une explication de ce qu'est la blessure ou l'interaction de blessure ; ce n'est qu'un exemple de ce qu'elle n'est pas, mais avec quoi elle pourrait être confondue.

La blessure est une partie très profonde et véritable de la psyché. Chacun porte en lui une douleur profondément ancrée. Cela peut être la blessure d'une perte vécue, un manque, un sacrifice que nous avons subi, un poids que nous avons porté. Quand une personne est reconnue dans sa douleur, elle se sent totalement « vue ». Même si cela ne guérit pas la blessure, les sentiments de solitude et d'isolement vont disparaître. Enfin, on se sent reconnu, compris, entendu et vu. Il va de soi que seuls ceux qui partagent le même sort, la même douleur ou profondeur peuvent vraiment reconnaître l'autre dans sa blessure. C'est ce que les poètes, écrivains, mystiques, cinéastes et musiciens font pour leur public : ils touchent un certain point de l'âme qui n'est pas touché ou reconnu d'habitude. Souvent, ils parlent de la souffrance de l'âme. La reconnaissance de la blessure de la personnalité ou de celle de l'âme est donc ce que nous appelons une blessure / interaction de blessure. Cela peut devenir une partie importante de la véritable guérison de la blessure d'une personne. Cela peut se faire uniquement de personne à personne, de conscience à conscience. La médication, les ordinateurs, les livres ou les appareils ne seront jamais en mesure de donner de la reconnaissance à la personne. Ils peuvent servir d'instrument à la reconnaissance et à la compréhension, mais la source même doit toujours venir de la conscience d'une autre personne pour que la transmission puisse se faire de façon authentique. La transmission idéale pour une reconnaissance satisfaisante se passe d'être humain à être humain ou d'esprit à esprit.

Afin d'arriver à une amélioration de la situation ou à la guérison de la blessure, deux facteurs sont importants : le temps et la profondeur du contact. Quand notre profondeur n'égale pas la profondeur de la blessure de la personne, on ne peut offrir une reconnaissance totale, mais uniquement partielle. Cela peut parfois s'avérer suffisant afin de déclencher un effet catalysant, mais le thérapeute devra parfois avoir assez de profondeur pour pouvoir comprendre la blessure du patient. La durée du contact dans laquelle le patient est reconnu doit alors être suffisante, ni trop longue ni trop courte. Quand la reconnaissance ne dure pas assez longtemps, elle n'est pas complète et la personne va peut-être répéter l'histoire jusqu'au moment où il y aura assez de reconnaissance et qu'elle se sentira entendue. Quand le contact dure trop longtemps, la blessure obtient plus de poids qu'elle ne le mérite, ce qui peut nuire à la personne qui peut alors développer une conscience de victime. Cela peut aussi mener à la stagnation. Ainsi, la personne est en quelque sorte « récompensée » quand elle va mal, et la psyché devient littéralement paresseuse et dépendante de l'autre. La personne continue alors à se « traîner » dans sa misère et demande l'attention et la pitié de tous ceux qui l'entourent. Savoir déterminer la juste durée est une question d'expérience, de sensibilité et de connaissance de l'homme. C'est le métier du thérapeute professionnel. Son expérience et la mesure avec laquelle il tire leçon de ses erreurs affineront cet art. La durée d'une trajectoire est différente pour chacun.

Les paramètres pour cela sont :

Pour celui qui obtient l'aide
- la dimension du traumatisme
- ses propres ressources
- sa réceptivité
- sa coopération

Pour celui qui donne de l'aide
*   ses connaissances / son savoir
*   son expérience
*   son aptitude (expertise appropriée au cas)
*   son attention / point focal

Circonstances
*   la situation de vie du client
*   le cadre de la thérapie
*   les facteurs incontrôlables : destination, bonheur, coïncidence et karma

Les compagnons d'infortune peuvent souvent offrir la reconnaissance de blessures partagées, traumatismes, expériences ou aventures. C'est pour cela qu'ils ressentent une très forte fraternité. Chacun vit son histoire à sa propre façon et à son rythme. Certains souffrent jusqu'à la mort. D'autres tirent parti des circonstances de la vie. D'autres encore portent le fardeau pendant un temps, traversent une transition, lâchent prise et font place à la phase suivante.

Pour que quelqu'un reçoive vraiment de l'aide, il faut une interaction blessure / soi supérieur. Le thérapeute ou l'ami doit avoir assez de profondeur dans son soi supérieur pour pouvoir traiter la blessure. Il devra s'identifier suffisamment avec lui et être assez ancré dans son soi pour contacter la blessure et permettre la mise en mouvement afin d'arriver à une amélioration de la situation. Sinon, la blessure se maintient et peut même grandir. Malheureusement, certaines formes de thérapie n'en sont en réalité pas du tout, parce qu'elles sont plus basées sur la reconnaissance de la blessure que sur la transformation intégrale. Dans ce cas, les victimes restent coincées dans leur victimisation parce que les thérapeutes en ont besoin pour se maintenir ou se soutenir eux-mêmes d'une manière ou d'une autre. Il peut s'agir de la compensation d'un sentiment d'infériorité ou d'inutilité, de prestige ou de reconnaissance pour lui ou tout simplement le moyen de gagner sa vie. Attention, je ne critique pas du tout le métier de thérapeute ! Chaque bon thérapeute mérite une bonne récompense. Je me réfère simplement à la juste durée pour la reconnaissance de la différence entre besoin et blessure : ni trop longue ni trop courte. Et cette reconnaissance de la blessure peut venir aussi bien d'un professionnel que d'un membre de la famille, d'un collègue, d'un ami, pendant une formation ou pendant un contact plus bref.

Soi inférieur / interaction du soi inférieur

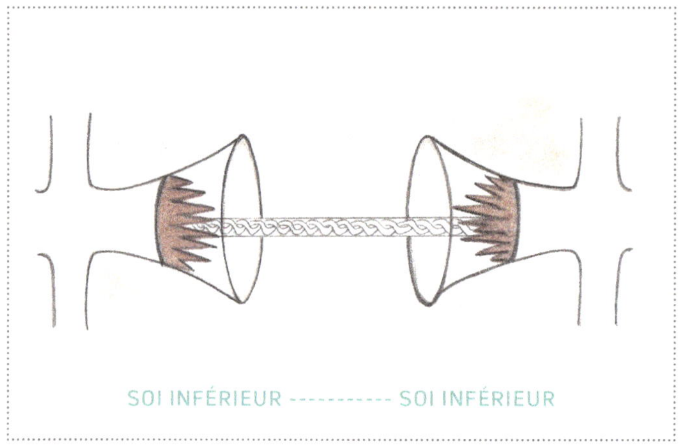

FIGURE 40

Voilà une réaction très intense, soit par agression extérieure, soit par les champs de tension accumulés. En néerlandais, il y a un dicton qui dit : « On peut couper la tension », et il est vrai qu'on peut le ressentir quand le soi inférieur de deux personnes est fortement en interaction. Les trois caractéristiques les plus importantes du soi inférieur sont : 1) être direct, 2) la destructivité, 3) la satisfaction. Le soi inférieur ne connaît ni hésitation ni honte. Il est direct, spontané et il va droit au but. Il est tellement direct qu'il n'est pas tordu par le masque ni tempéré par la raison.

Si, le cas échéant, la raison est active, elle est totalement au service de la destruction ou du plaisir, elle est (auto)destructrice. L'expression la plus basse du soi inférieur est l'attaque physique. L'autodéfense n'est pas une expression du soi inférieur. La différence se trouve dans l'intention. Lors de l'attaque, l'intention veut nuire à l'autre, alors que pendant l'autodéfense, on essaye de protéger la vie, même s'il s'agit de la sienne. Quand l'attention est dirigée vers la protection, il s'agit d'un réflexe du soi supérieur.

Le réflexe du soi inférieur qui passe à l'attaque de quelqu'un vient presque toujours d'un réflexe de protection du soi, mais l'intention est trouble parce qu'il y a confusion au sujet du danger. Ce sont l'image et le conditionnement qui embrouillent la perception de la réalité et la troublent et qui font que nous nous sentons menacés à des moments où il n'y a pas de véritable danger. Parfois, le danger est uniquement basé sur notre peur qui nous empêche d'oser ressentir notre vulnérabilité. Comme je l'ai écrit auparavant, on a souvent très peur de regarder en face une partie vulnérable du soi et de la ressentir. Nous en avons tellement peur que l'agression et la violence créent des tumultes plutôt que de faire surgir à la conscience notre vulnérabilité. Voilà la base de beaucoup de disputes : ne pas reconnaître ni tolérer sa propre vulnérabilité dans la relation.

Il va falloir faire une distinction entre l'agression du soi inférieur et l'agression positive. L'agression positive vise la protection, le maintien de la vie et le bonheur essentiel. Ce genre de protection du soi n'ira jamais à contre-courant de la vie et du bien-être de l'autre. Au contraire, la source la plus profonde de l'autoprotection et du soin de soi est en synergie avec la santé, le bonheur, le bien-être de l'environnement et pour cette raison, elle ne peut jamais endommager l'un au profit de l'autre.

L'attaque verbale est une autre mauvaise expression du soi inférieur. Là aussi, nous devons faire une distinction entre la défense verbale et l'affirmation du soi. Il est parfois simplement nécessaire de poser résolument nos limites en disant que c'est assez, que la personne va trop loin. Et si ce n'est pas compris de manière subtile, il faudra parfois utiliser un langage plus direct. C'est tout à fait normal. Attaquer quelqu'un à partir du soi inférieur vient d'une impulsion directe qui veut blesser, sans plus. Pas d'hésitation, pas de douceur, mais aussi directement et profondément que possible. Voilà l'intention du soi inférieur même. Les jeux de culpabilisation ne tombent pas dans cette catégorie ; ce genre d'accusation fait partie des mécanismes de défense et des dynamiques secondaires. L'intention de tout cela est de profiter de la vulnérabilité et de l'insécurité de l'autre. L'intention du soi inférieur est beaucoup plus directe : il faut tuer l'autre, détruire, humilier, endommager et blesser. Voilà le seul but du soi inférieur. Il est primitif et direct, ce qui le rend très fort et efficace. Cette destruction peut se diriger contre soi-même également : c'est la haine totale du soi. Dans une forme plus légère, elle se montre souvent à travers les voix du CI (critique intérieur), mais le soi inférieur pur est plus direct que cela. Le CI travaille avec beaucoup de force de persuasion, mais le SI (soi inférieur) donne carrément le message : « Tu dois mourir », « Tu dois perdre », « Tu dois souffrir ».

La force vitale qui se libère pendant la confrontation avec le soi inférieur est très grande. Ceux qui sont dépressifs ont un désir d'autodestruction ancré dans leur psyché, pour quelque raison que ce soit. Si un jour, ils arrivent à confronter cette force autodestructrice directement, l'énergie qui se libérera sera tellement grande que la dépression deviendra impossible. Quelquefois, ces personnes ne savent pas gérer cette énergie et essayent de la tempérer en la repoussant, à travers une addiction ou d'autres formes d'automutilation. Le bonheur peut être tellement intense qu'on n'arrive pas à le supporter, ce qui nous fait recourir à des moyens pour le tempérer. Le soi inférieur peut être un de ces moyens. Le masque peut en être un autre.

Voilà la raison pour laquelle les interactions du soi inférieur peuvent être tellement intenses et fortes. Il y a une telle force qui se libère que c'est en fait très attrayant. La force vitale et la vivacité génèrent le plaisir dans un être humain. C'est pour cela que le show-business joue tellement sur les horreurs de l'existence. Les films d'horreur font appel au soi inférieur de l'être humain : l'excitation associée aux images horribles. Mais dans une forme moins cruelle, les feuilletons télévisés sont une manière aussi de se nourrir du drame (les dynamiques secondaires) des autres. Ou bien nous éprouvons simplement du plaisir en entendant parler de la misère de quelqu'un qu'on n'aime pas beaucoup. Le bonheur de se réjouir du malheur des autres est également une expression du soi inférieur. Les couples qui se trouvent dans des cycles de violence domestique se perdent aussi dans une identification avec le soi inférieur. Il est évident qu'il y a beaucoup de vivacité dans une telle famille, mais l'intensité est associée aux blessures profondes qui demandent certainement plusieurs années pour guérir.

Mais il y a aussi beaucoup de formes subtiles d'interactions du soi inférieur qui sont tout aussi nuisibles. Garder en soi une rancune pendant des années ou souhaiter du mal à quelqu'un est également une expression du soi inférieur. Il est peut-être masqué par toutes formes de comportements positifs, par de belles paroles ou un visage serein, mais la destruction est tout aussi grande. Cela peut avoir des conséquences néfastes pour la santé ou mener à des conflits explosifs et à d'autres symptômes dans les générations qui suivent. L'agression mentale forme des unités de pensées. Les unités de pensées génèrent des formes d'énergie qui se maintiennent dans le champ d'énergie des personnes, dans l'atmosphère d'une maison, d'une ville ou bien d'une région. Une guerre ne peut se déclencher que si beaucoup de pensées remplies de haine ont été générées par de grands groupes de gens préalablement à cette guerre. Cette activité de groupe de pensées destructrices bâtit un capital de haine et de destruction collective immense et pendant des années. À partir d'un certain moment, ce capital de désir de destruction sera plus grand que le frein à la violence ou la force de réconciliation, ce qui mènera inévitablement à la guerre. Les causes extérieures d'une guerre ne sont jamais les véritables forces motivantes pour elle. Ce sont là les excuses qu'on adopte et peut-être même qu'on invente afin de pouvoir passer à l'action. Mais si le capital collectif d'union est plus grand que le soi collectif inférieur de deux peuples, les difficultés et les défis ne donneront jamais lieu à des conflits. Au contraire, ils seront la base d'une communication et d'une collaboration qui mèneront au développement mutuel.

Dans l'ère moderne où il y a beaucoup d'e-communication, l'échange mondial de biens, la segmentation extrême des processus de production et un anonymat opaque d'actifs et d'intérêts sont les degrés de liberté dans lesquels les formes les plus subtiles du soi inférieur ont énormément augmenté. Je ne veux pas être pessimiste, car ces circonstances peuvent aussi bien devenir terre fertile pour cultiver une émancipation et un bien-être mondial. Cela dépend de notre intention et de la direction dans laquelle nous investissons notre force vitale. On ne peut pas faire plus qu'optimiser notre propre part et nous n'avons pas besoin de faire plus. C'est déjà beaucoup.

Je voudrais faire quelques remarques concernant les nouvelles possibilités d'expression du soi. À travers la distance physique et émotionnelle entre producteurs et clients, puis entre livreurs et receveurs de services, l'anonymat et la distance affective dans les relations s'accroissent énormément. Le contrôle et la confrontation avec les conséquences de nos actions, choix et paroles sont placés dans une tout autre perspective. Jadis, dans la vie du village, le boulanger était en contact avec ses clients et aussitôt qu'il y avait quelque chose qui n'allait pas avec son pain, on en parlait. Dans les petits villages comme il en existe beaucoup, les gens sont au courant de la vie privée de tous. Cela peut donner un sentiment de restriction, d'étouffement, mais d'un autre côté, cela peut donner un sens à l'interaction avec le monde extérieur. De nos jours, il y a une énorme série d'intermédiaires entre producteurs de biens et livreurs de services, ce qui crée isolation et solitude. Les conséquences de nos pensées, paroles et actions sont absorbées immédiatement par un grand système et un réseau de coopération et de collaboration. C'est ainsi que la visibilité et la mesurabilité de l'effet de notre contribution sont anéanties par le partage immédiat de celles-ci et il est parfois difficile de mesurer les connexions entre cause et effet de nos paroles et actions de manière objective.

Cette complexité croissante de l'appréciation de la cause et de l'effet donne à certains un sentiment d'inutilité de leur existence. Dans le cadre du soi inférieur et de ses interactions, cet anonymat et l'invisibilité entre cause et effet peuvent nous amener à minimiser la gravité des interactions du soi inférieur. On peut penser : « Cela ne me regarde pas que l'on souffre des conséquences de mon soi inférieur », ou bien « la souffrance est partagée entre tant de personnes, cela la rendra moins grave », ou bien « je ne connais pas les gens qui payent le prix pour mon comportement destructeur, donc cela ne me touche pas ». L'anonymat et l'invisibilité de systèmes affectifs plus distants dans lesquels nous fonctionnons donnent encore une plus grande facilité à croire que nous pouvons vivre notre soi inférieur sans conséquence. Voilà une erreur risquée. L'intégrité personnelle est une nécessité fondamentale pour créer un équilibre psychique et émotionnel dans la personnalité, donc dès lors que nous l'abandonnons, nous payerons tôt ou tard le prix du mécontentement, de la frustration ou d'autres effets nuisibles.

Les formes plus subtiles d'interactions du soi inférieur sont l'égoïsme, la paresse et l'orgueil. Nous les voyons à travers la façon dont nous prenons nos responsabilités.

Soi supérieur / interaction avec le soi supérieur

FIGURE 41

Voilà la forme optimale d'une interaction dans laquelle les deux personnes peuvent être totalement elles-mêmes et remplir leur rôle pleinement à partir de leur essence même, c'est-à-dire quand nous voyons naître le processus de cocréation. Ce sont des relations sincères. En termes de cordes relationnelles, on peut dire que la fonction de la relation est incorporée purement, sans intentions annexes, sans rejet, pleinement pour ce qu'elle est. Une relation homme-femme est purement une relation homme-femme. La relation parent-enfant est totalement relation parent-enfant, ni plus ni moins. Il se peut aussi qu'il y ait une combinaison de fonctions dans une relation et là aussi, il est important de distinguer la relation clairement ou de mettre des limites en temps et en espace et de clarifier quelle fonction on vit à tel moment. Tout cela peut se faire dans la fluidité, cela n'a pas besoin d'être une formalité rigide. La clarté et l'authenticité avec lesquelles on remplit la fonction déterminent la qualité de la relation.

Dans ces circonstances, on crée des interactions avec le soi supérieur qui sont
source de force, de contentement, de joie, de créativité et de productivité. Quelque
chose de grand va naître. La relation est nourrie par une force plus grande que la
force conjuguée des deux individus. Pour les obsessionnels du contrôle, ceci est
très difficile, mais pour ceux qui osent s'ouvrir à l'idée, c'est là que naît le « jus »
de l'échange. La modulation dans la corde relationnelle est à ce moment aussi
belle et idéale que ce que la relation est capable d'offrir. Dans ces moments,
le processus de cocréation se met en action. On voit que la corde relationnelle
touche complètement le voile du chakra des deux personnes. Techniquement
parlant, la perle de chakra dans le noyau du chakra est stimulée, ce qui en soi
est très agréable (à moins que l'on tienne à la stagnation). Cette stimulation
met votre être en marche afin de le faire naître. Cela active le chakra et stimule
l'authentique expression personnelle, ce qui procure un sentiment de plaisir, de
liberté et de joie. En plus, cela offre à l'autre et au monde extérieur le meilleur
de vous-même. Quand l'autre reste dans le contact, il reçoit cette expression et
l'observe jusque dans le voile du chakra, ce qui à son tour stimule sa perle de
chakra. C'est ainsi que l'on obtient un va-et-vient de stimulations interactives,
d'alimentation et d'expression, ce qui mène à un échange bienfaisant et productif.
Voici une description concise de l'aspect technique-énergétique du processus de
cocréation.

Dans la pratique, les deux parties font l'expérience d'une vraie joie, de profondeur,
de reconnaissance, de créativité, de plaisir et de jouissance d'interaction du
soi ; de plus, elles apprennent beaucoup sur le contenu de leur échange, sur
la fonction de la relation et sur elles-mêmes, l'autre et la vie en général. La
sagesse, le savoir, l'expertise et une autorité saine croissent de manière naturelle
dans la relation cocréative. Il n'est pas important que les deux parties ne jouent
pas le même rôle dans la relation. L'enseignant tout comme l'élève peuvent
apprendre des choses lors de chaque échange. L'élève peut gagner du savoir, de
l'autorité et peut-être de la passion pour le sujet de l'enseignant, et l'enseignant
pourra approfondir ses connaissances, les affiner ou les corriger. Peut-être
l'enseignant apprendra-t-il d'autres techniques pédagogiques afin d'en arriver
à une transmission optimale du savoir et des expériences. Et dans les relations
employeur-employé, des processus cocréatifs semblables peuvent se dérouler
qui bénéficient à la productivité, à la qualité du travail, qu'il s'agisse du produit
ou de l'atmosphère au travail. Une autre caractéristique clef des processus
cocréateurs est l'aspect innovateur et rafraîchissant des énergies et des résultats
qui sont générés. Même si, dans l'ensemble, il s'agit de maintenir un procédé ou
une tradition très ancienne, la dynamique cocréative apporte vitalité et fraîcheur.
Le processus de la transformation intégrale aide chaque individu, couple ou
équipe à évoluer vers des actions du soi supérieur dans chaque domaine de la vie.

Image / Interaction d'image

Lors de cette interaction, il y a un échange entre l'image du soi et l'image du soi de l'autre. Voilà la base des dynamiques qui sont générées : comment est-ce que l'image du soi se rapporte à celle de l'autre, et vice versa. Ces dynamiques peuvent stimuler fortement la psyché. Un seul exemple peut clarifier ceci. Mettons qu'un employé a une bonne opinion de lui-même et une mauvaise opinion de son employeur. Dans ce cas, la corde relationnelle de l'employé est probablement modulée avec mépris et résistance vis-à-vis de l'autorité. Les positions externes donnent alors une autre hiérarchie que la hiérarchie intérieure de l'employé, ce qui provoque un foyer de tensions et de conflits.

L'inverse peut être vrai aussi. Cela peut être le chef qui a une mauvaise image de lui-même et une bonne image des membres de son équipe. Alors, ce chef modulera ses cordes relationnelles avec ses inférieurs avec peur et insécurité, ce qui exercera naturellement une mauvaise influence sur le fonctionnement de l'équipe. Si un groupe de personnes se réunit socialement, une hiérarchie est créée automatiquement dans le groupe, basée sur le jeu de toutes les images du soi. Il arrive souvent que la hiérarchie externe du groupe soit différente de la hiérarchie interne de pouvoir et de puissance. Cela résulte en tableaux vivants où les chefs ne sont pas les vraies autorités. Cela peut être drôle dans des comédies, mais si on doit fonctionner dans une telle situation dans la réalité au travail, il y aura toujours un sentiment d'insécurité et une tension contreproductive.

Les images du soi ne sont pas du tout statiques. Elles changent d'heure en heure, de jour en jour et d'année en année. Et elles sont également formées par une combinaison de contemplation du soi intérieur et d'une confirmation externe. Quelqu'un qui obtient une appréciation régulière pour ce qu'il fait, dit ou rayonne ajustera son image du soi, semi-consciemment ou inconsciemment. Quelqu'un qui se fait souvent moquer pour l'usage de ses mots, son énergie et ses actions adaptera également son image du soi. On dit toujours qu'il ne faut pas se laisser toucher au cœur ni prendre les choses de manière personnelle, mais ce n'est pas si facile. Cela a directement à faire avec le nombre d'autorités saines que vous avez connues dans votre vie ; elles vous aident à développer l'image du soi interne et à l'alimenter à partir du soi supérieur. Voilà pour ainsi dire une interaction soi supérieur / image du soi partant de l'autorité. On en reparlera.

L'appréciation et le mécontentement ne sont pas toujours exprimés à voix haute. Quand on a une connexion de corde active avec quelqu'un, les images du soi internes et les images qu'on projette sur l'autre se mettent immédiatement en interaction. Elles se modulent et se forment à chaque interaction. La profondeur

et l'intensité entre le danseur et le chorégraphe génèrent un très grand impact
sur l'image du soi du danseur. Cet impact immense est nécessaire pour pouvoir
maîtriser avec son corps, son esprit et sa concentration la combinaison de
mouvements gracieux et agiles. L'intensité entre le présentateur du journal et
le téléspectateur à moitié intéressé est bien moindre ; l'impact ne sera alors
proportionnellement pas très grand. Dans des relations saines, les images du soi
sont formées selon la réalité et le plus grand potentiel du soi supérieur. Dans des
relations malsaines, les images du soi sont abîmées ou rigidifiées en des fixations
illusoires.

Blessure / interaction de masque et blessure / interaction du soi supérieur

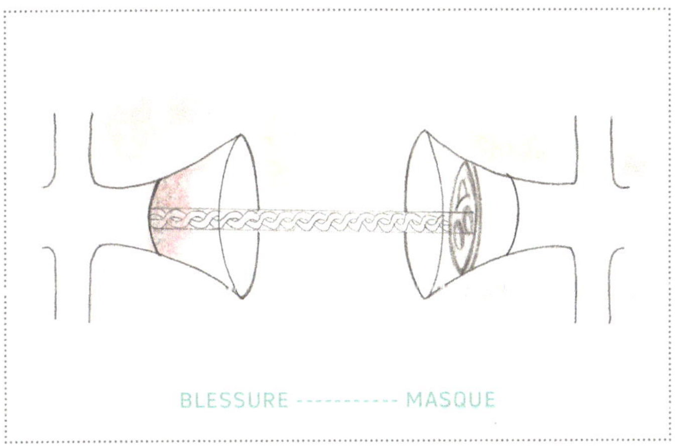

FIGURE 42

Dans ce cas, une personne est en contact avec sa blessure et l'autre se situe
dans son masque. Puisqu'il y a différentes sortes de masques, nous pouvons
subdiviser cette catégorie en un nombre infini de scénarios ; je ne vous donnerai
ici que quelques exemples pour éclairer le caractère général de cette interaction.
Entrer en contact avec sa blessure peut se faire pour de nombreuses raisons.
Les déclenchements peuvent être des faits désagréables autant que des faits
positifs, ce qui peut sembler étrange. Voilà une preuve de plus que la blessure
est un territoire dans la conscience individuelle et n'est pas déterminée de façon
incontournable par des faits extérieurs. Les faits extérieurs n'entrent

généralement en action que sous forme de points de pression qui nous font ressentir l'endroit douloureux, mais les faits désagréables ne sont pas la blessure elle-même. Ils servent à rendre visible la blessure dans la conscience.

Souvent, les déclencheurs sont vus comme les causes ultimes de la douleur et on fait tout pour les éviter et les contourner. Des styles de vie entiers sont créés pour ne pas rencontrer les causes qui déclenchent la blessure. Ainsi, une sécurité illusoire est créée, car la véritable cause de la douleur n'est pas recherchée et reste donc inconnue. La blessure est négligée dans l'inconscient et génère de façon créative à chaque fois de nouveaux symptômes, stratégies ou déclencheurs pour obtenir l'attention à laquelle elle aspire. Quand la blessure est niée et refoulée de force pendant longtemps, elle surgira sans facteur déclenchant extérieur ou avec la plus petite des causes. Il sera alors grand temps de soigner et de donner de l'attention à la blessure pour la guérir.

Quelqu'un d'autre pourra réagir totalement différemment. Il y a le masque de bravoure, qui donne surtout ce message : « ce n'est pas si grave ». Ce message pourra venir du soi supérieur tout comme du masque lui-même, mais le contenu émotionnel derrière différera énormément. Partant du soi supérieur, le message émet contact, compréhension et compassion. Le soi supérieur sait, comprend et aide. Quand le soi supérieur dit : « ce n'est pas si grave », il a de la compassion et ressent ce qui se passe, car il y a un vrai contact humain, mais il a également une vision éclairée de quelque chose de plus large. À partir du soi supérieur, le cœur est ouvert à la douleur de la blessure, mais la vision reste identifiée avec le plus profond, le plus large et le plus grand du soi supérieur, qui est inextricablement lié à la force vitale, à la joie et à la sagesse qui sont cachées sous la blessure. Cette réponse du soi supérieur nous rend plus forts.

« Ce n'est pas si grave » partant du masque n'est autre que le rejet de la blessure. Ce qui est en contraste violent avec le soi supérieur qui embrasse la blessure de l'autre. Le masque de bravoure rejette la blessure de l'autre, ne l'accepte pas. Il appelle à l'endurcissement, à ne pas ressentir et au rétrécissement de l'attention envers la force externe et à la performance. Le soi supérieur renforce aussi la personne qui se perd momentanément dans la blessure, mais non par refoulement des sentiments. Tous les sentiments qui font partie de la blessure sont acceptés, embrassés et, dès que possible, transcendés ou transmutés en une expérience ou une situation plus favorable. Tandis que le masque de dureté dit : « ce n'est pas si grave », il veut plutôt dire : « ne m'ennuyez pas avec tout ça ». Cette réponse peut se traduire en impatience et mépris pour ce qui en fait est une interaction du soi supérieur et de la blessure. L'impatience et le mépris ne font qu'agrandir la blessure. Celui qui est blessé placera peut-être un bouclier de défense autour de lui et prétendra être dur et fort. Toutes les personnes qui entourent celui qui porte le masque de dureté le félicitent de son « progrès », parce qu'il a apparemment su dépasser sa douleur. Cela donne un contact superficiel et l'appréciation de l'environnement difficile, mais hélas, cela ne donne pas de résultats à long terme. Le prix pour cette solution est la solitude, le froid et le vide. Quand la personne maintient pendant longtemps cette dureté, cela mène à un déplacement des symptômes. La blessure va chercher à s'exprimer et à compenser d'une autre manière.

Le masque d'amour agit tout à fait différemment sur ceux qui se trouvent dans la blessure. Celui-ci commence immédiatement à les soigner et à les couvrir d'amour, mais ce n'est pas de l'amour vrai ni du vrai soin. C'est trop couvant et méprisant. La personne qui porte le masque d'amour s'identifie fortement au rôle du soignant et du sauveur et elle regarde la blessure de l'autre comme une occasion de se sentir utile et nécessaire. Cela peut s'accompagner de beaucoup de douceur, ce qui peut sembler agréable, mais la différence entre cette réponse et l'amour du soi supérieur est l'aspect confirmant. Le masque d'amour n'a pas l'intention de rétablir l'autre pour qu'il devienne indépendant et fort. Il veut simplement prendre soin de lui, l'écouter et se prouver qu'il est plein de « bonté ». Le soi supérieur n'a pas besoin de prouver quoi que ce soit à l'autre et il part du principe que celui qui a besoin d'aide a un potentiel de plénitude, de force et d'autonomie qu'il faut faire ressurgir. Le soi supérieur est conscient de ses aptitudes et ne fait pas plus qu'il ne peut, ne donne pas plus que le nécessaire dont l'autre a réellement besoin.

Dans le cas du masque d'amour, ce dont l'autre a vraiment besoin est inférieur à ce que l'on veut offrir. On se met en colère, en révolte et on est déçu quand notre « bonne volonté », nos conseils, nos soins et notre aide ne sont pas acceptés ou visiblement appréciés. L'aide du soi supérieur cesse lorsqu'il comprend qu'il en a fait assez ou que son aide ne peut être acceptée par l'autre pour quelque raison que ce soit. Le soi supérieur se satisfait de faire ce qu'il faut et ce qu'il peut. Il comprend également qu'il ne contrôle pas le résultat du soutien qu'il offre ; il connaît les limites de ses possibilités et s'en contente. Le seul mécontentement que peut avoir le soi supérieur est de ne pas avoir été capable de faire ce qu'il devait faire. Quand le soi supérieur a fait ce qu'il a pu, il est en paix, quels que soient les résultats. L'humilité d'être conscient de ses limites et la générosité de s'être donné pleinement offrent à la personne une grande paix intérieure.

La réaction de la personne sur le masque d'amour peut être différée. Quand on tient de manière très forte à la blessure, les deux parties vont avoir d'excellentes relations. Le masque d'amour peut couver infiniment, ce qui soignera sans cesse la blessure. Les deux parties sont d'accord pour le maintien de la relation telle qu'elle est. Une forte relation peut se développer (qui finalement peut même mener à une véritable interaction du soi supérieur). Quand la relation est restreinte à l'interaction masque / blessure, elle se « gâte » au bout d'un certain temps. L'énergie stagne, devient lourde, lente et l'enivrement initial de la compréhension et de la fraternité passe par l'irritation, le mépris et aboutit au venin. La blessure peut alors voir un nouveau méchant dans son accompagnateur, ce qui nourrit sa croyance en la victimisation. La personne portant le masque d'amour peut soit entrer en contact avec sa propre blessure sous-jacente (souvent celle de l'abandon) ou bien prendre l'attitude du « sauveur du monde » ou du « méconnu » ou bien de « celui qui se sent maltraité ». Voilà toutes sortes de dynamiques dans l'interaction du masque d'amour et de la blessure.

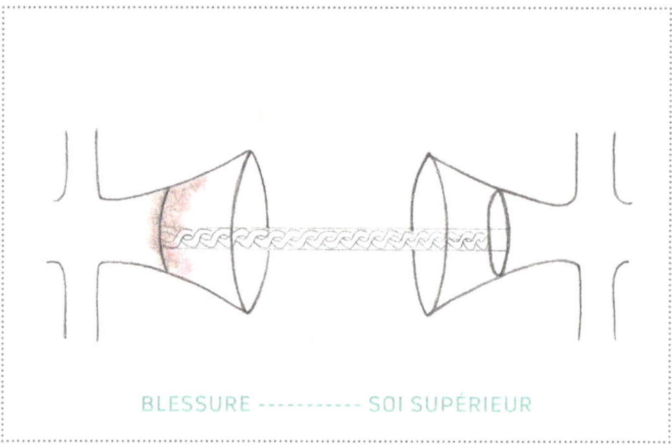

FIGURE 43

Le masque de sérénité réagit d'une autre façon. Il se place au-delà de la blessure (de soi-même et de l'autre) en lui tournant le dos, en rationalisant ou en intellectualisant.

Les diverses blessures réagissent différemment au masque de la sérénité. Les blessures de l'abandon se sentent encore plus tristes ou en colère parce que le sentiment de sérénité du masque affirme encore plus la douleur et la croyance en l'abandon. Les blessures de l'infériorité se sentent peut-être bien plus en sécurité avec la pensée sous-jacente : « moins j'obtiens d'attention, moins on voit que je ne vaux rien ». La blessure de se sentir trahi ou abusé peut s'affirmer ou se cacher, en fonction du contenu de l'intellectualisation. La blessure de la peur pour l'existence se sent souvent en sécurité en l'absence de vrais contacts, comme c'est le cas avec le masque de sérénité. La sérénité du soi supérieur est d'un tout autre ordre que celui du masque. Là encore, la grande différence est le véritable contact qui existe avec la blessure. La sérénité du soi supérieur est proche de l'équanimité, de l'acceptation, de la présence sans jugement : je sens / je sais que tu as mal et je suis là pour toi. Je suis ici. La sérénité du soi supérieur peut également être très patiente, sans pour autant être passive. Elle peut être présente et assister la blessure sans demander une modification, mais en ayant confiance en la présence sincère pouvant mener à une transformation consistante. Mais la transformation ne vient pas du fait que l'on veut changer quelqu'un et le modeler selon une image idéalisée. Le changement vient d'une aspiration intérieure à l'unité, à l'émancipation du soi supérieur qui se trouve caché sous la blessure. À travers le contact humain sincère partant du soi supérieur, le soi supérieur sous la blessure de l'autre est stimulé et alimenté et commence à entraîner la guérison.

Le soi inférieur / interaction de blessure et soi inférieur / interaction de masque

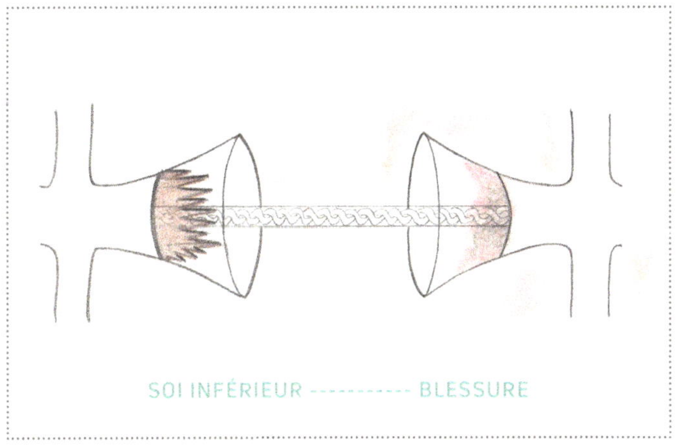

FIGURE 44

Voici, du point de vue de la morale, les interactions les plus lâches qui existent, quoique dans la réalité, elles peuvent mener à un changement bénéfique, ce que je vous expliquerai ultérieurement. Chacun a un soi inférieur, une part de nature plutôt maligne qui poursuit le mal, le négatif, le destructeur et ce qui divise.

Pour certains, il peut être apaisant de le lire et ils pensent alors : « Ah, heureusement, je ne suis pas le seul... »

À l'inverse, d'autres sont peut-être choqués. Chez l'autre, cette nature négative est facile à voir, mais pas en soi-même : « ah non, je suis au-dessus de tout ça » (masque de sérénité), « ça, ce n'est pas moi » (masque d'amour) ou « je ne tombe pas dans ce piège » (masque de bravoure). Voilà les messages qui nient ce qui existe aussi en nous. Quand vous observez en vous une réaction assez forte sur l'affirmation que nous avons tous une nature mauvaise quelque part dans notre conscience, vous savez que le système de masque est activé en vous. Le malin existe en nous comme en l'autre. Un jugement extrême vient du système du critique intérieur et une négation extrême vient du système de masque. Ces deux systèmes sont impuissants vis-à-vis du mal. Nier que le négatif existe ne fait que lui donner libre jeu et la condamnation du négatif ne fait que le nourrir. Seul le soi supérieur peut transformer le mal de manière effective (voir la figure 46).

Le soi inférieur rit dans sa barbe vis-à-vis du masque et du critique intérieur. Il voit la faiblesse des jugements moralisants du critique et l'impuissance du masque envers lui. La blessure est aussi une proie facile pour le soi inférieur. Quelqu'un qui s'identifie avec la notion de se sentir « blessé » ou « abusé » est un aimant idéal pour celui qui s'identifie aux forces du soi inférieur qui n'aiment que créer la douleur et l'exploiter. Les systèmes d'identification de ces deux personnes sont tout à fait complémentaires et la force biomagnétique qui émane de ces deux systèmes d'identification est énorme. À quel point cette force magnétique est efficace, puissante et attire deux polarités en les mettant en contact dépasse toute imagination. C'est certes une connexion qui crée beaucoup de douleur, mais quand les systèmes d'identification sont profondément ancrés, les forces biomagnétiques deviennent tellement grandes que l'interaction douloureuse est presque inévitable. Cette interaction est souvent interprétée comme la preuve de la conscience de victime de l'un et de la conscience destructrice de l'autre, ce qui ne fait que renforcer le système d'identification. D'un autre côté, l'interaction douloureuse donne un déchargement temporaire du champ biomagnétique. Un petit peu de distance peut donc être générée après ce genre d'interaction.

L'attirance entre les deux pôles est très grande et du même ordre que les forces de la destinée et du sort. Raison pour laquelle ils influencent le destin aussi, quoique nous ne pouvons normalement pas comprendre consciemment ce qui se passe à ce niveau. L'attirance entre le pôle du soi inférieur et le pôle de la blessure se mélange souvent avec le courant de jouissance des psychés de l'un ou des deux, ce qui fait que l'attirance biomagnétique peut avoir une nature très érotique et sexuelle, vécue consciemment ou non. Le sadomasochisme est un exemple type d'une attirance érotisée du soi inférieur et de la blessure, mais il en existe beaucoup de variétés et de formes.

La manière la plus efficace de maintenir la dynamique entre les polarités pour l'observateur de ce système est le développement de pitié pour la victime et de dégoût pour le coupable. L'attitude juste est le développement d'une compassion correcte pour les deux polarités de cette dynamique. Cela se concrétise différemment dans chaque cas individuel, parce que la compassion correcte va plus loin que les faits apparents. La compassion correcte embrasse et perce les deux polarités afin de découvrir les causes les plus profondes de la naissance de cette dynamique, comment elle est soutenue, et, ce qui est plus important, comment démanteler la dynamique. Ce démantèlement mène à la transformation durable de la dynamique coupable / victime qui, souvent, s'avère très différente et inattendue.

Au début du paragraphe sur l'interaction blessure / soi inférieur, j'ai écrit qu'en vérité, elle peut mener à une transformation favorable. Celle-ci naît à partir du moment où la douleur de l'interaction s'accroît et devient plus grande que la jouissance ou l'obsession de l'interaction. C'est alors que dans la psyché, un désir de changement naît. Tant que l'obsession et l'excitation destructrice sont plus grandes que la douleur, cette dynamique ne changera pas à cause de l'aspiration instinctive au plaisir. Cela dépasse toutes les bonnes intentions et toute la bonne volonté parce que tout cela est ancré bien plus profondément que notre capacité consciente de penser et d'agir. Chaque cellule de notre corps fonctionne à partir du besoin instinctif d'un plaisir maximal. Cet instinct ne peut être ignoré. La seule chose à faire, c'est de regarder les endroits où ce besoin instinctif se cache dans des comportements (auto)destructeurs. Ce besoin qui se trouve profondément dans l'inconscient doit être réorienté vers des comportements créateurs.

C'est ainsi qu'il n'y a que profit pour la psyché : autant de plaisir et moins de douleur, moins d'échecs, moins de maladies, moins de pertes, alors finalement plus de plaisir. À un moment donné, l'interaction soi inférieur / blessure devient si douloureuse que la souffrance est bien plus grande que l'excitation négative ou le sentiment apaisant de vivre des charges biomagnétiques, et donc la transformation peut commencer à se manifester.

Comme je l'ai dit auparavant, la négation, le jugement, la contre-attaque et fragilité sont tous impuissants contre le soi inférieur (en soi ou en l'autre). Ici, j'utilise consciemment le mot « fragilisé » au lieu du mot « vulnérabilité ». La fragilité est le système de blessure dans la conscience, tandis que la vulnérabilité fait partie de la vraie nature de l'être humain. Nous sommes tous vulnérables, un point c'est tout. Physiquement, la vie est fragile : maladies, violences et accidents nous le démontrent chaque jour, tandis que la force vitale est indestructible. Quand une vie s'éteint, la force vitale trouve une expression dans un autre corps, plante, animal ou individu. Sur le plan psychologique, l'homme est fragile aussi : guerres, traumatismes, circonstances rudes peuvent laisser des traces profondes dans la psyché, qui ne s'effaceront peut-être jamais complètement ou seulement après quelques années de transformation ou de transcendance.

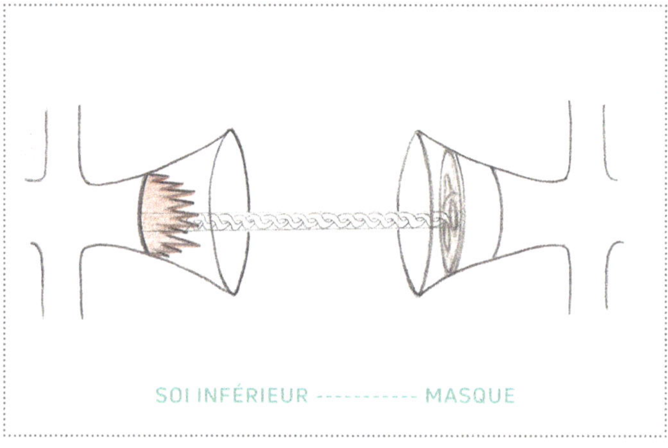

FIGURA 45

Interaction soi supérieur / soi inférieur

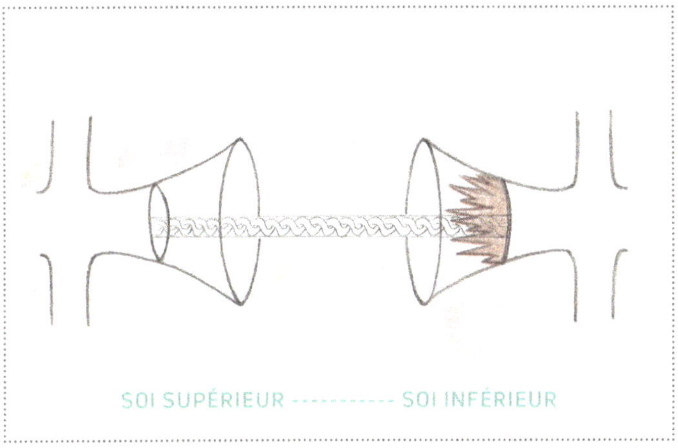

FIGURA 46

Le soi supérieur ne nie pas cette vulnérabilité mais la reconnaît, l'embrasse et l'imprègne de sa force vitale. Il reconnaît la fragilité de la vie humaine et anime et protège également la survie, la beauté, l'intelligence et le raffinement de cette vie délicate. Voilà les forces du soi supérieur. Elles sont en grande partie invisibles et souvent très silencieuses. Est-ce que vous avez déjà vu ou entendu la force qui fait pousser et mûrir la pomme sur l'arbre ? Est-ce que vous avez déjà vu ou entendu la force qui vous fait guérir de la grippe ? C'est une force silencieuse et invisible qui prend des formes d'expression visibles et audibles dans la personnalité et dans la société à travers l'art, le dialogue, les lois, etc. Mais la source de cette force même est un endroit profond, silencieux et invisible en nous. Accessible à tous et rendu tangible par les mystiques, certains poètes, chamanes, philosophes illuminés et d'autres personnes réalisées.

Le soi supérieur approche le soi inférieur de manière tout à fait différente du système de critique ou du système de masque. Il n'a pas peur du négatif parce qu'il est plus fort. Pas forcément plus fort dans le sens où le soi supérieur peut aller au-delà du mal dans l'expression extérieure ou dans l'agression. C'est parfois le cas lors d'une agression saine, mais pas toujours. Le soi supérieur est plus fort dans le sens où il est plus profond et subtil. Le soi supérieur peut comprendre le soi inférieur, l'inclure et y pénétrer. L'inverse n'est pas possible. Le noyau du soi supérieur est la seule chose indestructible qui existe dans l'univers. Toute autre chose est soumise aux lois de l'éphémère, y compris le soi inférieur. Dans ce sens, le soi supérieur est plus fort que le soi inférieur. Parce que le soi supérieur est plus subtil que le soi inférieur, il est aussi plus puissant. Quoique les régions les plus profondes du soi inférieur peuvent être assez subtiles aussi, le soi supérieur est encore plus subtil parce que le noyau profond de celui-ci est la source même d'où naît toute autre chose dans l'univers et peut continuer à y exister. Pour rester en vie, le soi inférieur dépend donc des forces vitales qui donnent la vie au soi supérieur et il est donc vulnérable vis-à-vis de celui-ci. Le soi supérieur en est conscient et voit pour cela la source de bonté, la source de l'amour, la source de la pureté qui se trouve derrière tout le mal. Le soi supérieur continue à se connaître lui-même et ne se fait pas tromper par la violence, le tumulte ou la séduction du soi inférieur. Et parce que le soi supérieur continue à se connaître, il peut voir au-delà de la violence et la négativité pour distinguer la source pure de la vie qui se trouve dessous et il entre en contact avec elle. Par ce contact, le processus cocréateur entre deux soi authentiques se met en marche. Dans ce processus cocréateur de soi authentiques, toutes les expressions malsaines du soi inférieur sont embrassées dans une matrice d'amour, de savoir et d'ordre. Et dans cet enveloppement d'amour, le soi inférieur est transformé, transcendé et/ou transmuté.

Il est donc clair que dans l'interaction entre le soi inférieur et le soi supérieur, le soi inférieur n'est pas ignoré, mais transporté vers le soi supérieur de l'autre ; à partir de cette cocréation, le processus de la transformation se met en marche. C'est bien la seule façon dont la transformation va mener à des résultats durables. Quand il s'agit du soi supérieur de l'un qui transforme le soi inférieur de l'autre, il reste l'illusion de la dépendance de ce dernier vis-à-vis du premier. La transformation durable est possible uniquement quand il y a eu un développement dans la réalisation du soi : quand la personne qui a agi ou a vécu à partir de son soi inférieur a réussi à connaître plus profondément le soi supérieur, s'y identifie et choisit de s'y exprimer davantage. Cela donne plus de sincérité et d'authenticité et à travers cela plus de joie et d'autonomie, de liberté et de bonheur. Voilà entre autres les résultats de la transformation intégrale.

Interaction du soi supérieur / masque

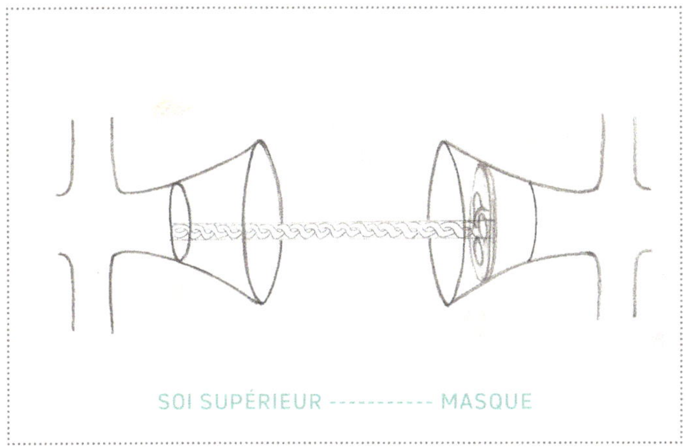

Nous avons ici une interaction avec des personnes qui ont deux intentions différentes. La personne qui est sincère cherche un contact et un échange sincères, tandis que les personnes masquées ne le souhaitent pas du tout, pour quelque raison sous-jacente que ce soit (blessure, soi inférieur, conditionnement). La personne sincère ressent la frustration de l'absence d'un véritable échange à cause de l'attitude hypocrite, intimidante, évasive de l'intention du masque. La personne masquée a peut-être peur, se sent ennuyée ou envahie par la présence sincère de l'autre, ou bien se sent simplement à l'aise avec une interaction de ce type.

La façon dont la personne au soi authentique réagit au masque peut énormément varier et peut être surprenante. Quelquefois, elle recherche le contact de manière gentille et ouverte, mais d'autres fois, elle est plutôt provocante ou dans la confrontation. On ne peut le prédire, car la spontanéité intégrée est l'une des qualités du soi supérieur. On ne peut prévoir quel mouvement spontané en sera le résultat. Le soi supérieur peut tout aussi bien laisser de côté la personne portant le masque s'il a le sentiment qu'il n'y a presque pas de potentiel pour un échange.

Voilà donc une description générale des dynamiques qui peuvent entrer en action entre les différents territoires de conscience. Elles font circuler certaines énergies entre les chakras. Il est évident que différentes dynamiques jouent simultanément entre différents chakras, ce qui en fait arrive la plupart du temps. Une interaction n'est jamais faite d'une seule qualité à 100 %, mais d'un mouvement constant de nuances diverses et de différentes dynamiques. Il se peut que les chakras de la tête et de la gorge se trouvent dans une dynamique de masque et que les chakras du bassin se trouvent dans une dynamique du soi inférieur. C'est le cas lorsque deux personnes qui sont jalouses l'une de l'autre émettent des paroles d'admiration et donnent une image flatteuse de l'autre. Il se peut également que les têtes soient dans un échange du soi inférieur et que le bassin se trouve dans un courant de plaisir, par exemple quand deux amants se méprisent mais ne peuvent pas se passer l'un de l'autre sexuellement. Et il peut arriver que les cœurs soient dans une dynamique de soi supérieur / blessure et que les bassins soient dans une dynamique de soi inférieur / masque. Voilà la dynamique d'un thérapeute qui abuse de ses clients sexuellement, tandis que le client ne s'en rend pas compte. Et ainsi, il existe toutes sortes de combinaisons de dynamiques des cordes relationnelles. Vous en trouverez une explication au chapitre suivant.

Les cordes relationnelles

Les cordes les plus fondamentalement relationnelles sont les cordes familiales. Les cordes générationnelles sont les liens biologiques que nous avons avec nos ancêtres et nos descendants. La catégorie des cordes familiales comprend les cordes générationnelles ainsi que nos liens avec le cercle plus intime de la famille, composé des frères, sœurs, oncles et tantes. Les cordes générationnelles sont uniquement de nature biologique. Les parents adoptifs, les tuteurs et les parents/enfants nourriciers n'en font pas partie, ils appartiennent à la catégorie des cordes familiales. Les cordes générationnelles sont des cordes à travers lesquelles la vie biologique est transmise, c'est-à-dire de parent à enfant. Que la conception ait lieu dans un mariage d'amour ou en d'autres circonstances n'importe pas pour la définition et les caractéristiques typiques des cordes générationnelles. La conception et la naissance peuvent aussi avoir lieu hors mariage, via un donneur, un viol, une insémination artificielle, une liaison éphémère ou un amour de vacances. Ces liens de parenté sont aussi des cordes générationnelles, que les parents se chargent ou non de l'éducation de leurs enfants en leur donnant ce dont ils ont besoin. Biologiquement parlant, chaque personne a deux parents, un père et une mère. Ce fait est une loi biologique incontestable que nous ne pouvons nier. Et nos parents ont toujours, eux aussi, deux parents, un père et une mère. La vie humaine est toujours transmise par la fusion d'un spermatozoïde masculin et d'un ovule féminin. Il est important de reconnaître profondément en nous ce simple fait biologique et d'honorer notre ascendance. Ne pas respecter ou nier l'ascendance biologique affaiblit ou déstabilise énormément la santé psychologique et physique de l'homme. Il se peut que nous ayons tendance à le faire à cause des circonstances complexes dans lesquelles nous avons reçu la vie. Dans la plupart des cas, le prix que nous payons, inconsciemment, est immense.

Les cordes familiales sont des liens qui font partie du système familial. Il s'agit évidemment des cordes générationnelles, mais aussi de toutes les relations avec lesquelles nous sommes fortement liés. La première catégorie des cordes familiales est celle des cordes générationnelles : le lien biologique entre ancêtres et enfants de ligne directe. La seconde catégorie est le lien familial avec les frères et les sœurs, les oncles et les tantes. Pas plus loin que cela. La troisième catégorie, ce sont les liens avec ceux qui sont entrés dans la sphère familiale par des circonstances particulières ou le hasard. Cela peut se faire à travers des relations intimes, le mariage, des liens professionnels importants, mais aussi par le viol, le crime ou par accident. Dans ces cas, les liens relationnels deviennent plus complexes car à côté du lien naturel, il y aura aussi des dynamiques secondaires.

La forme des cordes générationnelles

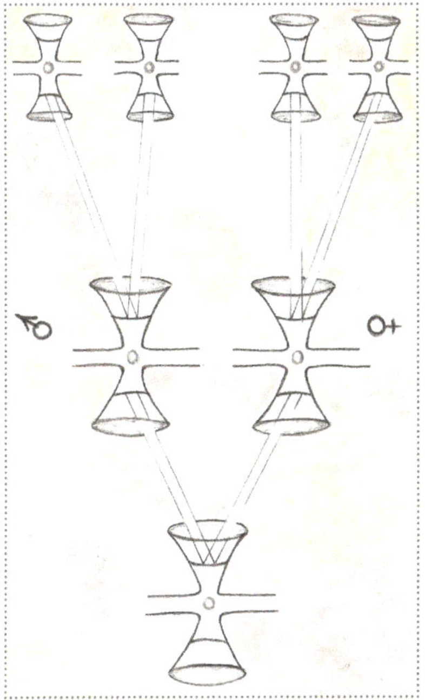

FIGURE 48 • des cordes générationnelles

La figure 48 nous montre un exemple de cordes générationnelles entre trois générations : une personne ayant deux parents et quatre grands-parents. Voilà un exemple de l'image idéale : les chakras sont ouverts, purs et équilibrés, ce sont des connexions du soi supérieur (partant du voile du chakra d'une personne vers le voile du chakra de l'autre). Ce qui est extraordinaire dans les cordes générationnelles, c'est que dans la génération aînée, elles partent du devant et arrivent dans la génération cadette à l'arrière. La figure 48 est donc un exemple modèle d'une connexion de chakra idéale et bien structurée, ce qui fait que l'amour peut fleurir de manière optimale et, par conséquent, également la force intérieure, le bonheur et la prospérité des générations concernées. Si, en plus, ce lien idéal se manifeste dans les sept chakras, il est alors question d'une famille exceptionnelle et privilégiée énergétiquement. Je n'ai jamais observé telle situation, ce qui ne veut pas dire qu'elle n'existe pas ou que je ne l'ai jamais rencontrée. Il se peut très bien que je connaisse une telle famille sans que ma perception soit assez ouverte ou objective pour pouvoir la distinguer. Il se peut

tout aussi bien qu'il s'agisse là d'une utopie que l'on peut essayer d'atteindre :
peut-être peut-on s'approcher de l'idéal sans jamais pouvoir l'atteindre. Je
peux théoriquement concevoir et imaginer le concept de cet ordre idéal, je peux
contempler les expériences et comment cela se manifesterait, mais cela s'arrête là.

Le répertoire des observations conscientes est une collection de combinaisons
idéales et de combinaisons moins idéales dans les cordes relationnelles. Une
famille ayant une ou deux connexions de chakras qui se rapprochent de la liaison
idéale est globalement déjà une famille très heureuse. Il y a de nombreuses
familles où aucune des connexions interfamiliales de chakras ne s'approche
de l'ordre pur et idéal, et même ainsi, des individus parviennent à vivre une vie
relativement satisfaisante. Mais afin de renforcer le bonheur et la prospérité,
un travail de transformation leur sera très utile. La très grande majorité des
familles ont une combinaison d'une ou de quelques bonnes connexions de chakra,
certaines sont peut-être abîmées et les autres inactives ou absentes.

Les structures familiales malsaines les plus persistantes sont elles aussi
transmises via des connexions de chakras où les cordes générationnelles sont les
plus développées. Exemple : dans une famille, le chakra de la gorge et le troisième
chakra sont surtout les plus transmis via les cordes générationnelles. C'est alors
qu'il y a grande chance que les habitudes ou traditions familiales malsaines soient
transmises par ces mêmes connexions. Voilà ce qui est le plus déconcertant et
délicat dans les structures familiales, car dans la plupart des cas, ce n'est jamais
complètement clair et parfait ni complètement impur et mauvais. Il y a souvent
un mélange de bonnes et de mauvaises choses, voire même un entrelacement de
choses à la fois vitales et dangereuses. Voilà pourquoi il est si difficile et délicat de
purifier les connexions familiales. Casser les cordes n'est jamais une solution et,
dans la pratique, c'est impossible, bien que certains le croient. Laisser les cordes
telles quelles alors qu'elles abritent des structures malsaines serait faire preuve
de paresse. Il n'est pas interdit d'être paresseux, chacun est libre, mais c'est un peu
naïf d'espérer une amélioration si l'on n'est pas prêt à changer. Je vais reformuler
cette phrase afin de l'éclairer : il est naïf d'attendre d'autres résultats si l'on
continue à faire ce qu'on faisait auparavant. C'est évident, n'est-ce pas ?

Les techniques et les méthodes efficaces pour organiser et rendre plus saines
les cordes relationnelles et générationnelles ne sont pas décrites ici, parce
que le langage est très technique et le contenu trop difficile pour être transmis
uniquement par écrit. Je crains également que la force de ces méthodes puisse se
perdre si on l'intellectualise par rapport à l'application réelle et au vécu personnel
des techniques. C'est l'expérience pratique combinée avec l'ouverture d'esprit pour
le contenu phénoménologique du travail qui donne à ces méthodes leur force et

leur fondement. Ou peut-être est-ce moi qui ai besoin d'un peu plus d'expérience avant d'avoir suffisamment d'autorité et de vocabulaire pour pouvoir décrire ces techniques de manière efficace. Le danger d'une théorie creuse ou impuissante existe dans tous les domaines. Un dernier phénomène que je voudrais ajouter à la théorie des cordes générationnelles est celui des cordes parasitaires générationnelles. J'ai choisi délibérément ce nom, « parasite », peu élégant pour décrire ce phénomène, parce qu'en vérité, il recouvre exactement ce dont je veux parler.

Les connexions parasitaires générationnelles

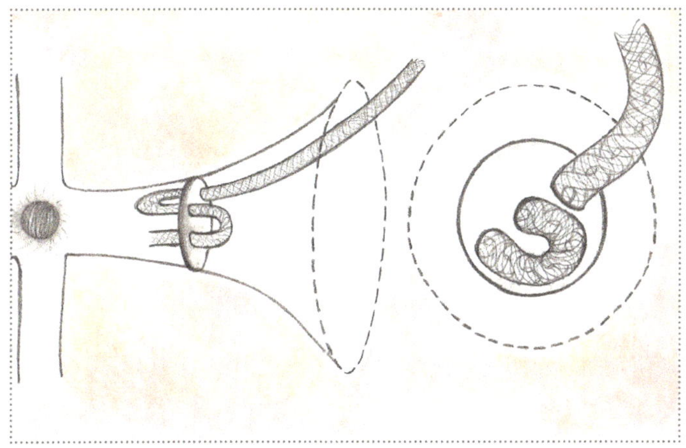

Dans une connexion générationnelle idéale entre ancêtres et descendants, il ne coule que force vitale et bénédiction des générations aînées vers les cadettes. À côté des cordes générationnelles pures, on trouve également des connexions parasitaires. Ces connexions se joignent aux cordes générationnelles en partant de la génération aînée et en entrant dans les chakras des générations cadettes, perçant le voile du chakra et « s'enlaçant » souvent autour d'un ou de plusieurs noyaux de chakra. On peut les trouver dans toutes les relations, mais souvent les connexions parasitaires sont les plus difficiles à démanteler dans les cordes générationnelles. Cela demande beaucoup de bonne volonté, de force, une forte vibration énergétique et un discernement extrêmement aigu pour y parvenir lors d'une session de transformation. On peut évidemment y arriver aussi de beaucoup d'autres manières, ou peu à peu, avec le temps. Plus la génération cadette vieillit, devient indépendante et autonome, plus les connexions parasitaires s'effacent d'elles-mêmes. Des moments de crise peuvent également déclencher un tournant dans la relation, ce qui « éjecte » la connexion parasitaire. J'ai vu se résoudre des connexions parasitaires lors de constellations familiales et aussi avec le travail de puissants guérisseurs et chamanes. J'ai également vu des personnes résoudre ces connexions parasitaires en prenant la trajectoire psycho-analytique.

Les cordes générationnelles existent déjà dès la conception. Sans la formation de cordes générationnelles, la conception ne peut avoir lieu tant l'interdépendance entre le monde physiologique et le monde énergétique est forte. Le moment où se forment les connexions parasitaires est différent pour chaque situation. Parfois, elles sont déjà formées pendant la grossesse, parfois elles se forment à la naissance, parfois à la première visite de certains membres de la famille et parfois lors d'un événement dans l'enfance. J'ai vu des connexions parasitaires dès mon plus jeune âge, mais jusqu'à un certain âge, je ne comprenais ni le contenu ni l'effet de ces connexions énergétiques. Quand, pour la première fois de ma vie, j'ai vu se former une connexion parasitaire devant mes yeux, tout en comprenant son intention et ses effets, j'ai été horrifié. Par dégoût total, j'ai bloqué sélectivement pendant des années mes perceptions subtiles des connexions de chakra. Je ne voulais plus voir ces connexions parasitaires et je ne les voyais plus. En développant une attitude plus sereine (moins de jugement du mal, moins de jubilation pour le bien), j'ai commencé en même temps à développer plus de compréhension, de compassion et d'acceptation pour le phénomène de la connexion parasitaire. Lentement, j'ai pu laisser derrière moi ce choc d'horreur et je vois et comprends dorénavant qu'il s'agit d'un phénomène ordinaire. Quoique douloureux et pas du tout idéal, parfois même pervers, je peux aussi distinguer l'humour, le charme et la créativité que les gens se mettent à développer pour pouvoir supporter les connexions parasitaires. Cela marque les caractères et donne couleur et charme à la vie. Certains veulent se libérer des connexions parasitaires et d'autres les prennent en tant que partie intégrante d'une vie de famille normale.

C'est uniquement quand la souffrance et la frustration deviennent trop fortes que l'on commence à développer le désir de se libérer des connexions parasitaires (sans savoir souvent que c'est la connexion parasitaire qui est la source de la douleur et de la frustration – car qui connaît la notion de connexion parasitaire dans ce monde ? Qu'est-ce que ce terme ?).

L'intention derrière la connexion parasitaire est toujours un genre de demande, une demande de loyauté, d'énergie et/ou de force vitale du descendant afin d'arriver à une certaine croyance, un but, un statut, un conditionnement, un devoir, une dette ou quoi que ce soit. Les connexions parasitaires forment le réseau, prononcé ou non, des codes et des lois dans un système familial ou générationnel. Les cordes générationnelles travaillent selon certaines lois, mais il s'agit là des lois d'amour et c'est pour cela qu'elles sont pures, libératrices et solidifiantes. Les connexions parasitaires s'imposent aussi selon des codes et des lois, mais elles ne sont pas ancrées dans la source des ancêtres (comme les cordes générationnelles). Elles sont ancrées dans un système secondaire qui devra être maintenu en vie à travers un réseau de connexions parasitaires invasives. Ce système pourra englober beaucoup de générations, sembler immense et envahissant de par sa taille. Et peut-être bien que le contact avec ce système offre certains avantages en termes de statut, de revenus, de fraternité ou quoi que ce soit. Les possibilités sont nombreuses et il ne sert à rien de toutes les énumérer. Avoir une connaissance du fait que les connexions parasitaires existent à côté des cordes générationnelles nous donne simplement un cadre pour pouvoir reconnaître les dynamiques dans les systèmes familiaux, pour les déchiffrer et les comprendre. Avec une clarté de compréhension, on pourra alors passer à des interventions guérissantes, libératrices ou consolidantes.

La figure 49 illustre comment la connexion parasitaire s'exprime dans un chakra et dans le champ d'énergie. Il peut s'agir d'une connexion parasitaire qui se joint à une corde relationnelle simple, à une corde familiale ou bien à une corde générationnelle. On peut distinguer quelques caractéristiques de la connexion parasitaire à travers l'observation de sa forme. Tout d'abord, on voit qu'elle se fraye un chemin à travers le voile du chakra : voilà l'une des différences les plus fondamentales entre une connexion parasitaire et une corde relationnelle saine qui va jusqu'au voile du chakra. Percer le voile du chakra de l'autre est invasif. On dépasse la limite saine de l'autre et, ce faisant, on touche à son intégrité et à sa dignité. Cela peut se faire soit avec une attitude imposante et intrusive, soit en adoptant une attitude provocatrice. À l'intérieur de limites saines, le fait qu'un enseignant ou un employeur mette un peu de pression sur un élève ou un employé peut stimuler la croissance ou l'autonomie. Une autorité invasive s'impose aux élèves ou aux subalternes. Une autorité saine guide, impose une juste pression, réduit le stress, corrige ce qu'il faut améliorer et valorise ce qui va bien. De cette façon, il est question d'une rencontre entre deux personnes au niveau du voile du chakra, ce qui leur permet un échange digne selon leur propre potentiel. Une situation où tout le monde est gagnant.

Mais les connexions parasitaires peuvent venir aussi de l'élève vers le professeur, des employés vers l'employeur ou des enfants vers leurs ancêtres. Ils veulent alors récolter les fruits de l'expérience, du savoir, du talent, des ressources, de la célébrité ou de la production sans faire l'effort sincère nécessaire pour arriver à la récolte de ces fruits ou du moins pour y contribuer et être dans le partage. Beaucoup de dirigeants et d'autorités s'épuisent à cause de l'attaque des différentes connexions parasitaires qui s'agrippent à eux. Un bon leader apprend à s'en défendre. Aujourd'hui, l'un de mes étudiants m'a demandé : « Est-ce que nous devons être capables d'observer toutes ces énergies afin de pouvoir s'en protéger ? » La réponse est non. Un leader qui est bien ancré dans sa tâche, sa mission et ses responsabilités et qui donne de lui autant qu'il peut est protégé au maximum contre les connexions parasitaires et les essais d'agrippement. Cela ne veut pas dire que cela ne se produit plus. C'est incontournable, mais en vous centrant dans le soi supérieur, les occasions d'agrippement sont réduites au minimum. L'observation de toutes ces connexions parasitaires peut même s'avérer être un obstacle contre la protection de celles-ci.

De temps en temps, je vois cela se passer (autant chez moi que chez mes collègues) quand nous ressentons de l'indignation à cause d'un abus (les connexions parasitaires sont toujours une forme d'abus parasitaire de l'énergie d'un autre). Oui, les connexions parasitaires sont mauvaises, mais lorsqu'on en fait tout un drame, il y a identification à la blessure, ce qui nous rend plus vulnérables aux attaques de connexions parasitaires. Il y a de grandes chances que vous soyez en train de jeter des crochets envers autrui ; voilà donc une spirale négative qui se crée. Se centrer dans le soi supérieur, être radicalement honnête au sujet de ses vrais sentiments, faire ce qu'on doit faire et utiliser notre bon sens sont les meilleures médications contre les connexions parasitaires immédiates ou chroniques. On n'a pas besoin de voir de l'énergie pour ça. Dès lors que l'observation des énergies ne devient pas une excuse pour s'identifier à sa blessure, elle est très utile pour distinguer rapidement et clairement ce qu'est le problème, mais ma réponse est toujours « non, nous n'en avons pas besoin pour pouvoir nous protéger ».

L'élément invasif est l'une des propriétés les plus importantes des connexions parasitaires. Un autre élément qui, en vérité, est la conséquence de la présence de connexions parasitaires est le « point aveugle ». Nous pouvons aussi regarder le voile du chakra comme un objectif à travers lequel nous observons le monde psychique et relationnel. La figure 49 représente la connexion parasitaire qui perce le voile du chakra à divers endroits. C'est là où l'objectif est pour ainsi dire endommagé et c'est pour cela que l'observation objective du monde actif de la personne est dérangée. Voilà ce qu'on appelle les points aveugles dans la psyché de quelqu'un. Un comportement, un trait caractéristique, une névrose ou un conditionnement qui est tout à fait évident pour tous ceux qui l'entourent mais que la personne ne peut pas admettre ni reconnaître pour elle-même. Quand on en parle à la personne, elle se sent jugée et insultée, non seulement pour elle-même mais aussi pour toute sa famille, sa descendance et son système social. Elle se sent totalement blessée dans sa dignité. En confrontant la personne, il apparaît qu'elle pense être le seul cas, mais en réalité, nous éclairons ici en l'individu l'infraction fondamentale qui a été transmise dans sa famille de génération en génération. Les amis, les membres de la famille et les partenaires adoucissent souvent et traitent avec charme et humour ce genre de point aveugle : « Oui, ça, c'est typiquement Elsa », « Quel caractère, n'est-ce pas, ce Fred ? », « Ça fait partie de lui, il faut l'accepter » est le genre de « palissade » amicale bâtie autour des trous douloureux percés par les connexions parasitaires. La déconnexion des cordes parasitaires générationnelles a son timing bien à elle et vient au moment où les circonstances comme l'âme sont prêtes à faire ce genre de saut de conscience.

Une dernière caractéristique des connexions parasitaires que je voudrais éclaircir et que nous ne voyons pas à la figure 49 est le fait qu'elles s'enlacent souvent autour de la perle d'un ou de plusieurs noyaux de chakras. Quand elles se sont frayé un chemin à travers le voile du chakra, elles peuvent toucher plusieurs perles de chakra à travers le courant d'énergie vertical et s'y attacher. C'est là qu'on peut trouver et prendre les jus vitaux de l'autre. Ce genre d'enlacement parasitaire autour des perles de chakra est bien la blessure la plus profonde et puissante qu'un être humain puisse subir. C'est entre autres aussi la dynamique que nous trouvons dans des familles en situation de grande dépendance malsaine. Mais les thérapeutes tout comme les patients savent combien il est difficile de résoudre ce genre d'enlacement de dépendance. Je ne veux pas être pessimiste et dire que c'est impossible, je veux simplement préciser que c'est un long travail que de transformer une telle dynamique représentée par le petit dessin banal d'une corde parasitaire qui perce un voile de chakra, qui est en fait une dynamique très tenace.

L'utilisation du concept des cordes familiales et générationnelles en particulier peut éclaircir le domaine des constellations familiales. Pour cela, je vais vous présenter quelques cas de mon travail avec les constellations familiales tout en appliquant le cadre de la théorie des cordes. Les constellations mêmes ont été faites dans un tout petit village de l'île d'Evia, en Grèce. Mon professeur de yoga organise chaque année un stage de yoga ; avec sa femme, il m'a invité à suivre quelques cours en observation énergétique. Pendant ces cours, les participants ont montré un intérêt pour le travail des constellations, cela a donc été l'occasion idéale pour appliquer les deux systèmes simultanément.

L'écriture de ce livre a été une aventure excitante pour moi, tout en me donnant une douce frustration lorsque j'ai réalisé que j'avais beaucoup plus d'inspiration que de rapidité à taper à la machine. Partant du processus de la transformation personnelle, nous avons exploré un plan avec lequel nous nous plaçons, nous et nos relations, dans une perspective de croissance évolutive. Nous avons étudié des outils qui, avec un peu de bonne volonté et de chance, peuvent faciliter et optimiser ce processus de croissance. Nous avons également vu le concept de la théorie des cordes qui peut éclaircir nos relations. Ensuite, nous avons fait un premier pas dans l'application de la théorie des cordes dans la société au moyen de la méthode de la constellation familiale et de la constellation systémique.

L'excitation de cette aventure d'écriture stimule également mon imagination en me montrant toutes les applications possibles de ce travail de transformation intégrale, de la psychologie des chakras et de la théorie des cordes. Plusieurs amis et clients partagent cette excitation. Comme Petra, qui est chasseuse de têtes pour des entreprises pharmaceutiques et qui m'a poussé à écrire un chapitre sur l'application des cordes relationnelles dans le domaine des ressources humaines. Et Antonio, un biochimiste qui fait des recherches en médecine intégrative et qui m'a demandé si le modèle de la transformation intégrale était applicable aussi aux processus physiologiques et biochimiques. Et puis Andrew, qui occupe un poste dans le monde de la finance et qui m'a demandé s'il y avait des cordes entre pays, peuples et multinationales. Je trouve tout cela très intéressant pour lancer une recherche critique. Je souhaite acquérir suffisamment de temps, de moyens, de contacts, d'enthousiasme et de sagesse pour contribuer à l'approfondissement de ce système de connaissance. Et j'espère de tout cœur, cher lecteur, que ce livre aura pu vous intéresser et peut-être aussi susciter chez vous une curiosité intérieure pour vous-même, vos relations et le monde qui vous entoure.

Je ne sais quelle sera l'issue de ce travail, mais je garde à l'esprit cette devise : rempli de gratitude pour ce que la vie m'a déjà apporté, je suis ouvert à la prochaine vague d'expansion du travail de la transformation intégrale et je suis curieux de voir où cela pourra me mener. Je vous souhaite à vous et à tous ceux que vous aimez un voyage enrichissant.

Remerciements

Tout d'abord, je veux témoigner de ma reconnaissance à mes parents et à mes ancêtres, pour la vie que j'ai pu recevoir à travers eux. Je m'incline respectueusement devant mon père, Jozef Janssen, qui a formé mon caractère, qui a défié mon authenticité et qui les a en même temps stimulés à travers son exemple. Je m'incline respectueusement devant ma mère, Maria Cox, dont l'amour et l'affection sont intacts malgré mes sautes d'humeur. Je remercie Christiane et Myriam, mes sœurs, dont l'amour a réchauffé mes années d'enfance. Je remercie mon frère ou ma sœur jamais né(e), qui a sûrement stimulé mon intérêt pour l'au-delà. Je m'incline respectueusement devant ma famille élargie et les remercie pour les beaux moments passés ensemble.

Je remercie Patrick Zaman, mon mentor durant mon adolescence. Je pense avec chaleur aux camarades Bart Gommeren, Ivo van Brecht, Dirk van Hoffelen, Bart Delrue, Gert Janssens, Erwin Matteeuwsen, Kris Heestermans et Filip Vangeel et à toutes nos aventures sportives dans la nature. J'honore Patrick Orlans, Bart Delrue et Gert Janssens, amis d'enfance qui sont passés dans l'au-delà bien trop tôt.

Je remercie Luc Francken, Rudi De Decker, Peter Paelinckx, Filip Haneveer, Kris Heestermans, Guy Janssens, Ann Delrue, Bert Gommeren, Miachel Szyper et George Bagby pour nos amitiés fortes. Je remercie Nancy Verbraak, Alexandra Boaventura Marques, Bernadette Verdonck, Elizabeth Menzel, Annick van Bueren et Elizabeth Yeou pour le contact du cœur. Je remercie Geert Byttebier, Dirk Blindeman, Manu Grisar, Linda Lauwers, Lia Verrees, Tina Vervaeke, Veerle De Bock, Lud Hoskens, Mildred Vivey, Helga Peeters pour la collaboration fructueuse. Je remercie Marie-Laure Prevost pour l'amour, l'amitié et tant d'autres choses.

Je remercie le lama Zeupa, le lama Karta, le lama Tashi Nyima, Barbara Brennan, le pasteur Cuypers, le pasteur Meeusen, Jean-Claude Garnier pour l'enseignement spirituel. Je remercie tous mes professeurs et enseignants et le système scolaire belge. Je remercie Barbara Brennan, Laurie Keene, Dean Ramsden, Michael Spatuzzi, Sherry Pae, Philip Vandervorst pour l'enseignement de la guérison et de la médecine. Je remercie Irene Tobler, Alain Grouette, Christine Whaite, Ellen Schuhmacher, Gundi Schachermeier, Celia Conaway, Ines Gerhardt, Janice Luckenbill, Zach Pochinsky, John Shordike, Michael Mervosh, Tim Lowry, Priscilla Bright, Kahea Morgan, Helmut Giebel, Martine Feijnen et beaucoup d'autres collègues pour l'amitié et les discussions enrichissantes.

Je remercie Bert Hellinger, Jan Jacob Stam, Bibi Schreuder, Ursula Franke et Christine Essen pour l'enseignement des constellations familiales. Je remercie Eric van Hoof, Jos Bollen, David Moskovich, Guus van der Laan, Donna Evan-Strauss pour le coaching et l'analyse personnelle. Je remercie tous mes patients, clients, participants aux ateliers et étudiants d'entraînements et de formations pour leur confiance, leur jugement critique et leur dévouement à la croissance et au bien-être, ce qui m'a permis de continuer à apprendre tout en enseignant. Je remercie tous mes sponsors et ceux qui m'ont engagé, qui facilitent l'élargissement du terrain de mes recherches et leur approfondissement.

Je remercie Liv Hanne Haugen, Jair Santana, Cathy Thomas, Suraya Hilal, Alessandro El Bastioni, Stéphane Chapelle, Bénédicte Pinçon pour l'inspiration créative, artistique et leur accompagnement. Je remercie tous mes amis et mes connaissances pour l'amour, l'amitié, le sport, le plaisir, les études, le soutien, le bien-être et les leçons de la vie.

Je remercie l'équipe de traduction et relecture de la version française de ce livre : Martine Clausen, Jacques Vandemoortele, Christine Gascuel, Catherine Meeùs, Vivien Joly, Katty Van Renterghem, Philippe de Posson, Fatine Ikan, Fabienne Pireyn, Delphine Jacques, Geneviève Collet, Zoé Salmon et Laurent Delattre.

Pour plus d'informations sur l'auteur, son travail et ses activités : www.janjanssen.be

Bibliographie

Aurobindo, G., Yoga Intégral, Lotus Light Publications, Twin Lakes 1993.

Brennan, B.A., Sources de Lumière, Altamira-Becht, Haarlem 2203.

Cullberg, J., Psychiatrie moderne, Ambo, Baarn 2003.

Dalai Lama, La force de la Compassion, Bzztôh, La Haye 2007.

Dürckheim, K, von, Hara, Ankh-Hermes, Deventer 2005.

Emoto, M., L'eau connaît la réponse, Ankh-Hermes, Deventer 2005.

Gershon, M., Le second cerveau, HarperCollinsPublications, New York 1998.

Hellinger, B., La dynamique cachée de liens familiaux, Altamira-Becht, Haarlem 2001.

Judith, A., Manuel de la psychologie des chakras, Altamira-Becht, Haarlem 2002.

Jung, C.G., La personnalité et le transfert, Lemniscaat, Rotterdam 1985.

Kalou Rimpotché, Bouddhisme profond, Editions Claire Lumière, Vernègues 1993.

Komito, D.R., Nagarjuna – La psychologie du vide, Kunchab, Schoten 2001.

Lowen, A., Manuel de la bio-énergétique, Servire, Utrecht 2003.

Pierrakos, E., Pad-Werk: Le travail du soi, ou pas?, Ankh-Hermes, Deventer 2007.

Pierrakos, E., De la survie à la vie, Ankh-Hermes, Deventer 1991.

Richo, D., Comment être adulte, Paulist Press, New York 1991.

9 789082 796032